Enciclopédia da gastronomia
VEGETARIANA

ADMINISTRAÇÃO REGIONAL DO SENAC NO ESTADO DE SÃO PAULO

Presidente do Conselho Regional: Abram Szajman
Diretor do Departamento Regional: Luiz Francisco de A. Salgado
Superintendente Universitário e de Desenvolvimento: Luiz Carlos Dourado

EDITORA SENAC SÃO PAULO

Conselho Editorial: Luiz Francisco de A. Salgado
Luiz Carlos Dourado
Darcio Sayad Maia
Lucila Mara Sbrana Sciotti
Jeane Passos de Souza

Gerente/Publisher: Jeane Passos de Souza (jpassos@sp.senac.br)
Coordenação Editorial/Prospecção: Luís Américo Tousi Botelho (luis.tbotelho@sp.senac.br)
Márcia Cavalheiro R. de Almeida (mcavalhe@sp.senac.br)
Administrativo: João Almeida Santos (joao.santos@sp.senac.br)
Comercial: Marcos Telmo da Costa (mtcosta@sp.senac.br)

Edição original de texto: Clélia Ozier-Lafontaine
Edição de Texto: Vanessa Rodrigues
Preparação de Texto: Adriane Gozzo (AAG Serviços Editoriais)
Revisão Técnica: Júlia Delellis Lopes
Coordenação de Revisão de Texto: Luiza Elena Luchini
Revisão de Texto: Adriane Gozzo (AAG Serviços Editoriais), Carolina Hidalgo
Projeto Gráfico: Alice Leroy
Editoração Eletrônica: Sandra Regina dos Santos Santana

Título original: Encyclopédie de la cuisine végétarienne
© Flammarion, Paris, 2015
Todos os direitos reservados.

Todos os direitos desta edição reservados à
Editora Senac São Paulo
Rua 24 de Maio, 208 – 3º andar – Centro – CEP 01041-000
Caixa Postal 1120 – CEP 01032-970 – São Paulo – SP
Tel. (11) 2187-4450 – Fax (11) 2187-4486
E-mail: editora@sp.senac.br
Home page: http://www.editorasenacsp.com.br

© Edição Brasileira: Editora Senac São Paulo, 2018

Dados Internacionais de Catalogação na Publicação (CIP)
(Jeane Passos de Souza – CRB 8ª/6189)

Payany, Estérelle
Enciclopédia da gastronomia vegetariana / Estérelle Payany;
fotografias de Nathalie Carnet; tradução de Camila Fialho e Melissa
Moura Mello. – São Paulo : Editora Senac São Paulo, 2018.

Título original: Encyclopédie de la cuisine végétarienne
Bibliografia.
ISBN 978-85-396-2470-6 (impresso/2018)
e-ISBN 978-85-396-2471-3 (PDF/2018)
e-ISBN 978-85-396-2472-0 (ePub/2018)

1. Gastronomia 2. Culinária vegetariana 3. Alimentos (receitas
e preparo) I. Carnet, Nathalie. II. Fialho, Camila. III. Mello, Melissa
Moura. IV.Título.
18-813s   CDD – 641.5636
                                               BISAC CKB086000

Índice para catálogo sistemático:
1. Gastronomia : Culinária vegetariana   641.5636

Estérelle Payany
Fotografias de Nathalie Carnet
Tradução de Camila Fialho e Melissa Moura Mello

Enciclopédia da gastronomia
VEGETARIANA

Editora Senac São Paulo – São Paulo – 2018

Como utilizar este livro?

As técnicas
Todas as técnicas básicas explicadas passo a passo por um profissional.

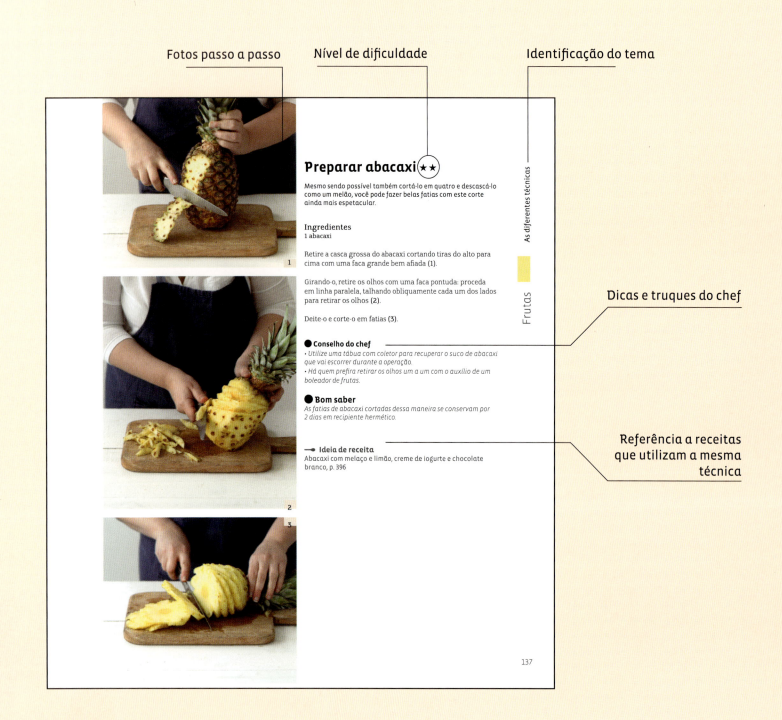

As receitas
100 receitas básicas + receitas criadas e testadas por chefs de prestígio.

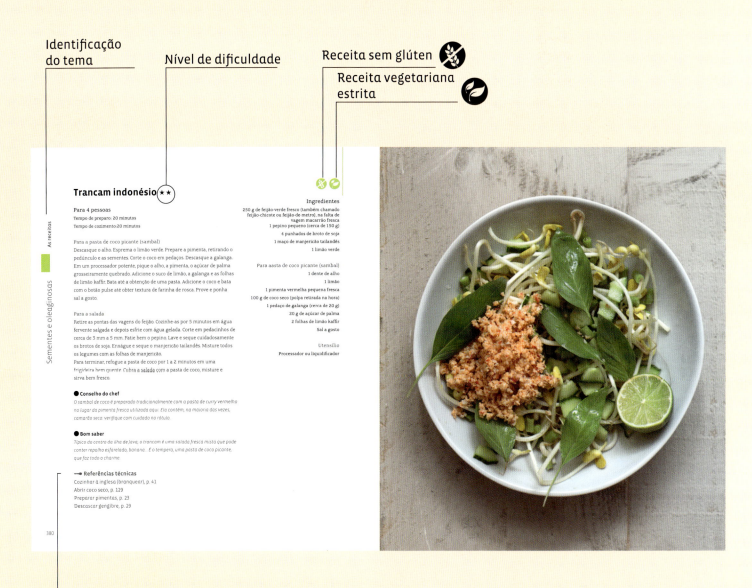

Sumário

Prefácio – Régis Marcon 9

As diferentes técnicas

Legumes e outros vegetais 13
Arroz 49
Trigo e outros cereais 61
Leguminosas 79
Soja 85
Cogumelos e algas 95
Ovos e produtos à base de leite 103
Oleaginosas 115
Frutas 133

O caderno prático

Breve história incompleta do vegetarianismo 146
Diferentes tipos de vegetarianismo 147
E o equilíbrio? 149
Como substituir os ovos? 150
Como substituir o queijo? 151
Descritivo de produtos
Legumes e outros vegetais 152-162
Cogumelos 163-165
Arroz 166-168
Trigo 169
Cereais 170-173
Leguminosas 174-176
Soja 177-179
Algas 180-181
Sementes e oleaginosas 182-185
Gorduras vegetais 185-187
Produtos para adoçar 188-189
Frutas 190-199
Rizomas 199
Sazonalidade de legumes e veduras 200
Sazonalidade de frutas 201
Equipamentos e utensílios básicos 203

As receitas

Cada tema é apresentado por um chef que compartilha os segredos de uma de suas receitas.

Legumes e outros vegetais 207
Pietro Leemann apresenta sua receita
Arroz 231
Armand Arnal apresenta sua receita
Trigo 251
David Toutain apresenta sua receita
Outros cereais 271
Thierry Marx apresenta sua receita
Leguminosas 291
Mauro Colagreco apresenta sua receita

Soja 311
Christophe Moret apresenta sua receita
Cogumelos e algas 331
Emmanuel Renaut apresenta sua receita
Ovos e produtos à base de leite 351
Edouard Loubet apresenta sua receita
Sementes e oleaginosas 369
Amandine Chaignot apresenta sua receita
Frutas 389
Claire Heitzler apresenta sua receita

Anexos

Índice de técnicas 408
Índice de receitas 410
Índice de receitas sem glúten 412
Índice de receitas vegetarianas estritas 413
Bibliografia 414
Agradecimentos 416

Prefácio

Régis Marcon

Chef 3 estrelas e Maître restaurateur*

Depois da *Enciclopédia do chocolate*, eis agora a *Enciclopédia da gastronomia vegetariana*.**

Neste livro, você encontrará tudo o que a natureza nos oferece de mais belo para cozinhar. Desde as primeiras páginas, você descobrirá uma incrível variedade de legumes, cereais, leguminosas, frutas: vamos aproveitar a generosidade de nossa terra e a profusão de sua diversidade para preparar receitas boas para comer, boas para pensar, boas para a natureza e boas para nossa saúde.

Agora, coloque seu avental! Depois de se certificar de que dispõe de bons ingredientes, aproveite o tempo para apreciar cada uma das receitas: os conselhos do chef e os truques estarão aqui para auxiliá-lo. Descubra este mundo vegetal ainda muito pouco explorado – e, sim, você verá que é possível e fácil preparar pratos sofisticados e saudáveis apenas com legumes, cogumelos, cereais, grãos...

Convido-o a explorar este universo verde: por prazer, pelo meio ambiente e também pela sua saúde. Uma nova filosofia culinária a ser reinventada.

Bom trabalho!

---

* "Maître de restauration" tornou-se em 2007, na França, um título de excelência conferido pelo Estado, por meio de seus distritos e prefeituras, a profissionais que se destacam em aspectos diversos da gastronomia, entre os quais o respeito à cozinha tradicional e a utilização de produtos frescos. Não deve ser confundido com a função de maître no mercado brasileiro (profissional que planeja e coordena as rotinas de trabalho do salão de um restaurante). (N. E.)
** Da mesma coleção, a Editora Senac São Paulo também publicou a *Enciclopédia da gastronomia italiana*. (N. E.)

As diferentes técnicas

Preparação

Preparar alcachofra, p. 14
Preparar acelgas, p. 15
Preparar erva-doce, p. 16
Preparar cucurbitácea, p. 17
Preparar milho verde fresco, p. 18
Preparar "bife" de couve-flor, p. 19
Preparar cuscuz de couve-flor, p. 20
Preparar pastinaca, p. 21
Preparar pimentão, p. 22
Preparar pimentas, p. 23
Limpar alho-poró, p. 24
Preparar cercefis, p. 25
Preparar batatas fritas, p. 27
Preparar purê de batatas, p. 28
Preparar alho, p. 29
Descascar gengibre, p. 29
Preparar bouquet garni, p. 30
Preparar caldo de vegetais, p. 31
Bater sopa em liquidificador, p. 32
Utilizar extrator de suco, p. 32
Preparar chips de couve kale, p. 33
Fazer sal de aipo, p. 34
Preparar picles, p. 35
Preparar aspargos, p. 36
Preparar caviar de berinjela, p. 37
Preparar ervas finas, p. 38

Corte

Cortar cebola em cubos pequenos (corte ciseler), p. 39
Utilizar fatiador de alimentos, p. 40

Cozimento

Cozinhar à inglesa (branquear), p. 41
Cozinhar a vapor, p. 41
Princípios de cozimento para alguns legumes e vegetais, p. 42
Cozinhar em caldo branco (blanc), p. 43
Cozinhar em crosta de sal, p. 44
Despelar pimentão, p. 45
Assar legumes e outros vegetais, p. 46
Cozinhar aspargos, p. 47

Legumes e outros vegetais

Preparar alcachofra ★★

As pequenas alcachofras violeta de provença são tão tenras que podem ser consumidas cruas quando estão sem feno ("espinhos").

Ingredientes
Alcachofra violeta de provença
Limão

Corte o caule da alcachofra mantendo 5 cm (1).*

Elimine as primeiras folhas externas simplesmente puxando-as para baixo. Com a mão, retire as folhas em torno da base com um movimento de vaivém da faca (2).

Quando todas as folhas grossas tiverem sido retiradas, finalize cortando as folhas centrais rente à base do feno (3).

Coloque um pouco de limão no coração da alcachofra para que ela não escureça em contato com o ar (4).

Descasque o caule com uma faca (5) ou utilize o descascador. À medida que as alcachofras ficarem prontas, conserve-as em água com limão até o momento de utilizá-las (6). Se por acaso sua alcachofra tiver feno no interior, retire-o com a ajuda de uma colher.

● Conselho do chef
• O suco que sai das alcachofras tende a escurecer a pele: limpe imediatamente as mãos esfregando-as com a metade de um limão ou use luvas de látex para manipulá-las.
• Para preparar alcachofras grandes, como a camus da bretanha, a técnica é bastante similar: você deve quebrar o caule com a mão para eliminar a maioria das fibras, aparar a base e depois retirar as folhas utilizando a faca em um movimento de vaivém. No entanto, é mais simples cozinhá-las antes de remover o feno, que sairá mais facilmente do que se ela estiver crua.

● Bom saber
*Uma vez limpas, essas alcachofras podem ser degustadas cruas, estufadas** com outros legumes, como ervilhas ou vagem, ou simplesmente cozidas em um caldo branco (blanc; ver técnica, p. 43).*

⬤ Ideias de receitas
Paella com aspargos e favas-brancas, p. 241
Torta de amêndoas, pasta de azeitona e legumes, p. 375

* Na cozinha profissional, é recomendável a utilização de tábuas de plástico, separadas conforme a natureza do alimento (por exemplo, uma só para hortifrúti, outra destinada a laticínios, etc.). (N. E.)
** Estufar consiste em cozinhar um alimento em recipiente fechado (por exemplo, panelas, invólucros de papel-alumínio ou de papel-manteiga – "papillote"). (N. E.)

Preparar acelgas ★

Sejam de talo branco (mais comuns), rosa, amarelo ou vermelho, todas são preparadas da mesma forma.

Ingrediente
Acelgas (na foto, verde-escura)

Corte a base do pé da acelga para separar os talos (1). Lave e seque os talos.

Separe as folhas verdes do talo cortando-as rente a ele (2).

Sobreponha e enrole as folhas verdes para cortá-las mais facilmente (3).

Corte em fatias finas a parte branca, puxando os eventuais filos fibrosos (ver técnica, p. 138) (4).

● **Conselho do chef**
A parte verde das acelgas é preparada como o espinafre. A parte branca precisa de mais tempo de cozimento: para estufar os dois, primeiro refogue e cozinhe as partes brancas em um pouco de caldo por 10 minutos antes de acrescentar o verde cortado em fatias finas. Mantenha o cozimento por mais uns 10 minutos.

→● **Ideia de receita**
Focaccia com acelgas e queijo de cabra, p. 257

Preparar erva-doce ★

Com um pouco de técnica, é fácil lidar com o formato desconcertante deste legume.

Ingrediente
Bulbo de erva-doce

Remova as folhas da erva-doce (1). Reserve para aromatizar caldos, sopas e bouquets garnis. Elas também podem ser desidratadas.

Corte a base da erva-doce (2). Retire as folhas externas separando-as do coração do bulbo se estiverem duras ou machucadas (3). Reserve para utilizá-las em um suco feito no extrator ou em uma sopa na qual serão batidas e trituradas.

Corte os caules o mais próximo possível do coração da erva-doce (4). Utilize-os salteados, em uma sopa, um caldo...

Parta em dois o coração da erva-doce, desde a parte de cima, depois fatie em tiras bem finas (5). Você também pode utilizar um fatiador de alimentos para um resultado bem preciso.

● **Conselho do chef**
As primeiras folhas da erva-doce nova e da erva-doce míni não são fibrosas. Não vale a pena retirá-las.

→ **Ideia de receita**
Tortilla de erva-doce, p. 364

Preparar cucurbitácea ★

As abóboras manteiga (butternut), hokkaido e espaguete podem ser preparadas de várias formas.

Ingrediente
Abóbora hokkaido

Corte a abóbora em dois sobre uma tábua de cortar (1). Se você usar a abóbora manteiga, divida-a em dois na altura do bojo, para separar o pedaço mais comprido e a parte redonda, depois corte em dois a parte redonda. Para a hokkaido, o procedimento é o mesmo.

Remova as sementes da hokkaido com uma colher (2). O mesmo deve ser feito para todos os tipos de abóbora. Se necessário, enxágue e seque para remover os últimos filamentos em torno das sementes. Corte a hokkaido em dois (3), depois em meia-lua. Para a abóbora manteiga, corte a parte longa em dois, depois em quatro, e a parte redonda em quatro.

Retire a casca com um descascador (4): se a casca da hokkaido estiver fina e for bem lavada previamente, essa etapa pode ser dispensada. Porém, esse procedimento é necessário para os outros tipos de cucurbitáceas com a casca mais espessa, como a abóbora manteiga. Corte a hokkaido em pedaços, de acordo com a imagem (5).

Para preparar uma abóbora espaguete: corte a abóbora em dois, como na etapa 1. Remova as sementes, como na etapa 2. Regue com um pouco de azeite de oliva e coloque um pouco de sal. Em uma fôrma ou prato refratário, posicione-a com o lado cortado virado para baixo e leve ao forno por 35 a 45 minutos a 180 °C (t. 6).* Deixe amornar, depois retire a polpa com um garfo: ela vai desfiar naturalmente, formando os espaguetes (6).

● **Conselho do chef**
As meias-luas de abóbora ficam deliciosas com um pouco de azeite e especiarias e simplesmente grelhadas no forno (ver técnica, p. 46).

● **Bom saber**
A polpa da abóbora espaguete pode combinar com todos os molhos de massas e igualmente servir para preparos de pratos gratinados, flans...

→ **Ideias de receitas**
Creme de abóbora, tempura de sálvia, p. 211
Quibe de abóbora com cebolas roxas e nozes, p. 268
Sopa das três irmãs com abóbora, milho e feijões-vermelhos, p. 294

* A abreviação "t." refere-se à intensidade do calor do forno (alguns equipamentos utilizam esse parâmetro). (N. E.)

Preparar milho verde fresco ★

Espigas costumam ser apreciadas cozidas em água ou assadas. Mas retirar seus grãos para criar outros pratos também é uma verdadeira delícia.

Ingrediente
Espiga de milho verde fresco

Retire as folhas verdes e os fios da espiga com as mãos (1).

Quebre a base do milho para removê-las em um só movimento (2). Enxágue e seque o milho.

Com uma faca grande, retire os grãos, fazendo-a deslizar ao longo da espiga (3). À medida que for retirando os grãos, reserve-os em uma tigela.

Quebre as sobras das espigas (4) e coloque-as junto dos grãos de milho durante o cozimento na água fervente com sal (marque 20 minutos) ou mergulhe-as em uma sopa ou caldo para aromatizar.

● **Conselho do chef**
Você pode branquear esses grãos por 1 minuto em água fervente. Escorra e depois congele para aproveitá-los durante todo o ano.

● **Bom saber**
Os grãos preparados dessa forma podem ser cozidos como um risoto, dourados e depois lentamente cozidos em um caldo: ficam cremosos e tenros.

↪ **Ideia de receita**
Sopa das três irmãs com abóbora, milho e feijões-vermelhos, p. 294

Preparar "bife" de couve-flor ★

É comum separar as pequenas flores deste vegetal e cozinhá-las a vapor. Mais raro é cortar a couve-flor na largura para obter uma bela fatia – o "bife".

Tempo de cozimento: 20 minutos

Ingredientes
Couve-flor
Azeite de oliva (para o cozimento)

Remova as folhas verdes da couve-flor. Lave e seque-a. Corte-a em dois, ao meio (1).

Na parte mais larga, corte uma fatia grossa de 2 cm aproximadamente. Faça o mesmo com a outra metade da couve-flor (2).

Doure-a dos dois lados em uma frigideira com azeite de oliva, virando delicadamente com uma espátula larga. Tempere e termine o cozimento no forno por 15 minutos a 190 °C (t. 6/7). Sirva com um pesto ou molho de sua preferência (3).

● **Conselho do chef**
Corte os pedaços restantes da couve-flor em partes menores, preservando as pequenas flores, e cozinhe a vapor (ver técnica, p. 41), ou utilize para fazer o cuscuz de couve-flor (ver técnica, p. 20).

● **Bom saber**
Quanto mais fresca for a couve-flor, mais seu sabor será pronunciado: fique atento para consumi-la rapidamente depois de comprá-la.

→ **Ideia de receita**
Couve-flor assada, tahine vermelho e limão confitado, p. 371

Legumes e outros vegetais — As diferentes técnicas

19

Preparar cuscuz de couve-flor ★

Delicioso cuscuz vegetal que pode substituir a sêmola ou o cuscuz de trigo e proporcionar sabor e textura diferentes a suas saladas.

Ingrediente
Pequenas flores de couve-flor cruas

Corte em pequenos pedaços o restante de uma couve-flor ou use a metade de uma couve-flor inteira (1).

Coloque-os no copo de um liquidificador ou de um mixer com lâmina em S (2). Bata rapidamente utilizando o botão pulse até obter um cuscuz mais grosso.

O cuscuz obtido pode ser consumido cru, misturado em uma salada (3). Também pode ser pré-cozido, marinado por 2 horas em suco de limão ou com sal, ou ainda ser cozido por 2 minutos, a vapor, sobre um pano fino.

● Conselho do chef
No liquidificador, prepare o cuscuz em pequenas quantidades para obter uma textura adequada.

⟶ Ideias de receitas
Para substituir o triguilho (bulgur) e o cuscuz de trigo
Faláfel e tabule, p. 304
Cuscuz berbere com legumes no vapor e manteiga de hortelã, p. 262

Preparar pastinaca ★

Algumas raízes grandes podem apresentar coração fibroso que retarda seu cozimento e lhe confere um gosto desagradável. É o caso da pastinaca, que deve ser preparada conforme mostrado a seguir.

Ingrediente
Pastinaca com pelo menos 6 cm a 8 cm de comprimento (tamanho desde o pedúnculo)

Descasque a pastinaca com descascador ou faca para legumes. Enxágue, seque e corte-a em dois (1).

Corte pelo meio, outra vez, cada pedaço em dois (2), a fim de obter 4 pedaços.

Retire o pedaço fibroso do centro da pastinaca, mais claro e com fibras visíveis (3). Reserve para utilizar em uma sopa. Corte a seguir a pastinaca, de acordo com a receita (cubos, lâminas...)

● **Conselho do chef**
Esta técnica pode ser utilizada em cenouras grandes.

→ **Ideia de receita**
Raízes assadas, molho de missô e xarope de bordo, p. 226

Preparar pimentão ★

Caso o pimentão esteja bem firme, não é complicado retirar sua pele.

Ingrediente
Pimentão

Corte o pedúnculo do pimentão (1). Retire o miolo e as sementes (2). Corte-o seguindo as linhas naturais marcadas sobre o pimentão (3). Retire a pele de cada pedaço com a ajuda de um descascador de legumes (4).

Corte conforme a receita.

● Bom saber
A princípio, todos os pimentões são verdes! É de acordo com sua variedade que, ao amadurecer, ficam amarelos, vermelhos, roxos... mais ou menos doces e até picantes.

➞ Ideia de receita
Chakchouka, p. 359

Preparar pimentas ★

Vermelhas ou verdes, de ardência média ou extrafortes, de acordo com a preferência de cada um.

Ingrediente
Pimentas frescas

Para preparar pimentas, é indispensável o uso de luvas.

Corte o pedúnculo da pimenta **(1)**. Faça uma incisão em sua lateral, partindo-a em dois **(2)**. Remova delicadamente todas as sementes, raspando com a faca **(3)**.

Corte em tiras finas conforme a receita **(4)**.

● Conselho do chef
A capsaicina contida na pimenta pode irritar as mucosas (nariz, boca, olhos), o que é muito doloroso. Ela pode resistir a uma lavada de mãos, por isso devem ser usadas luvas. Descarte-as imediatamente após o uso e tome cuidado para não levar as mãos ao rosto enquanto prepara as pimentas.

➞ Ideias de receitas
Biryani, p. 245
Pad thaï, p. 246
Sopa das três irmãs com abóbora, milho e feijões-vermelhos, p. 294
Dosa masala, p. 297
Dal d'urad, raïta de manga e romã, p. 303
Chili sem carne com dois feijões, p. 307
Gado-gado com tempeh, p. 323
Chakchouka, p. 359
Palaak paneer, p. 360
Muhammara e chips de pita, p. 379
Trancam indonésio, p. 380
Bolinhos de amaranto e creme de abacate, p. 277

Limpar alho-poró ★

Com folhas bem cerradas, ele retém facilmente terra.

Ingrediente
Alho-poró

Corte o alho-poró bem rente à base do bulbo para eliminar as radículas e remova as primeiras folhas mais grossas, abrindo uma fenda na parte lateral (1).

Diminua o tamanho do alho-poró cortando uma parte do verde (2) e faça uma fenda desde o meio, descendo até a metade da parte branca.

Vire o alho-poró de lado e corte na perpendicular, para formar uma cruz (3). Passe-o na água separando bem as folhas para limpar entre elas.

● **Conselho do chef**
Reserve as folhas verdes mais grossas para preparar seus bouquets garnis. A parte de cima do alho-poró pode ser utilizada em uma sopa ou em um caldo.

● **Bom saber**
Para cozinhar alho-poró no vapor (ver técnica, p. 41) ou à inglesa (ver técnica, p. 41), amarre-o em um maço para que conserve a forma e seja mais fácil de manipular.

→ **Ideias de receitas**
Minimorangas recheadas com arroz negro, alho-poró e cranberries, p. 237
Bouillabaisse caolha, p. 363

Preparar cercefis ★

Raiz que exige algumas precauções no preparo, assim como a escorcioneira.

Ingredientes
Cercefis negras (salsifis)
Limão

Encha uma tigela com água fria. Acrescente suco de limão. Coloque luvas para manipulação dessa raiz. Enxágue os cercefis em água corrente.

Corte suas extremidades e descasque com um descascador de legumes (1).

Corte em pedaços conforme a receita (2). Enxágue-os e coloque na água com limão para evitar que escureçam (3).

Proceda ao cozimento de acordo com a receita: recomenda-se, em geral, cozinhá-los em um caldo branco (blanc; ver técnica, p. 43).

→ **Ideia de receita**
Raízes assadas, molho de missô e xarope de bordo, p. 226

Legumes e outros vegetais — As diferentes técnicas

As diferentes técnicas

Legumes e outros vegetais

26

Preparar batatas fritas ★

Dois banhos de óleo, este é o segredo das batatas fritas douradas e tenras.

Tempo de preparo: 20 minutos
Tempo de cozimento: 15 minutos

Ingredientes
1 kg de batata "farinhenta"
(bintje, BF 15 ou charlotte)
1 ℓ de óleo para fritura (mistura de óleo especial para fritura, de girassol ou de amendoim refinados, azeite de oliva)
Sal e flor de sal a gosto

Descasque as batatas e mergulhe-as em água fria. Corte-as em palitos do tamanho de seu dedo indicador com a ajuda de uma faca ou de um cortador de batatas (1). Enxágue abundantemente em água quente até que a água fique clara (2). Espalhe as batatas sobre um pano de prato limpo e seque-as com cuidado até que tenham perdido o aspecto úmido e não estejam mais brilhantes (3).

Coloque o óleo em uma fritadeira e esquente até alcançar 150 °C a 160 °C. Utilize um termômetro para verificar a temperatura: pequenas bolhas devem se formar ao redor das batatas quando forem mergulhadas no óleo. Coloque metade das batatas no cesto e mergulhe-o no óleo com a temperatura adequada (4).

Deixe fritar de 6 a 8 minutos, de acordo com a espessura das batatas: elas devem apenas dourar (5). Escorra e depois aumente o fogo para que o óleo atinja 180 °C a 190 °C. Mergulhe as batatas uma segunda vez neste banho de óleo por mais 5 ou 6 minutos, para que elas corem e fiquem crocantes.

Escorra cuidadosamente (6). Salgue com algumas pitadas de sal e no momento de servir acrescente um pouco de flor de sal.

● **Conselho do chef**
Considere 3 partes de óleo para 1 parte de batatas. Não encha demais o cesto da fritadeira: todas as batatas devem ser envolvidas pelo óleo para fritá-las corretamente. Prefira fazer vários pequenos banhos em vez de um único.

● **Bom saber**
• Filtre o óleo de cozimento frio depois do uso para reutilizá-lo ainda 1 ou 2 vezes.
• Também é possível fazer fritas de batata-doce, aipo... que, por não conterem amido, exigem enxágue menos longo, mas secagem igualmente meticulosa.

Preparar purê de batatas ★

Para consumir tal qual ou preparar batatas-surpresa (dauphines), croquetes, aligot...

Tempo de preparo: 15 minutos
Tempo de cozimento: 20 a 25 minutos

Ingredientes
1 kg de batata "farinhenta" (bintje)
300 ml de leite
80 g a 100 g de manteiga sem sal
1 colher (sopa) de sal grosso
Sal, pimenta-do-reino preta moída na hora e noz-moscada ralada a gosto

Descasque as batatas, corte-as em pedaços e enxágue bem. Coloque-as em uma panela grande e alta, cubra com água fria e acrescente sal grosso. Coloque para ferver e cozinhe por 20 a 25 minutos, até que a ponta de uma faca as atravesse facilmente.

Escorra-as imediatamente para evitar que fiquem encharcadas de água. Amasse-as com um espremedor de batatas (1) diretamente em uma panela.

Seque rapidamente o purê em fogo baixo (2), misturando sem parar.

Durante esse tempo, ferva o leite e, fora do fogo, acrescente-o em fio à polpa da batata (3). Misture, depois incorpore a manteiga fria cortada em pedaços, a pimenta-do-reino preta moída na hora e a noz-moscada ralada. Misture tudo energicamente para que a manteiga derreta e se emulsione com o purê.

Prove e acerte o tempero se necessário (4). Sirva bem quente.

● **Conselho do chef**
Para reaquecer um purê de batatas, utilize de preferência banho-maria.

● **Bom saber**
Nunca utilize batedeira para fazer seu purê de batatas: batendo com velocidade muito rápida, o purê fica grudento e desagradável ao paladar.

→ **Ideia de receita**
Croquetes de alga dulse e salada de aspargos crus, p. 343

Preparar alho ★

Ingrediente
Dentes de alho

Retirar o miolo do alho
Precaução indispensável para torná-lo mais palatável.

Descasque o dente de alho. Corte-o ao meio (1). Remova o miolo, levantando-o com a ponta de uma faca (2).

● **Bom saber**
O alho jovem não contém miolo.

Amassar o alho
Para permitir que propague todo seu sabor em caldos e pratos para o preparo dos quais ele não deve ser dourado.

Com a parte chata da lâmina da faca, amasse o dente de alho com a casca: a seguir, a casca sai sozinha (3). Acrescente diretamente o dente ao prato.

Ideias de receitas
Raízes assadas, molho de missô e xarope de bordo, p. 226
Foul medames, p. 300

Descascar gengibre ★

É exatamente sob a casca que se escondem os óleos essenciais mais aromáticos do gengibre. Eis aqui como descascá-lo mais delicadamente.

Ingrediente
Gengibre fresco

Com a parte mais afiada de uma colher, remova a fina casca que cobre o gengibre (foto acima). A colher permite seguir mais facilmente as protuberâncias do gengibre.

● **Bom saber**
Esta mesma técnica pode ser utilizada para descascar a galanga e a cúrcuma.

Ideias de receitas
Biryani, p. 245
Curry de grão-de-bico com couve-flor, batata-doce e leite de coco, p. 219
Trancam indonésio, p. 380
Lo han chai, p. 327
Sobás de brócolis e agrião, p. 281
Salteado de espinafres e cogumelos chanterelles com tofu, p. 320
Palaak paneer, p. 360
Peras ao vinho branco e louro, p. 397
Parfait gelado de ruibarbo, groselha e gengibre, p. 407

Preparar bouquet garni ★

Indispensável para aromatizar caldos e pratos preparados em fogo brando.

Ingredientes
1 alho-poró
1 folha de louro
2 ou 3 ramos de tomilho
Talos de salsa e/ou de outras ervas finas (coentro, cerefólio...) a gosto

Corte o alho-poró ao meio para retirar uma folha do caule (1). Utilize tanto a parte branca quanto a verde. Recheie a folha com o tomilho, o louro, os talos de salsa... (2).

Passe um barbante ao redor do alho-poró (3), deixando uma ponta longa o suficiente para amarrar o bouquet garni.

Dê um nó bem firme (4). Corte os talos de salsa que ficarem para fora do bouquet garni (5).

● **Conselho do chef**
A composição do bouquet garni varia conforme os pratos, as estações... e o mercado! Tomilho, louro, salsa e alho-poró formam a base mais clássica. Não deixe de usar os talos de outras ervas aromáticas, como sálvia fresca, alecrim, manjerona.

Preparar caldo de vegetais ★

Base indispensável, que pode ser preparada em grandes quantidades para conservação no refrigerador ou no freezer.

Tempo de preparo: 20 minutos
Tempo de cozimento: 30 minutos

Ingredientes
1 cebola
2 cenouras grandes
1 alho-poró
2 aipos com folhas ou 100 g de aipo-rábano
1 colher (sopa) de azeite de oliva
2 l de água
4 dentes de alho
1 pedaço pequeno de alga kombu
1 pedaço pequeno de gengibre descascado
3 ramos de tomilho
2 folhas de louro
1 dúzia de ramos de salsa com as folhas
2 colheres (café) de sal

Descasque e corte todos os legumes (1). Amasse o alho (ver p. 29).

Doure todos os legumes no azeite quente. Coloque a água (2). Adicione o alho, a alga kombu, o gengibre (3), o tomilho, o louro, a salsa e o sal. Leve ao fogo e, depois de ferver, cozinhe por mais 30 minutos em fogo brando (4).

Coe (5), deixe esfriar e armazene no refrigerador em um recipiente hermeticamente fechado.

Bom saber
Este caldo pode ser conservado por 5 dias no refrigerador. Você pode congelá-lo em grandes quantidades ou em uma bandeja de gelo para utilizá-lo quando precisar, por até 5 meses.

⟶ Ideias de receitas
Creme de abóbora, tempura de sálvia, p. 211
Focaccia com acelgas e queijo de cabra, p. 257
Mac'n'cheese com couve-flor, p. 265
Feijão-fradinho com verduras e pão de milho, p. 298
Sopa das três irmãs com abóbora, milho e feijões-vermelhos, p. 294
Sopa iraniana de iogurte e ervas (ashe mast), p. 354
Risoto primavera, p. 238
Chili sem carne com dois feijões, p. 307
Avgolemono com abobrinhas e limão-siciliano (sopa grega de arroz, limão e abobrinha), p. 234
Risoto de cevada com cogumelo-de-paris, p. 282

31

Bater sopa em liquidificador ★

Para obter a textura perfeita.

Ingrediente
Legumes e outros vegetais cozidos no caldo

Com a escumadeira, retire os legumes cozidos da sopa. Coloque-os no copo do liquidificador e cubra-os com o caldo do cozimento.

Bata até obter uma textura lisa. Adicione os demais ingredientes da sopa (creme ou leite, por exemplo) e o caldo progressivamente. Bata novamente e tempere se necessário. Acrescente mais caldo até obter a textura desejada.

● **Conselho do chef**
Ao acrescentar o caldo progressivamente depois de ter adicionado os demais ingredientes, você pode controlar totalmente a consistência da sopa. Porém, se achar que ela está líquida demais, é possível engrossá-la com um pouco de purê de batatas (fresco, congelado ou em flocos), de abobrinha cozida ou arroz. Você também pode diluir fécula de batata em um pouco de água fria e acrescentá-la em fio na sopa quente, colocando tudo para ferver e deixando cozinhar por 3 minutos em fogo brando.

➞ **Ideia de receita**
Creme de abóbora, tempura de sálvia, p. 211

Utilizar extrator de suco ★

Este utensílio extrai lentamente o suco dos legumes e das frutas, preservando todos os nutrientes. Indispensável para sucos verdes e para o máximo proveito dos vegetais.

Ingredientes
Legumes: cenoura, pepino, beterraba, erva-doce, aipo...
Frutas: maçã, pera...
Ervas, gengibre

Enxágue as frutas e os legumes. Se forem orgânicos, não os descasque. Corte-os em pedaços conforme o tamanho do bocal do extrator: em alguns, é possível colocar a fruta inteira. Posicione corretamente para recuperar, de um lado, a polpa seca e, do outro, o suco. Coloque os pedaços no bocal e ligue o extrator (1).

Alguns legumes úmidos (beterraba, pepino) não produzem todo o suco na primeira passagem. Portanto, é possível passar a polpa pelo extrator uma segunda vez para a obtenção de mais suco (2).

● **Conselho do chef**
Evite frutas com textura mole, como manga, banana, damasco, pêssego, que servem mais para smoothie. No comércio, essas frutas são vendidas na forma de "néctar" (ou seja, polpa batida com água e açúcar), já que, com o extrator, não se obtém o seu melhor.

● **Bom saber**
Preparar sucos é uma forma de usar as partes menos nobres dos legumes sem que nada se perca: talos de brócolis e de couve, folhas de verduras menos crocantes, caules de ervas aromáticas, cascas de ervilhas... Esses sucos também são boas bases de cozimento para risotos ou cereais.

Preparar chips de couve kale ★

O preparo que tornou esta couve frisada popular no mundo inteiro.

Tempo de preparo: 10 minutos
Tempo de cozimento: 10 minutos

Ingredientes
6 folhas grandes de couve kale
2 colheres (sopa) de azeite de oliva
1 colher (café) de temperos de sua escolha: curry, páprica doce, páprica defumada, garam masala...
3 pitadas de flor de sal

Preaqueça o forno a 170 °C (t. 5/6).

Retire o talo central das folhas de kale (1). Rasgue-as grosseiramente e coloque-as em uma assadeira ou na bandeja coletora do forno. Misture o azeite e os temperos em uma tigela.

Distribua o azeite sobre as folhas de couve e amasse-as para que a mistura penetre ligeiramente (2): isso deixará as folhas mais macias.

Salpique com flor de sal e leve ao forno por 10 minutos (3). Deixe esfriar antes de saborear.

● Conselho do chef
• Os talos da couve kale podem ser utilizados em um suco verde preparado no extrator (ver técnica ao lado) ou em um caldo.
• Para que as folhas da couve kale fiquem secas e crocantes, tome cuidado para que não se sobreponham. De acordo com o tamanho do seu forno, realize o procedimento em duas etapas.

● Bom saber
Você também pode desidratar esses chips durante 12 horas, a 40 °C, em um desidratador. Permanecem conservados por 3 dias em recipiente de metal hermético.

⇀ Ideia de receita
Portobello burgers e chips de kale, p. 347

As diferentes técnicas

Legumes e outros vegetais

As diferentes técnicas

Legumes e outros vegetais

Fazer sal de aipo ★

Tempero caseiro delicioso que aproveita uma parte muitas vezes descartada do aipo.

Tempo de preparo: 15 minutos
Tempo de cozimento: 30 minutos

Ingredientes
Caules e folhas do aipo-rábano ou outro tipo de aipo
Sal a gosto

Preaqueça o forno a 100 °C (t. 3/4). Separe as folhas de aipo do bulbo, cortando-as (1). Separe os talos das folhas (2): conserve somente as folhas.

Em uma assadeira, disponha as folhas em uma só camada (3), pois elas não devem ficar sobrepostas. Leve ao forno por 30 minutos, virando-as duas vezes para secarem uniformemente: elas não devem ficar escuras. Se você usar outro tipo de aipo, faça o mesmo, mas retire somente as folhas.

Esmigalhe as folhas secas com os dedos para eliminar as partes lenhosas restantes (4). Você pode utilizar um processador para reduzir as folhas a pó.

Verifique o volume de folhas obtido, acrescente a mesma quantidade de sal (5) e misture.

Este sal de aipo pode ser conservado por 3 meses, se protegido da luz, em um pote hermético. É o tempero perfeito para saladas, hambúrgueres, cachorro-quente vegetariano, preparos à base de tomate (sucos, sopas…).

● **Conselho do chef**
Você também pode preparar um gersal (ver p. 119) de aipo da mesma forma: acrescente metade do sal e metade do gergelim às folhas de aipo esfareladas.

Preparar picles ★

No vinagre e no açúcar, estes legumes podem ser conservados por bastante tempo, graças à lactofermentação, ou podem ser consumidos rapidamente, como aqui.

Para um vidro de 1 ℓ

Ingredientes
3 cenouras ou cerca de 200 g
1 rabanete ou cerca de 200 g: red meat, green meat, rabanete preto, nabo...
Algumas lâminas de cebola roxa
100 g de açúcar
100 mℓ de vinagre de arroz
1 colher rasa (café) de sal
300 mℓ de água
1 anis-estrelado
10 grãos de coentro
5 grãos de pimenta-do-reino preta
Opcional: pimenta-do-reino preta moída na hora a gosto

Descasque e fatie os legumes em lâminas finas com a ajuda de um fatiador (ver p. 40) **(1)**. Você também pode cortá-los em julienne se preferir.

Em uma panela, misture o açúcar, o vinagre de arroz, o sal, o anis, o coentro e a pimenta-do-reino preta. Coloque tudo para ferver.

Derrame o líquido quente sobre os legumes **(2)** e deixe esfriar. Esterilize um vidro com tampa (ver p. 143).

Leve ao refrigerador e espere 3 dias para consumir. Consuma em 2 meses.

● **Conselho do chef**
• Para picles ainda mais crocantes, adicione 1 colher (café) de chá preto na marinada.
• Acidificados, avinagrados, apimentados, esses picles acompanham sanduíches, saladas...

● **Bom saber**
Tome cuidado com qualquer odor desagradável, estufamento de tampa ou sinal de mofo: nesses casos, não consuma os picles. Algum problema de esterilização ou de temperatura da mistura pode ter impedido o desenvolvimento das bactérias lácticas necessárias para a conservação.

Preparar aspargos ★

Brancos ou verdes, prepare os aspargos com delicadeza!

Ingrediente
Aspargos brancos ou verdes

Corte os talos danificados dos aspargos (1). Descasque-os com a ajuda de um descascador, resguardando a cabeça em direção à cauda (2).

Se ainda houver pontas na cabeça, retire-as com a ponta de uma faca.

Enxágue e seque os aspargos. Amarre-os em maço se desejar cozinhá-los à inglesa (ver técnica, p. 41).

● **Conselho do chef**
Reserve talos e cascas para aromatizar um caldo.

Ideias de receitas
Almôndegas de soja à japonesa, salada de wakame e pepino, p. 344
Risoto primavera, p. 238
Paella com aspargos e favas-brancas, p. 241

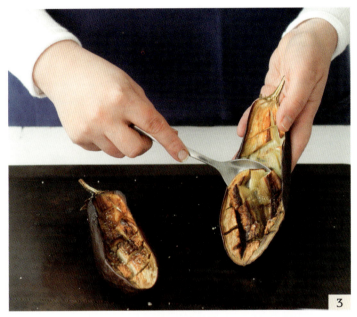

Preparar caviar de berinjela ★

Preparação muito usada em toda a bacia do Mediterrâneo e no Oriente Médio, e que pode ser acompanhada de várias formas.

Tempo de preparo: 15 minutos
Tempo de cozimento: 30 a 40 minutos

Ingredientes
1 berinjela
50 ml de azeite de oliva
Tomilho ou orégano seco a gosto
Sal e pimenta-do-reino preta moída na hora a gosto
Opcional: 2 a 3 colheres (sopa) de tahine, 2 a 3 colheres (sopa) de fromage blanc* ou de iogurte tipo grego, 2 colheres (sopa) de pasta de azeitonas pretas...

Preaqueça o forno a 180 °C (t. 6).
Lave e enxugue a berinjela. Depois de partir a berinjela em dois, faça cortes diagonais no interior, formando um quadriculado, sem romper a casca. (1).

Pincele com azeite (2), reserve o restante, coloque um pouco de sal e polvilhe com tomilho.

Leve ao forno de 30 a 40 minutos até que a polpa da berinjela fique macia e dourada na superfície.

Deixe esfriar e, a seguir, retire a polpa cozida com a ajuda de uma colher (3). Bata em um processador com o tahine, o fromage blanc ou a pasta de azeitonas pretas.

Tempere e acrescente o azeite restante em fio (4), sem parar de misturar, para obter uma textura emulsificada.

Prove e acerte o tempero se necessário.

● Conselho do chef
Este caviar de berinjela permanece conservado por 3 dias em refrigeração em um pote hermético.

● Bom saber
Como opção à maionese no sanduíche, para o aperitivo, com cereais e saladas, o caviar de berinjela é, como o homus, uma das preparações vegetarianas mais utilizadas, devendo estar à disposição sempre que possível!

*Queijo fresco típico francês. No Brasil, uma versão aproximada é o queijo fresco cremoso. (N. E.)

Preparar ervas finas ★

Para que a salsa, a menta, o cerefólio, o endro e muitas outras ervas durem mais.

Ingrediente
Buquê de ervas finas

Coloque as ervas em um recipiente grande e lave-as com bastante água. Retire-as delicadamente para que a terra fique no fundo do recipiente; a seguir, seque-as em um secador de salada.

Para uso imediato: retire as raízes das ervas (1) com a ajuda de uma tesoura, se necessário. Pique-as finamente. Reserve os caules de sálvia, cerefólio e endro para caldos, sopas e bouquets garnis.

Para prolongar o uso: depois de lavá-las e secá-las, espalhe as ervas sobre papel-toalha levemente umidificado, sem sobrepô-las. A seguir, enrole-o com as ervas (2). Coloque no refrigerador e molhe regularmente o papel.

Para sempre ter ervas à disposição ou finalizar uma preparação: leve ao processador as ervas finas de sua escolha com 1 a 2 colheres (sopa) de azeite (3).

Preencha uma fôrma de gelo com a pasta (4), pressionando levemente cada cubo. Em seguida, coloque no refrigerador. Os gelos de ervas permanecem conservados por 3 ou 4 meses. Não é necessário descongelar os gelos antes de utilizá-los: acrescente-os diretamente na preparação, pois derretem rapidamente.

→ Ideias de receitas
Berinjelas com freekeh e uvas frescas, p. 254
Cuscuz berbere com legumes no vapor e manteiga de hortelã, p. 262
Faláfel e tabule, p. 304
Sopa iraniana de iogurte e ervas (ashe mast), p. 354
Tapioca de coco, framboesas e verbena, p. 404

Cortar cebola em cubos pequenos (corte ciseler) ★

Fatiar (émincer) é cortar em fatias finas a metade de uma cebola. Cortar em pequenos cubos (ciseler) é picar essa metade em pedacinhos regulares. Técnica necessária para todos os dias!

Ingrediente
Cebolas de sua escolha: brancas, roxas, amarelas...

Corte a ponta superior da cebola (1). Não retire de forma nenhuma a ponta com a raiz: assim, a cebola permanecerá unida durante o corte. Descasque a cebola (2). Corte-a em dois (3).

Corte-a em fatias no comprimento, tomando o cuidado de não cortar até o final, parando antes da raiz da cebola (4). Corte-a em três ou quatro no sentido da largura, mantendo-a unida com firmeza (5).

Fatie finamente na horizontal para obter cubos bem pequenos (corte brunoise) (6).

● **Conselho do chef**
Uma faca bem afiada diminui bastante o risco de lágrimas intempestivas!

As diferentes técnicas

Legumes e outros vegetais

Utilizar fatiador de alimentos ★★

O fatiador de alimentos japonês (mandolim), leve e muito eficaz, é indispensável para fatiar finamente os legumes.

Incline o fatiador de alimentos de acordo com a forma que você quer dar às lâminas dos legumes. Utilize-o com cuidado quando cortar um legume curto, como rabanete ou cenoura: extremamente afiado, é melhor evitar ir até a extremidade do legume para preservar seus dedos (1). Os pedaços restantes podem ser aproveitados em uma sopa ou um caldo.

Para regular a espessura do corte, utilize o parafuso situado no meio do fatiador de alimentos (2).

Também é possível fazer cortes do tipo julienne de várias espessuras com um fatiador: troque a lâmina com precaução usando o parafuso que se encontra na lateral (3).

Para cortar legumes no comprimento (tipo julienne), utilize o empurrador fornecido com o fatiador de alimentos, ajustando-o com firmeza no legume a ser fatiado (4).

● **Conselho do chef**
Para fazer uma salada de legumes bem crocante, mergulhe as lâminas de legumes cortadas no fatiador em uma tigela grande com água gelada. Escorra-os e tempere-os na hora de servir, para que conservem a textura.

● **Bom saber**
• *Tome bastante cuidado quando utilizar um fatiador, pois é fácil se cortar durante seu uso.*
• *Existem luvas para utilizar um fatiador com tranquilidade. Para os distraídos ou desajeitados, essa precaução pode ser importante.*

→ **Ideias de receitas**
Salada de sarraceno germinado com beterrabas e cítricos, p. 278
Almôndegas de soja à japonesa, salada de wakame e pepino, p. 344
Makis veganos e sopa de missô, p. 336
Tortilla de erva-doce, p. 364
Torta de amêndoas, pasta de azeitona e legumes, p. 375

1

2

3

4

Cozinhar à inglesa (branquear) ★

Cozinhar legumes e vegetais verdes em grande quantidade de água por alguns instantes, branquear ou cozinhar à inglesa: três expressões para designar a mesma técnica.

Ingredientes
Vegetais verdes: vagem, ervilha, fava...
1 colher (sopa) de sal grosso por ℓ de água

Coloque para ferver grande quantidade de água com o sal grosso. Mergulhe os legumes na água fervente e deixe-os cozinhar em fogo alto até que fiquem al dente (1). Com uma escumadeira, retire os legumes da panela e mergulhe-os diretamente na água fria com gelo (2). Deixe esfriar nessa água, depois escorra os legumes. Utilize-os conforme a receita (salteados, reaquecidos com um pouco de manteiga sem sal) e tempere-os.

Para os outros legumes, o cozimento na água também é utilizado, mas com menos impacto na cor. Inicia-se o cozimento de raízes na água fria.

● **Conselho do chef**
No cozimento à inglesa, o sal penetra pouco nos legumes: certifique-se de temperá-los corretamente depois desse cozimento.

● **Bom saber**
• O cozimento à inglesa preserva mais a cor e a textura dos vegetais verdes que o cozimento a vapor.
• Mantenha o cozimento em fogo alto para preservar perfeitamente a cor dos vegetais verdes.

▬► **Ideias de receitas**
Muffins de ervilha, espinafre e grãos germinados, p. 224
Risoto primavera, p. 238
Sobás de brócolis e agrião, p. 281
Gado-gado com tempeh, p. 323

Cozinhar a vapor ★

Técnica simples, na qual os legumes cozinham em temperatura baixa. Cuidado com o tempo: é grande o risco de cocção excessiva.

Ingredientes
Legumes de sua escolha
Água

Coloque para ferver grande volume de água: quanto maior for o tempo de cozimento do legume, maior será a quantidade necessária do líquido.
Coloque o cesto com os legumes acima da água fervente (1). Ele não deve ficar diretamente em contato com a água. Cubra (2) e deixe cozinhar, verificando o nível de água para que sempre haja vapor. Teste o cozimento dos legumes com a ponta de uma faca.

● **Conselho do chef**
Se você quiser aromatizar levemente seus legumes, coloque ervas frescas no fundo do cesto, não na água do cozimento.

● **Bom saber**
Panela a vapor, cesto de bambu, cuscuzeira... possuem o mesmo princípio de funcionamento: recipiente munido com furos para que a água possa circular, permitindo que a água ferva, e tampa para manter a temperatura.

▬► **Ideias de receitas**
Colcannon, p. 216
Cuscuz berbere com legumes no vapor e manteiga de hortelã, p. 262
Mac'n'cheese com couve-flor, p. 265
Quibe de abóbora com cebolas roxas e nozes, p. 268
Banh chuoi hap nuoc dua – bolo vietnamita de banana e leite de coco, p. 249
Sobás de brócolis e agrião, p. 281
Rolinhos primavera com tempeh, p. 315

Princípios de cozimento para alguns legumes e vegetais

LEGUMES E OUTROS VEGETAIS	MÉTODO DE COZIMENTO NA ÁGUA	TEMPO DE COZIMENTO NA ÁGUA	TEMPO DE COZIMENTO A VAPOR
Abóbora, abóbora hokkaido	Em cubos.	20 a 25 minutos.	20 minutos.
Abobrinha	Desaconselhado.	/	8 a 10 minutos, em rodelas ou em bastões.
Aipo-rábano	Em água fria, em cubos.	15 a 20 minutos.	15 a 20 minutos, em cubos.
Alcachofra	Em caldo branco frio (blanc; ver técnica, p. 43).	40 minutos, com tampa.	30 minutos; melhor cozimento em caldo branco (blanc; ver p. 43).
Alho-poró	Em água fervente, inteiro.	10 a 15 minutos, sem tampa.	25 minutos, em rodelas.
Aspargo	Amarrados em maço.	15 a 25 minutos, conforme diâmetro.	8 a 15 minutos, conforme diâmetro.
Aspargo branco	Em água fervente, amarrados em maço.	20 a 25 minutos (até ficarem na superfície da água ou que estejam macios).	20 a 25 minutos, conforme diâmetro.
Batata	Em água fria.	20 a 25 minutos, conforme tamanho.	20 minutos, em cubos.
Batata-doce	Em água fria, em cubos.	15 a 20 minutos, conforme tamanho.	25 minutos, em cubos.
Berinjela	Desaconselhado.	/	20 a 30 minutos, em cubos.
Beterraba	Com casca.	1h30 a 2 horas, conforme tamanho (na panela de pressão, dividir este tempo por 3).	2 horas a 2h30.
Brócolis	Em água fervente, em buquês.	4 a 5 minutos, sem tampa.	10 a 15 minutos, em floretes.
Cenoura	Água fervente, em rodelas.	6 a 10 minutos, sem tampa.	20 minutos, em rodelas.
Couve-brócolis romanesco	Em floretes.	7 a 8 minutos, resfriar com água gelada.	8 a 10 minutos, em floretes.
Couve-de-bruxelas	Em água fervente.	10 minutos, sem tampa.	12 a 18 minutos.
Couve-flor	Em água fervente, em buquês.	10 minutos, sem tampa.	15 a 20 minutos, em buquês.
Endívia	Inteira.	20 minutos.	10 minutos.
Erva-doce	Desaconselhado.	/	10 minutos, fatiada.
Ervilha	Em água fervente, sem a vagem.	3 minutos para resfriar.	10 minutos.
Espinafre	Em água fervente, sem o talo.	1 minuto.	3 minutos.
Nabo	Em água fria, em cubos.	10 a 15 minutos, com tampa.	10 a 15 minutos, em quartos.
Vagem	Em água fervente.	4 a 5 minutos, sem tampa.	12 a 15 minutos.

Cozinhar em caldo branco (blanc) ★

Cozimento em água com farinha, suco de limão e sal para evitar que certos legumes escureçam.

Ingredientes
1 colher (sopa) de farinha
Suco de 2 limões-sicilianos
½ colher (café) de sal grosso
1,5 ℓ de água

Coloque a água em uma panela grande. Misture a farinha na água e adicione o suco de limão e o sal (1).

Coloque para ferver e mergulhe o legume neste líquido (2).

● **Conselho do chef**
• *Este cozimento serve para cercefis, cerefólios de raiz (ou tuberosos) e alcachofras.*
• *Depois de cozidos, é possível conservar os legumes por 24 horas no refrigerador e por 2 meses no congelador.*

Cozinhar em crosta de sal ★★

Inspirado em uma receita assinada por Alain Passard, este cozimento torna magnífico o gosto de legumes de raízes. Pode ser utilizado para beterrabas, aipo-rábano e até para... abacaxi.

Tempo de preparo: 5 minutos
Tempo de cozimento: 3h15

Ingredientes
1 aipo-rábano de cerca de 600 g
1,5 kg de sal grosso marinho (Guérande, Noirmoutiers...)

Preaqueça o forno a 170 °C (t. 5/6). Coloque 1 kg de sal em uma assadeira ou bandeja coletora de forno, com aproximadamente 1,5 cm de altura (1).

Coloque o aipo limpo e seco sobre o sal, no centro. Adicione aos poucos o sal restante (2), apertando-o firmemente com as mãos, para que a umidade natural que o sal contém o comprima. Cubra totalmente o aipo, formando um monte (3). Leve ao forno por 3h15.

Retire do forno e deixe amornar por 30 minutos. Bata delicadamente na parte superior do monte para formar uma tampa (4). Retire a polpa do aipo com uma colher (5) e sirva-o com um fio de azeite.

● **Conselho do chef**
• Para adaptar o tempo de cozimento conforme o peso do aipo, conte 30 minutos de cozimento para cada 100 g.
• Espetacular, este aipo em crosta de sal pode ser cozido também em uma panela grande de ferro fundido esmaltada, cheia de sal grosso, e, assim, quebrar a crosta na mesa. Para uma festa, deguste sua polpa macia com algumas lâminas de trufas e um filete de azeite.

● **Bom saber**
Se você não tiver sal marinho, utilize sal branco misturado com 1 clara de ovo, o que facilitará a formação da crosta.

Despelar pimentão ★

Embora seja possível despelar pimentões crus com a ajuda de um descascador de legumes (ver técnica, p. 22), o método mais usado nos países latinos é o de tostá-los e cozinhá-los para retirar sua pele de difícil digestão.

Tempo de preparo: 15 minutos
Tempo de cozimento: 30 minutos

Ingrediente
Pimentões

Preaqueça a grelha do forno. Coloque os pimentões inteiros, lavados e enxugados, em uma assadeira (1). Leve-os ao forno e deixe cozinhar por cerca de 15 minutos. Vire-os e deixe cozinhar por mais 15 minutos. A pele deve formar bolhas e escurecer (2).

Coloque os pimentões quentes em uma tigela. Cubra com um prato para que esfriem em sua água (3): o vapor facilitará a retirada da casca. Deixe esfriar por 30 minutos ou mais.

Retire a casca escurecida delicadamente com a ajuda de uma faca pontuda (4). Não enxágue os pimentões para que mantenham todo o seu sabor.

Retire o pedúnculo e as sementes (5). Enxugue-os para retirar as sementes restantes. Corte-os em tiras e utilize-os em recheios, sopas...

Para uma salada de pimentões, tempere com azeite, suco de limão, alho amassado, sal e pimenta-do-reino preta moída na hora. Deixe marinar por pelo menos 8 horas antes de degustar.

→ **Ideias de receitas**
Muhammara e chips de pita, p. 379
Solaris, p. 209

Assar legumes e outros vegetais ★

Para potencializar o gosto e preparar pratos com antecedência, opte por assar legumes, para que fiquem com textura mais firme e sabor mais intenso.

Tempo de preparo: 20 minutos
Tempo de cozimento: 45 minutos

Ingredientes
1,5 kg de vegetais: pode ser uma mistura de raízes (pastinaca, cenoura, beterraba, nabo, tupinambo, aipo-rábano...) ou de legumes (pimentão, abobrinha, berinjela...), com ou sem lâminas de cebola, conforme o gosto

2 a 4 dentes de alho
3 colheres (sopa) de azeite de oliva
2 colheres (café) de tomilho seco (ou orégano)
1 folha de louro
1 colher (café) de flor de sal
Temperos opcionais: curry, pimenta de Espelette, páprica...

Preaqueça o forno a 220 °C (t. 7). Descasque e corte os vegetais em pedaços regulares. Amasse os dentes de alho (ver p. 29). Em uma tigela, misture o azeite, o tomilho e o louro esfarelado com as mãos.

Coloque os vegetais e o alho em uma bandeja coletora ou em uma assadeira grande o suficiente para distribuí-los em uma só camada. Derrame a mistura sobre os vegetais, salgue e misture com as mãos para que tudo fique bem impregnado (1).

Leve ao forno por cerca de 45 minutos, virando 2 ou 3 vezes, para que os todos os lados dos vegetais assem. Ajuste conforme a textura dos vegetais. Sirva quente ou à temperatura ambiente (2).

● **Conselho do chef**
• Prepare este prato com antecedência misturando os vegetais e óleo aromatizado em um saco grande ou em um pote hermético e conserve-os de 24 a 48 horas no refrigerador antes de assá-los.
• Quando cozidos, esses vegetais permanecem conservados por 48 horas no refrigerador, em recipiente hermético.

● **Bom saber**
Ao retirar a água dos vegetais, o cozimento no forno concentra seus açúcares naturais. Reforce a caramelização acrescentando um pouco de xarope de bordo ou de arroz maltado na marinada.

→ **Ideias de receitas**
Raízes assadas, molho de missô e xarope de bordo, p. 226
Bolo de painço com couve-de-bruxelas, abóbora manteiga e noz-pecã, p. 285

1

2

Cozinhar aspargos ★

Além de ser possível cozinhá-los à inglesa ou a vapor, os aspargos verdes também podem ser assados para dar textura e gosto mais originais.

Tempo de preparo: 10 minutos
Tempo de cozimento: 7 a 9 minutos

Ingredientes
30 g de manteiga sem sal
1 maço de aspargos preparados (ver p. 36)
100 ml de água ou de caldo de vegetais (ver p. 31)
2 pitadas de sal

Derreta a manteiga em uma frigideira. Adicione os aspargos, doure os dois lados, movendo a frigideira, para que fiquem inteiros (1).

Quando estiverem dourados, adicione a água e o sal (2).

Cubra e cozinhe de 7 a 9 minutos, conforme a espessura. Verifique o cozimento com a ponta de uma faca (3): eles devem estar brilhantes.

● **Conselho do chef**
Estes aspargos são acompanhamentos perfeitos para todos os ovos (coque, cocotte...)

Ideias de receitas
Risoto primavera, p. 238
Paella com aspargos e favas-brancas, p. 241

Preparação
Preparar arroz à crioula, p. 50
Cozimento do arroz por absorção, p. 50
Preparar arroz estufado, p. 51
Preparar risoto, p. 52
Utilizar folha de arroz, p. 54
Preparar arroz para sushi, p. 55
Fazer maki, p. 56
Preparar leite de arroz, p. 58

Cozimento
Preparar arroz em panela de arroz, p. 59

Arroz

Preparar arroz à crioula ★

A maneira mais simples de preparar o arroz: em grande quantidade de água. Entretanto, isso o priva de parte de seu sabor e faz que perca nutrientes.

Ingredientes
250 g de arroz
2 ℓ de água
1½ colher (café) de sal

Coloque o arroz em uma peneira de malha fina. Enxágue longamente com água fria (1).

Coloque para ferver a água com o sal. Adicione o arroz (2) e misture com uma colher ou espátula. Aguarde a retomada da fervura e deixe cozinhar em fogo baixo sem abafar. O tempo será em função do tipo de arroz (ver quadro abaixo).

Prove para verificar o cozimento, escorra e sirva quente ou frio.

● **Conselho do chef**
Adequado para o arroz parboilizado de grão longo ou arroz branco de grão longo (tailandês, basmati), para consumir frio em saladas ou reaquecido em arroz salteado.

● **Bom saber**
O arroz cozido permanece conservado por 2 dias no refrigerador, em recipiente hermeticamente fechado, e por 1 mês congelado.

→ **Ideias de receitas**
Avgolemono de abobrinhas e limão-siciliano (sopa grega de arroz, limão e abobrinha), p. 234
Arroz salteado com shiitakes, pak choi e castanhas-de-caju, p. 242

Cozimento do arroz por absorção
(estufado, pilaf, panela de arroz...)

TIPO DE ARROZ	VOLUME DE LÍQUIDO (para 1 volume de arroz)	COZIMENTO (tempo indicativo)
Arroz branco (basmati, tailandês)	2	16 a 18 minutos
Arroz vermelho	2,2	30 minutos
Arroz integral*	2,2	45 a 60 minutos
Arroz selvagem*	3	30 a 40 minutos

*Nota: o tempo de cozimento pode ser reduzido se o arroz ficar de molho previamente por 30 minutos.

Preparar arroz estufado ★

Também conhecido como "cozimento indiano" ou "pilaf".* Essa técnica consiste em cozinhar o arroz por absorção de água ou de caldo. Assim, ele fica mais aromático, e sua textura, ideal.

Ingredientes
200 g de arroz grão longo (basmati, tailandês)
1 colher (sopa) de azeite de oliva ou manteiga clarificada
600 ml de água fervente
½ colher (café) de sal
Opcional: condimentos (anis-estrelado, cravo-da-índia, cardamomo) ou bouquet garni

Enxágue o arroz em uma peneira. Aqueça o azeite ou a manteiga em uma panela sautoir de fundo espesso ou em uma panela de ferro esmaltado. Acrescente o arroz (1). Misture e deixe dourar por 1 ou 2 minutos (2).

Adicione a água fervente, os condimentos escolhidos (3) ou o bouquet garni e o sal. Deixe levantar fervura, depois tampe e baixe o fogo.

Deixe cozinhar em fogo baixo o tempo necessário, de acordo com o tipo de arroz. Quando estiverem faltando 5 minutos para terminar esse tempo, retire a panela do fogo e deixe o arroz descansar por 5 minutos com a tampa fechada, a fim de concluir o cozimento.

Retire a tampa, remova os condimentos, se necessário, e solte os grãos antes de servir (4).

● **Conselho do chef**
• *Esse tipo de cozimento é particularmente recomendado ao arroz de grãos longos (basmati, tailandês). Não se esqueça de adequar a quantidade de líquido se o arroz for integral.*
• *O arroz pilaf também pode ser cozido no forno, em uma panela. Comece a receita da mesma forma, cubra a panela e leve-a ao forno a 200 °C (t. 6/7) por 20 minutos. Deixe repousar com o fogo apagado, com a tampa coberta, por mais 10 ou 15 minutos. Para o arroz integral, considere cerca de 50 minutos no forno.*

● **Bom saber**
O arroz pilaf tradicional leva, ainda, cebolas douradas na manteiga e utiliza um caldo como líquido de cozimento. Em geral, é feito na manteiga.

→ **Ideia de receita**
Arroz vermelho orgânico de camargue salteado à moda tailandesa, legumes e tofu, p. 233

* O arroz branco que acompanha o feijão no dia a dia do brasileiro é, em termos técnicos, um arroz cozido por estufamento tal qual o pilaf. Mas difere deste por usar óleo em vez de manteiga e pelos aromáticos (muitas vezes leva alho, cebola e louro). (N. E.)

Preparar risoto ★★

Menos complicado do que parece quando se está atento para não o cozinhar demais.

Ingredientes
750 ml de caldo de vegetais
1 cebola
1 cenoura
1 talo de aipo
3 colheres (sopa) de azeite de oliva
250 g de arroz para risoto (arbóreo, carnaroli, vialone nano)
150 ml de vinho branco seco
80 g de manteiga sem sal fria
60 g de parmesão ralado + para servir
Sal e pimenta-do-reino preta moída na hora a gosto

Aqueça o caldo em uma panela com tampa para evitar a evaporação. Descasque e corte em fatias finas a cebola e a cenoura. Enxágue e seque o aipo. Pique-o em cubinhos.

Aqueça o azeite de oliva em uma panela ou em uma sauteuse. Coloque a cebola, a cenoura e o aipo (1). Refogue por 2 minutos, a seguir acrescente o arroz. Deixe cozinhar por alguns instantes até ele ficar perolado, brilhante e revestido de óleo (2).

Coloque o vinho (3). Vá mexendo até evaporar completamente. Acrescente uma concha de caldo (4), deixe cozinhar até que seja absorvida, misture e acrescente outra concha.

Recomece, acrescentando o caldo, concha a concha, sem parar de mexer, até que o risoto fique macio: atente para que sempre fique um pouco de caldo antes de acrescentar uma nova concha; o caldo não deve evaporar completamente (5).

Desligue o fogo, incorpore a manteiga fria em pedaços (6) e o parmesão (7).

Mexa energicamente para que o amido do arroz se misture com a manteiga e o parmesão a fim de conferir toda cremosidade ao risoto (8).

Prove e acerte o tempero, acrescente a pimenta-do-reino preta moída na hora, se necessário. Sirva em pratos fundos.

● **Conselho do chef**

• Para saber qual a quantidade de caldo para a quantidade de arroz, é fácil: conte aproximadamente 3 vezes o peso do arroz. Assim, para 250 g de arroz, será necessário cerca de 750 ml de caldo.

• Mantecatura é a emulsificação do amido liberado pelo arroz no caldo com a manteiga e o parmesão: é o que dá toda cremosidade e o charme do risoto. Mexa com vigor e entusiasmo para obter um resultado aerado!

● **Bom saber**

A tradição histórica indica que o caldo deve ser adicionado concha a concha, sem parar de misturar. Entretanto, é possível obter excelentes resultados acrescentando 2/3 do caldo e deixando cozinhar cerca de 10 a 12 minutos, mexendo de tempos em tempos, depois terminando o cozimento concha a concha.

➞ **Ideias de receitas**

Risoto primavera, p. 238
Risoto de cevada com cogumelo-de-paris, p. 282

As diferentes técnicas

Arroz

53

Utilizar folha de arroz ★

Folha fina à base de arroz moído, utilizada em rolinhos primavera e nems, cuja dobradura é similar àquela das folhas de bricks. Sua particularidade é que precisa ser molhada para se tornar maleável.

Ingredientes
Água fria
Folhas de arroz
Recheio conforme a receita

Utensílio
Panos de prato limpos

Coloque um pano de prato limpo sobre sua bancada de trabalho. Prepare uma tigela grande com água fria.

Mergulhe rapidamente a folha de arroz na tigela (1).

Coloque-o sobre o pano de prato. Disponha o recheio na parte inferior, deixando 1 cm para baixo e 1 cm dos lados (2).

Dobre as laterais para prender o recheio (3).

Dobre a parte inferior do papel, apertando bem para prender o recheio (4). Enrole até a outra ponta (5) e aperte bem para fechar.

● **Bom saber**
Algumas pessoas preferem amolecer as folhas de arroz entre dois panos de prato molhados por cerca de 1 minuto. Cabe a você encontrar a técnica que melhor lhe convém!

→ **Ideia de receita**
Rolinhos primavera com tempeh, p. 315

Preparar arroz para sushi ★★

Base indispensável para makis e sushis.

Ingredientes
500 g de arroz de grão redondo especial para sushi
750 ml de água
Temperos
60 ml de vinagre de arroz
40 g de açúcar
2 colheres (café) de sal

Enxágue o arroz até que a água da peneira fique clara (1). Deixe-o secar à temperatura ambiente por pelo menos 1 hora (2).

Coloque o arroz com a água fria em uma sauteuse de fundo espesso ou em uma panela de ferro esmaltado (3). Cubra e coloque para ferver. Baixe o fogo e deixe cozinhar em fogo brando, por 10 a 13 minutos, até que a água seja absorvida. Deixe descansar por 10 a 15 minutos com a tampa. Durante esse tempo, prepare o tempero. Misture em uma panela o vinagre, o açúcar e o sal. Aqueça até dissolver o açúcar e o sal (4).
Coloque o arroz quente em uma tigela grande, se possível de fundo reto. O recipiente tradicional é de madeira, mas é possível utilizar igualmente vidro ou plástico, mas nunca metal. Regue com o vinagre para distribuí-lo bem por toda a superfície (5) e misture com uma espátula levantando o arroz, para evitar quebrá-lo (6).

Deixe esfriar à temperatura ambiente antes de utilizar. Não coloque no refrigerador.

● **Conselho do chef**
• *Se você utilizar arroz de sushi integral, considere 1 volume de arroz para 2 volumes de água. Prepare do mesmo modo, contando 40 minutos de cozimento.*
• *Você também pode utilizar uma panela de arroz e temperá-lo como descrito acima.*

● **Bom saber**
De acordo com o tipo de arroz para sushi, conta-se de 15% a 25% a mais de água que de arroz. Ele não deve ficar muito úmido, para permitir que os sushis e os makis fiquem firmes e mantenham-se aglutinados.

→ **Ideia de receita**
Makis veganos e sopa de missô, p. 336

Fazer maki ★★

Preparar este clássico da cozinha japonesa demanda um pouco de precisão... e de destreza.

Ingredientes
Folhas de algas nori
Arroz para sushi
Recheio de sua preferência

Utensílio
Tapete para maki (makisu)

Organize sua bancada de trabalho, deixando-a limpa, com uma tigela de água fria ao alcance das mãos e um pano limpo. Disponha o tapete para maki na área de trabalho, com a ponta dos fios virada para baixo.

Coloque a folha de alga nori sobre o tapete para maki, a face brilhante virada para baixo em contato com o tapete (1).

Molhe ligeiramente as mãos e pegue o equivalente a uma bola de arroz. Espalhe com espessura regular, deixando uma margem livre de cerca de 2 cm na parte superior e de 1 cm nas laterais. Disponha os ingredientes do recheio (2) formando uma faixa. Prenda o recheio na folha de nori, enrolando a borda da esteira (3).

Continue a enrolar apertando bem (4). Depois de terminado, tire o maki do tapete (5).

Corte-o ao meio, depois cada metade em 2 ou 3 pedaços, com uma faca bem afiada (6).

● Conselho do chef
O maki não deve esperar para ser servido, correndo o risco de a alga nori amolecer. Consuma em até 2 horas e cubra-o com filme plástico para evitar que resseque.

● Bom saber
Para makis invertidos: cubra a esteira com filme plástico. Espalhe o arroz em uma camada espessa, depois coloque a alga por cima e por fim o recheio. Enrole e corte conforme descrito acima.

⇾ Ideia de receita
Makis veganos e sopa de missô, p. 336

3

4

5

6

Arroz   As diferentes técnicas

57

Preparar leite de arroz ★

Bebida vegetal clássica que pode ser feita em casa com facilidade. Adequada, preferencialmente, a receitas doces.

Ingredientes
1 ℓ de água (preferencialmente, filtrada)
100 g de arroz tailandês
1 pitada de sal
Opcional: 2 colheres (café) de xarope de arroz, de agave, de bordo ou fava de baunilha ou 1 colher (café) de extrato de baunilha

Utensílio
Liquidificador

Coloque para ferver 500 mℓ de água e, a seguir, o arroz. Faça-o pré-cozer por 5 minutos, depois escorra e deixe esfriar.

Transfira-o para o copo do liquidificador com água e sal (1). Bata bem. Acrescente o xarope de sua preferência ou as sementes da fava de baunilha ou o extrato de baunilha.

Filtre com a ajuda de um morim, de um voal ou de um filtro de leite vegetal (2). Esprema bem para extrair o máximo de líquido (3).

Coloque em uma garrafa limpa e conserve no refrigerador. Agite a garrafa para homogeneizar a bebida antes de utilizá-la.

● Conselho do chef
• *Consuma o leite em 3 dias.*
• *Se você aprecia uma consistência mais espessa, não filtre. Este leite feito em casa é bem diferente dos leites vegetais comercializados, pois o arroz aqui não é maltado. Ele engrossa naturalmente com o cozimento.*

➞ Ideia de receita
Pudding de chia e smoothie verde, p. 383

Preparar arroz em panela de arroz ★

Utensílio muito prático quando se faz, com frequência, arroz em quantidade e que tem a grande vantagem de mantê-lo quente!

Ingredientes
Arroz na quantidade desejada
2 a 3 partes de água em relação ao arroz, de acordo com o tipo dele (ver quadro, p. 50)
Sal, de acordo com a quantidade

Enxágue o arroz. Coloque-o na cuba da panela, sem ultrapassar o limite indicado.

Cubra com água fria, sem ultrapassar o limite indicado (1).

Ponha um pouco de sal. Feche a panela e ligue. A máquina desligará automaticamente quando toda a água for absorvida.

Coloque no modo "manter aquecido" se você não for consumir imediatamente; do contrário, abra a panela, tomando cuidado com o vapor que sairá (2). Sirva.

● Conselho do chef
Adequado ao arroz grão longo (basmati, tailandês), ao arroz para sushi, ao arroz parboilizado e ao arroz selvagem, este utensílio pode ser igualmente indicado para outros usos, como para cozinhar cereais variados.

→ Ideias de receitas
Minimorangas recheadas com arroz negro, alho-poró e cranberries, p. 237
Arroz salteado com shiitakes, pak choi e castanhas-de-caju, p. 242

Preparação

Preparar massa fermentada, p. 63

Preparar massa de torta à base de azeite de oliva ou óleo, p. 64

Preparar massa seca para tortas doces, p. 65

Abrir massa, p. 66

Forrar fôrma de torta, p. 67

Preparar seitan, p. 69

Modelar raviólis chineses, p. 70

Preparar polenta mole, p. 71

Preparar polenta dura, p. 72

Germinação dos cereais, p. 73

Fazer a germinação do trigo-sarraceno, p. 74

Cozimento

Cozinhar quinoa, p. 75

Cozinhar trigo-sarraceno, p. 76

Assar massa de torta sem recheio, p. 76

Empanar à inglesa, p. 77

Trigo e outros cereais

Trigo e outros cereais | As diferentes técnicas

Preparar massa fermentada ★★

Seja para a massa de pão, pizza ou focaccia, a técnica é sempre a mesma: apenas a taxa de umidade será diferente. Aqui é uma massa de foccacia particularmente macia e úmida.

Para 6 a 8 pessoas
(ou seja, uma assadeira de 40 cm × 35 cm)
Tempo de preparo: 25 minutos
Tempo de descanso: 10 minutos
Tempo de crescimento: 4h30
Tempo de cozimento: 15 a 20 minutos

Ingredientes
20 g de fermento biológico fresco
ou 10 g de fermento biológico seco
300 mℓ de água morna (cerca de 30 °C)
20 g de açúcar, mel ou xarope de agave
560 g de farinha (trigo ou espelta) T80*
10 g de sal, ou seja, 2 colheres (café)
100 mℓ de vinho branco
50 g de azeite de oliva + para a untar a assadeira

Cozimento
30 mℓ de água
2 colheres (sopa) de azeite de oliva
Flor de sal a gosto

Esfarele o fermento. Acrescente a água e o açúcar ou o mel, misture e deixe descansar por 10 minutos: a mistura deve ficar espumosa.

Misture a farinha com o sal. Abra uma cavidade no centro e despeje a mistura do fermento (1), o vinho e o azeite (2).

Sova a massa durante uns 15 minutos: ela deve ficar elástica e úmida (3). Você também pode fazer essa operação com a ajuda de uma batedeira planetária (batedor gancho).

Cubra com um pano limpo umedecido e bem torcido (4) e deixe crescer de 2 a 3 horas à temperatura ambiente até que a massa dobre de volume.

Unte generosamente uma assadeira baixa. Coloque a massa de focaccia, que deve estar bem macia (5).

Abra a massa com as mãos (6). Com a ponta dos dedos, termine de abri-la (a massa deve cobrir toda a assadeira), apertando com força para evitar que a massa se contraia: pequenas cavidades vão se formar (7). Cubra com um pano levemente úmido e deixe crescer outra vez por mais 1h30.

Preaqueça o forno a 230 °C (t. 7/8). Misture a água e o azeite de oliva em uma tigela. Pincele a focaccia com um pincel, de forma que preencha os pequenos buracos da superfície (8): dessa maneira, a focaccia permanecerá flexível. Leve ao forno por 15 a 20 minutos.

● Bom saber
Para massa de pizza, utilizar as seguintes proporções: 500 g de farinha branca, 10 g de fermento biológico fresco (ou 5 g de fermento seco), 1 colher (café) de sal, 1 colher (café) de açúcar, 250 mℓ de água morna e 2 colheres (sopa) de azeite de oliva. Deixe crescer por 2 horas antes de abrir a massa, de modo que fique bem fina. Asse por 10 minutos a 230 °C (t. 7/8).

⟞ Ideia de receita
Focaccia com acelgas e queijo de cabra, p. 257

---

* A identificação T80 faz parte da classificação adotada no mercado europeu para as farinhas de trigo. Existem outras classificações, como T150 e T55, entre outras (ver p. 169). A T80 designa a farinha semi-integral. (N. E.)

As diferentes técnicas

Trigo e outros cereais

Preparar massa de torta à base de azeite de oliva ou óleo ★

Para mudar da massa seca à base de manteiga, esta massa de torta vegetariana estrita, enriquecida com flocos de cereais, tem uma textura um pouco rústica e mais crocante.

Para uma fôrma de 22 cm × 24 cm de diâmetro

Tempo de preparo: 10 minutos
Tempo de cozimento: 40 minutos

Ingredientes
150 g de farinha de trigo T80
50 g de flocos de aveia, sarraceno ou painço
2 colheres (sopa) de sementes (gergelim, papoula, chia)
¼ de colher (café) de sal
3 colheres (sopa) de azeite de oliva
6 colheres (sopa) de água

Misture a farinha, os flocos de cereais, as sementes e o sal. Acrescente o azeite e incorpore-o grosseiramente com a ponta dos dedos (1).

Coloque a água (2). Talvez você precise de um pouco menos ou um pouco mais, em função da capacidade de absorção de sua farinha.

Trabalhe rapidamente a massa até formar uma bola (3). Na bancada de trabalho polvilhada com um pouco de farinha, abra a massa. Forre a fôrma de torta normalmente. Asse sem o recheio por 10 minutos (ver técnica, p. 76); depois de rechear, leve ao forno por mais 25 a 30 minutos, a 180 °C (t. 6).

● **Conselho do chef**
Mude os tipos de óleo de acordo com sua guarnição: óleo de nozes combina muito bem com tortas de cogumelos, óleo de gergelim com cenouras...

● **Bom saber**
• Você pode utilizar igualmente um processador com lâmina em "S" para preparar essa massa, fazendo uso do botão pulse para incorporar o azeite e a água.
• Embalada em filme plástico, a massa pode ser conservada por 3 dias no refrigerador e por 2 meses congelada.

Preparar massa seca para tortas doces ★★

Mais delicada para moldar, rica em manteiga e bem crocante, essa massa de torta é uma deliciosa base para todas as frutas.

Para uma fôrma de 22 cm × 24 cm de diâmetro

Tempo de preparo: 10 minutos
Tempo de descanso: 1 hora
Tempo de cozimento: 15 minutos

Ingredientes
180 g de farinha + um pouco para abrir a massa
¼ de colher (café) de sal
110 g de manteiga sem sal bem fria, cortada em cubos
+ um pouco para a fôrma
3 colheres (sopa) de água gelada
1 colher (café) de vinagre de maçã, de suco de limão ou de vinagre de álcool

Misture em uma tigela a farinha e o sal. Faça uma cavidade no centro e acrescente a manteiga. Incorpore com a ponta dos dedos até obter textura de farofa grossa (1). Acrescente a água e o vinagre de maçã misturados (2). Amasse um pouco até obter uma bola de massa (3). Cubra a massa com filme plástico, achate-a com a palma da mão e acondicione no refrigerador por 1 hora.
Abra a massa entre duas folhas de papel-manteiga (ver técnica, p. 66), forre a fôrma e asse sem recheio por 15 minutos (ver técnica, p. 76) antes de utilizar.

● **Conselho do chef**
• *Se o tempo estiver muito quente, não hesite em cortar a manteiga previamente, colocá-la em uma folha de papel-manteiga e acondicioná-la no congelador por 30 minutos antes de fazer a massa.*
• *Não procure incorporar perfeitamente a manteiga: a massa deve ficar com alguns pedaços do tamanho de uma ervilha.*

● **Bom saber**
• *Você pode utilizar igualmente um processador com lâmina em "S" para fazer esta massa. Misture os ingredientes secos, depois acrescente a manteiga em pedaços, incorpore usando o botão pulse e, por fim, os líquidos. Desligue o processador assim que se formar uma bola de massa.*
• *Essa massa pode ser preparada com até 3 dias de antecedência e pode ser congelada por 2 meses.*

→ **Ideia de receita**
Bean pie, p. 308

Abrir massa ★

Massas pouco frágeis, como aquela feita à base de azeite de oliva ou óleo, são fáceis de abrir em uma bancada polvilhada com farinha. Para as massas ricas em manteiga e de textura mais delicada, melhor utilizar esta técnica, igualmente útil para quando não é possível garantir a higiene de sua área de trabalho.

Ingredientes
1 massa para torta de sua escolha
Papel-manteiga, rolo de massa

Recorte um pedaço de papel-manteiga com cerca de 40 cm de comprimento. Desembale a massa para torta resfriada, removendo o filme plástico que a protege. Disponha-a no centro da folha (1).

Cubra com uma segunda folha de papel-manteiga de mesmo tamanho e abra a massa com um rolo de massa (2).

Descole delicadamente a folha de papel-manteiga (3).

● **Conselho do chef**
• Utilizar uma folha permite manipular a massa mais facilmente, não a esquentar muito, o que provocaria retração durante o cozimento, e não modificar sua textura usando muita farinha: são muitas as vantagens!
• Você pode, igualmente, utilizar um tapete culinário de silicone no lugar do papel-manteiga para abrir a massa.

Ideias de receitas
Torta de amêndoas, pasta de azeitona e legumes, p. 375
Bean pie, p. 308
Torta de mendiants e xarope de bordo, p. 384
Torta escocesa de cebola e maçã, p. 393

Forrar fôrma de torta ★

Manobra simples e fácil de dominar.

Tempo de refrigeração: 30 minutos

Ingredientes
1 massa de sua escolha
Papel-manteiga, rolo de massa

Coloque a massa já aberta em uma folha de papel-manteiga, em cima da fôrma untada com manteiga, tentando centralizá-la o melhor possível (1).

Descole a massa delicadamente do papel, fazendo-a deslizar para o fundo da fôrma, deixando transbordar as bordas (2). Aperte sobre o fundo da massa e as laterais, para forrar perfeitamente a fôrma. Corte o excedente de massa: se preferir, você pode utilizar uma faca ou simplesmente passar o rolo de massa sobre a fôrma para que o contorno se forme (3).

Acondicione a fôrma com a massa no refrigerador por 30 minutos, antes de assá-la sem o recheio (ver técnica, p. 76), para evitar que a massa se retraia.

● **Conselho do chef**
Para forrar uma fôrma quadrada ou retangular, abra a massa formando uma tira em vez de um círculo.

🥄 **Ideias de receitas**
Bean pie, p. 308
Torta de mendiants e xarope de bordo, p. 384

Trigo e outros cereais | As diferentes técnicas

68

Preparar seitan ★★

Desenvolvido pelos monges budistas chineses e depois difundido em toda a Ásia, ele foi adaptado e destacado pela culinária macrobiótica. Seu nome de origem japonesa significa "feito de proteínas". Tradicionalmente, é preparado a partir do trigo, do qual se extrai o amido por lavagens sucessivas, para conservar apenas o glúten, que serve de base a este substituto de carne com textura comparável àquela das carnes brancas. Seu sabor provém dos condimentos e do caldo no qual é cozido. Ainda que possa ser comprado no comércio, este, feito por suas próprias mãos, será mais saboroso, e bastante rápido de fazer, partindo do glúten desidratado, encontrado em lojas de alimentação orgânica ou produtos naturais.

Para 600 g a 700 g de seitan

Tempo de preparo: 30 minutos
Tempo de descanso: 8 horas
Tempo de cozimento: 30 a 45 minutos

Ingredientes

Massa

200 g de farinha de glúten
20 g de fécula de batata, de araruta ou de amido de milho
20 g de farinha de amêndoa
10 g de levedura de cerveja
1 colher (café) de especiarias de sua escolha: curry, páprica doce, páprica defumada...

Caldo de preparação

350 mℓ de caldo de vegetais
2 colheres (sopa) de molho de soja
1 colher (sopa) de azeite de oliva ou de gergelim, segundo a destinação do seitan

Caldo de cozimento

2 ℓ de caldo de vegetais (ver técnica, p. 31)
50 mℓ de molho de soja
1 pedaço de alga kombu
2 dentes de alho picados

Utensílio

Batedeira planetária (batedor gancho)

Misture na tigela da batedeira planetária o glúten, a fécula de sua escolha, a farinha de amêndoa, a levedura de cerveja, o sal e as especiarias de sua escolha (1).

Misture todos os ingredientes do caldo de preparação e acrescente-os à mistura dos ingredientes secos (2). Misture rapidamente até que o líquido seja absorvido por completo (3).

Amasse por 7 a 10 minutos, seja à mão, seja com a batedeira planetária (mais aconselhado) (4), até que a massa fique lisa, brilhante e solte completamente da tigela.

Coloque o seitan em sua área de trabalho polvilhada com farinha e corte-o em pedaços do tamanho que desejar (de acordo com o uso que você pretende dar a ele), com a ajuda de uma tesoura (5): a massa é grudenta.

Em uma panela grande, coloque para ferver o caldo de vegetais, o molho de soja, o kombu e o alho. Mergulhe o seitan e cozinhe-o na água por 30 a 45 minutos, em fogo baixo, de acordo com o tamanho de seus pedaços. Deixe o seitan esfriar no caldo, depois retire os pedaços com uma escumadeira (6). Acondicione em um pote hermético, cubra com o caldo, deixe esfriar, depois leve para o refrigerador por pelo menos 8 horas antes de utilizar.

● Conselho do chef

• O seitan feito em casa se conserva por 3 dias no caldo e congela muito bem quando acondicionado sobre uma folha de papel-manteiga (conservação: 2 meses).
• O glúten não tem gosto: variando as especiarias, acrescentando ervas e condimentos (mostarda, aromas defumados) ou utilizando caldo de cogumelos, você lhe dará sabores bem diferentes, conforme a preparação.
• Enfim, o seitan aumenta bastante de volume durante o cozimento; fique atento para escolher uma panela de tamanho adequado.

● Bom saber

O seitan pode ser igualmente cozido no forno, sua textura será mais seca, mas sua forma será mais definida. Divida a massa do seitan em duas porções sobre camadas de papel-alumínio. Enrole cada uma delas em rolos bem apertados e depois cozinhe por 1h30, a 150 °C (t. 5). Deixe-os esfriar antes de cortar em fatias.

➡ Ideia de receita

Espetinhos de seitan grelhado, molho dengaku, p. 266

Modelar raviólis chineses ★

Seja uma massa caseira (mais espessa), seja finos círculos de massa comprados prontos, a técnica de dobradura é a mesma.

Ingredientes
Massa de ravióli chinês aberta em círculos
Recheio de sua preferência

Coloque um disco de massa de ravióli em sua área de trabalho. Pincele seu contorno com água, usando um pincel (1).

Disponha de 1 ½ a 2 colheres (café) de recheio no centro do disco (2): o ravióli não deve ficar muito cheio, pois corre o risco de romper durante o cozimento. Entretanto, alguns recheios diminuem de volume com o cozimento; leve isso em conta para evitar que os raviólis fiquem com pouco recheio. Dobre de maneira que forme uma meia-lua (3).

Sele uma extremidade, pinçando firmemente entre os dedos (4). Dobre pouco a pouco a borda do ravióli, pinçando com a ponta dos dedos para fechá-lo (5).

Reparta o recheio apertando levemente sobre a base do ravióli e recomece a operação (6).

À medida que ficarem prontos, coloque os raviólis em um prato polvilhado com fécula. Cozinhe-os a vapor ou dourados na frigideira.

● **Bom saber**
• A massa de ravióli comercializada pode ser perfeitamente congelada. Descongele-a 12 horas no refrigerador antes de utilizá-la como se fosse massa fresca.
• Os raviólis recheados podem ser igualmente congelados. Permanecem conservados assim de 2 a 3 meses, de acordo com o recheio: cozinhe-os preferencialmente a vapor, aumentando o tempo de cozimento em 5 minutos.

→ **Ideia de receita**
Ravióli chinês com tofu e cogumelos pretos, p. 316

Preparar polenta mole ★

Branca ou amarela, esta sêmola de milho é tradicional da culinária italiana, mas também pode ser encontrada em países do Leste Europeu com outras denominações.

Para 6 a 8 pessoas
Tempo de preparo: 5 minutos
Tempo de cozimento: 3 a 4 minutos

Ingredientes
1,25 ℓ de água, caldo de vegetais ou cogumelos, ou de uma mistura metade água-metade leite (vaca, soja...)
1 colher (café) de sal
250 g de sêmola de milho pré-cozida
Manteiga sem sal e parmesão para acompanhar (de acordo com a receita)

Coloque para ferver o líquido com o sal. Adicione a sêmola de forma que se espalhe (1). Cozinhe por 3 a 4 minutos, mexendo sem parar, até que a polenta fique cremosa (2).

Atenção às bolhas que se formam e estouram: a polenta tende a produzir muitas; escolha sempre um recipiente de tamanho grande com bordas altas.

Conforme a receita, acrescentam-se manteiga, parmesão, ervas ou especiarias à polenta pronta.

● **Conselho do chef**
Se você desejar preparar polentas duras (assadas ou fritas), não utilize leite, pois deixa a massa mais maleável e macia.

● **Bom saber**
Se você utilizar farinha de milho que não seja pré-cozida, conte cerca de 45 minutos de cozimento, mexendo frequentemente, para evitar que o preparado grude no fundo da panela.

→ **Ideia de receita**
Polenta com cogumelos girolles, damasco e alecrim, p. 339

Preparar polenta dura ★

Você também pode preferir a polenta dura, fácil de preparar antecipadamente.

Tempo de preparo: 10 minutos
Tempo de descanso: 3 horas
Tempo de cozimento: 5 minutos

Ingrediente
Polenta quente

Despeje a polenta bem quente sobre uma assadeira com fundo removível, uma bandeja coletora ou uma fôrma antiaderente, de preferência, ou ligeiramente untada com óleo (1).

Com a ajuda de uma espátula larga, espalhe a massa de modo que a espessura fique uniforme (2). Deixe endurecer por pelo menos 3 horas, à temperatura ambiente, ou coloque no refrigerador até o momento de utilizar.

Desenforme a polenta sobre uma tábua de cortar coberta com papel-manteiga e corte-a em pedaços (3). Você também pode utilizar um aro ou, simplesmente, um copo para formar discos.

Doure por 5 minutos de cada lado em óleo bem quente (4).

● **Conselho do chef**
A polenta pode ser conservada por 3 dias no refrigerador antes de ser cortada e depois dourada. Essas massas modeladas também podem ser pinceladas com um pouco de óleo e depois douradas no gratinador do forno.

● **Bom saber**
A farinha de grão-de-bico cozida na água e a sêmola de trigo podem ser preparadas da mesma forma: abertas quentes e, então, resfriadas, cortadas, assadas no forno ou fritas.

→ **Ideia de receita**
Nhoque à romana, p. 261

Germinação dos cereais

• 2 a 3 colheres (sopa) rasas são o suficiente para produzir uma quantidade generosa e evitam encher demais os germinadores, o que é uma fonte de bactérias.

• Se o clima estiver muito quente, enxágue seus grãos com mais frequência, até 3 vezes por dia.

• Grãos mucilaginosos, como o sarraceno e o amaranto, devem ser enxaguados com cuidado particular.

• Alguns cereais têm uma casca que se solta durante a germinação: melhor eliminá-la para evitar o desenvolvimento de bactérias. Mergulhe-os por alguns instantes em uma tigela cheia de água e remova as cascas que sobem para a superfície.

• Não consuma em hipótese nenhuma grãos que apresentem odor de podre ou de bolor; certifique-se de que não há mofo.

TIPO DE GRÃO	IMERSÃO	TEMPO DE GERMINAÇÃO	CONSUMO
Quinoa	4 horas (enxaguar antes da imersão).	3 a 4 dias; enxaguar abundantemente 2 vezes por dia.	Desde que o germe desponta até brotos de 2 cm a 3 cm.
Amaranto	6 horas (enxaguar antes da imersão).	2 a 3 dias; enxaguar abundantemente 2 vezes por dia.	Desde a aparição do germe; coloque no refrigerador e consuma em 2 dias.
Painço com casca	1 noite.	2 a 4 dias; enxaguar 2 vezes por dia.	O germe do painço é minúsculo e se enrosca em torno do grão; coloque no refrigerador e consuma em 2 dias.
Aveia/trigo/espelta/cevada	1 noite.	3 a 5 dias; enxague 2 vezes por dia.	Em todos os estágios de germinação, desde a saída do germe, crus, cozidos a vapor ou desidratados; os brotos verdes podem ser cortados, e seu suco, extraído com o extrator.
Arroz integral	24 horas.	3 a 6 dias.	Cru ou cozido a vapor.

Fazer a germinação do trigo-sarraceno ★

Levemente mucilaginoso, o trigo-sarraceno torna-se consideravelmente mais macio quando germinado e ganha sabor mais adocicado. Pode, então, ser consumido inteiro em uma salada ou um sanduíche, ou moído para fazer um mingau cru sem glúten, rico em nutrientes.

Tempo de imersão: 12 horas

Ingredientes
2 a 3 colheres (sopa) de sarraceno
Água

Coloque o sarraceno de molho por 12 horas em grande quantidade de água. Enxágue-o com cuidado.

Acondicione em um pote para germinação (na falta de um, use um pote de geleia fechado com voal ou musselina preso por um elástico) e deixe germinar em ambiente quente (por volta de 20 °C) e luminoso, mas livre da luz direta do sol (1).

Enxágue com bastante cuidado 2 vezes por dia, preferencialmente de manhã e à noite (2), e escorra agitando o pote com muito cuidado (3).

Quando os grãos atingirem o tamanho de broto desejado (o que pode variar do simples ponto de desenvolvimento a um broto de 2 cm a 3 cm), enxágue-os e depois escorra cuidadosamente. Conserve no refrigerador e consuma-os em 2 dias.

⟶ **Ideia de receita**
Salada de sarraceno germinado com beterrabas e cítricos, p. 278

● **Conselho do chef**
Não utilize sarraceno torrado, também conhecido como kasha: ele não germina.

Cozinhar quinoa ★

A quinoa, para preservar todo o seu sabor, deve ser cozida por absorção, assim como o amaranto.

Tempo de preparo: 5 minutos
Tempo de cozimento: 12 minutos
Tempo de descanso: 5 minutos

Ingredientes
200 g de quinoa
420 ml de água
½ colher (café) de sal

Enxágue a quinoa com cuidado para eliminar a saponina que envolve os grãos (1).

Coloque a água salgada para ferver com uma tampa. Despeje a quinoa lavada no líquido fervente (2) e deixe cozinhar por 12 minutos depois de retomada a fervura em fogo médio e com a panela tampada.

Deixe descansar por 5 minutos fora do fogo, com a tampa, até a absorção do líquido (3).

● **Conselho do chef**
• As quinoas vermelha e preta ficam um pouco mais firmes que a quinoa branca. Você pode prolongar o cozimento se preferir que elas fiquem mais macias.
• Você pode substituir a água por um caldo e acrescentar especiarias ou um bouquet garni de sua preferência.

● **Bom saber**
• Considere 1 parte de quinoa para 1,7 parte de água a fim de obter a textura ideal.
• Você pode preparar o amaranto da mesma forma: conte 1 parte de água para 1 parte de amaranto e 25 minutos de cozimento. Deixe descansar por 5 minutos antes de degustar: o amaranto fica levemente grudento, como a tapioca.

→ **Ideias de receitas**
Sopa de quinoa, p. 274
Bolinhos de amaranto e creme de abacate, p. 277
Portobello burgers e chips de kale, p. 347

Cozinhar trigo-sarraceno ★

Tostar levemente um cereal antes de cozinhá-lo por absorção de água permite lhe dar gosto interessante ligeiramente tostado. Técnica recomendável também para o painço.

Tempo de preparo: 5 minutos
Tempo de cozimento: 7 minutos
Tempo de descanso: 15 a 20 minutos

Ingredientes
200 g de sarraceno
400 ml de água
½ colher (café) de sal

Toste levemente os grãos de sarraceno em uma panela ou uma sauteuse em fogo médio: eles devem exalar odor de avelã e adquirir coloração dourada. Acrescente a água quente e o sal. Coloque para ferver e deixe cozinhar por 7 minutos em fogo médio, tampado. Desligue o fogo e deixe o sarraceno descansar com a tampa por mais 15 a 20 minutos: ele vai absorver a água e terminar de cozinhar devagar, sem grudar. Solte os grãos com um garfo antes de servir.

● **Conselho do chef**
• *O sarraceno tende a ser mucilaginoso e ficar pastoso quando cozido diretamente na água. Aplicando este método, os grãos ficarão bem soltinhos.*
• *Você pode substituir a água por um caldo e acrescentar especiarias ou um bouquet garni de sua escolha.*

● **Bom saber**
• *A relação entre volume de sarraceno e volume de água para cozinhar é de 1,5: medida para lembrar de adaptar as quantidades em todas as circunstâncias.*
• *Aconselhamos aplicar esta mesma técnica de cozimento para o painço sem casca em uma proporção de 2 partes de água para 1 parte de painço e tempo de cozimento de 5 minutos, seguido de descanso de 10 minutos, tampado fora do fogo.*

Assar massa de torta sem recheio ★

Para uma torta perfeitamente cozida, sem massa umedecida.

Tempo de cozimento: 10 a 30 minutos

Ingredientes
1 massa de torta de sua escolha aberta em uma fôrma
Papel-manteiga
Pesos para assar tortas

Preaqueça o forno a 180 °C (t. 6). Recorte um círculo de papel-manteiga em diâmetro superior ao da fôrma: isso permitirá que, a seguir, você remova mais facilmente os pesos quentes. Retire do refrigerador a fôrma já forrada com a massa. Coloque o papel-manteiga sobre a massa. Cubra-o com os pesos para assar. Leve ao forno e, conforme a receita, pré-asse por 10 a 15 minutos ou asse completamente por 30 minutos.
Em caso de assar completamente sem o recheio, remova os pesos de cozimento e leve a massa outra vez ao forno por 5 minutos, para dourar.

● **Conselho do chef**
Pré-asse a massa na parte de baixo do forno: mais próximo da base inferior, o fundo da massa será, assim, perfeitamente assado, mesmo quando você acrescentar o recheio úmido à sua torta.

● **Bom saber**
Os pesos para assar asseguram distribuição homogênea do calor e ajudam a massa a cozinhar melhor. Entretanto, se não tiver em casa, pode utilizar como peso leguminosas secas (como feijão) ou arroz, que você reservará para este fim.

→ **Ideias de receitas**
Bean pie, p. 308
Torta de mendiants e xarope de bordo, p. 384

Empanar à inglesa ★

Técnica simples para deixar crocante todas as receitas e fazer deliciosos croquetes.

Ingredientes
Farinha
Clara de ovo
Farinha de rosca
Óleo para fritura

Coloque a farinha em um prato fundo, a clara de ovo em outro e a farinha de rosca em um terceiro (1). Bata rapidamente a clara de ovo (ou as claras, de acordo com a quantidade a ser empanada) com um garfo, para deixá-la mais líquida, mas sem fazer espuma.

Passe sucessivamente nos três pratos a preparação a ser empanada: a farinha, as claras e por fim a farinha de rosca (2).

Doure o preparado empanado em óleo quente (3) e escorra em papel absorvente.

Se os croquetes não forem consumidos imediatamente, reserve-os no calor em forno preaquecido a 100 °C (t. 3/4).

● **Conselho do chef**
• *O preparado a ser empanado deve estar bem seco: é por isso que é passado na farinha, para que tudo fique crocante.*
• *Se você empanar ingredientes muito úmidos, como o tofu, fique atento para secá-lo bem (ver técnica, p. 88) antes de submetê-lo a este procedimento.*

● **Bom saber**
Para receitas ricas em água e consequentemente com texturas muito moles, como aquelas à base de purê de legumes ou batatas, acondicione-as no refrigerador por pelo menos 1 hora ou até mesmo no congelador. É possível empanar facilmente um preparado congelado, mas o cozimento será mais lento.

→ **Ideias de receitas**
Croquetes de alga dulse e salada de aspargos crus, p. 343
Salsichas de Glamorgan (Glamorgan sausages), p. 267

Preparação
Fazer a germinação das leguminosas, p. 80
Germinação das leguminosas, p. 80
Preparar homus, p. 81
Hidratar macarrão de feijão-mungo, p. 81

Cozimento
Cozinhar leguminosas, p. 82
Princípios de cozimento das leguminosas, p. 83

Leguminosas

Fazer a germinação das leguminosas ★

A germinação aumenta muito o valor nutritivo dos grãos em vitaminas e minerais, transformando seu amido e tornando-os mais fáceis de digerir.

Ingredientes
2 a 3 colheres (sopa) de leguminosas
Água

Utensílios
Pote para germinação ou pote coberto por um voal com um elástico
Peneira de malha fina

Coloque as leguminosas de molho (1), conforme o quadro. Acondicione-as em um pote para germinação ou em pote coberto com um voal preso com um elástico.

Enxágue cuidadosamente de manhã e à noite, seja no próprio pote (se você possui um), seja em uma peneira de malha fina (2). Ao enxaguar, fique atento para remover as cascas que se soltam dos grãos (alfafa, lentilhas).

Os grãos devem ficar em atmosfera úmida, sem por isso saturar de água.
Deixe-os à luz, mas sem receberem luz direta do sol.

Uma vez alcançado o tamanho desejado dos brotos, coloque os grãos germinados em um recipiente hermético e conserve-os por 2 ou 3 dias no refrigerador.

● **Conselho do chef**

Feijão-mungo e alfafa podem ser consumidos crus. Para o feijão-azuqui, as lentilhas e os grãos-de-bico, a germinação ajuda a melhorar sua digestão, diminuir seu cozimento e ter o máximo de nutrientes. Seu tempo de cozimento será de cerca de 15 a 20 minutos, e você os consumirá normalmente.

Ideias de receitas
Muffins de ervilha, espinafre e grãos germinados, p. 224
Trancam indonésio, p. 380
Gado-gado com tempeh, p. 323

Germinação das leguminosas

TIPO DE LEGUMINOSA	TEMPO DE IMERSÃO	TEMPO DE GERMINAÇÃO
Alfafa	4 a 8 horas.	3 a 7 dias.
Azuqui	14 a 18 horas.	3 a 5 dias.
Feijão-mungo	10 a 16 horas.	3 a 4 dias.
Grão-de-bico	14 a 18 horas.	2 a 3 dias.
Lentilha	14 a 18 horas.	2 a 5 dias.

Preparar homus ★

Ao mesmo tempo receita e ingrediente de base, este purê de grão-de-bico com tahine pode ser degustado como aperitivo e também usado para passar no pão, em sanduíches, consumido no café da manhã com grãos-de-bico, azeite de oliva e iogurte...

Ingredientes
400 g de grãos-de-bico cozidos
2 dentes de alho
3 colheres (sopa) de tahine (purê de gergelim)
1 limão
20 ml a 40 ml de água ou líquido de cozimento dos grãos-de-bico, de acordo com a textura desejada
1 colher (café) de sal
2 a 3 colheres (sopa) de azeite de oliva

Descasque e tire o miolo do alho (ver técnica, p. 29).

Coloque no copo do liquidificador os grãos-de-bico escorridos e frios, o tahine e o sal **(1)**. Bata um pouco, depois acrescente o suco de limão e a água. Volte a bater até obter uma pasta cremosa: se necessário, acrescente um pouco de água.

Transfira para uma tigela, regue generosamente com azeite de oliva **(2)** e sirva.

● **Conselho do chef**
Se você utilizar grão-de-bico em conserva, reserve parte do líquido da conserva para ajustar a textura do homus. Fique atento para enxaguar bem os grãos-de-bico e secá-los antes de bater.

● **Bom saber**
• O homus permanece conservado por 5 dias em recipiente hermético.
• Pode ser enriquecido com purê de beterraba ou abóbora, pinhões, decorado com zátar...

Hidratar macarrão de feijão-mungo ★

Finos e transparentes, são indispensáveis às cozinhas asiáticas. Atenção: muitas vezes denominado na embalagem como "macarrão de soja", são feitos à base de amido extraído do feijão-mungo, falsamente chamado "soja verde".

Ingredientes
100 g de macarrão de feijão-mungo
1 l de água fervente

Despeje a água fervente sobre o macarrão. Deixe hidratar por 15 minutos. Escorra, enxágue e depois corte com a ajuda de uma tesoura.

Utilize em rolinhos primavera, nems, ou simplesmente salteados com legumes.

● **Bom saber**
Uma vez hidratado, o macarrão permanece conservado por até 3 dias no refrigerador, em pote hermético.

→ **Ideia de receita**
Rolinhos primavera com tempeh, p. 315

Cozinhar leguminosas ★

Regras simples para sempre ter êxito no cozimento de feijões, grãos-de-bico, lentilhas...

Ingredientes
Água (preferencialmente filtrada)
Leguminosas de sua escolha
Algumas gotas de suco de limão ou de vinagre de maçã
1 pedaço de alga kombu
Opcional: 1 bouquet garni
Sal a gosto

Se necessário, coloque de molho a leguminosa de sua escolha em grande quantidade de água (1). Acrescente algumas gotas de suco de limão ou de vinagre de maçã. Deixe de molho o tempo indicado, depois enxágue (2).

Cubra os grãos com água fria, acrescente um pedaço de kombu (3) e, se desejar, um bouquet garni. Coloque para ferver, depois tampe e abaixe o fogo para cozinhar lentamente em função do tempo indicado no quadro ao lado.

Verifique regularmente o nível de água para evitar que os grãos grudem (4).

Retire o kombu e o bouquet garni. Fora do fogo, adicione o sal e sirva ou tempere de acordo com a receita.

● Bom saber
• *Uma vez cozidas, as leguminosas multiplicam seu peso por 3 ou 4. Muitas vezes, é aconselhado acrescentar bicarbonato de sódio para facilitar o cozimento: infelizmente, ele destrói a vitamina B1. Melhor acrescentar um pedaço de alga kombu, que as amolece, deixando-as mais saborosas.*
• *Por fim, salgue apenas no final do cozimento!*

Ideias de receitas
Minestrone, p. 215
Curry de grão-de-bico com couve-flor, batata-doce e leite de coco, p. 219
Paella com aspargos e favas-brancas, p. 241
Sopa das três irmãs com abóbora, milho e feijões-vermelhos, p. 294
Feijão-fradinho com verduras e pão de milho, p. 298
Foul medames, p. 300
Chili sem carne com dois feijões, p. 307
Bean pie, p. 308

Princípios de cozimento das leguminosas

O tempo de cozimento pode variar segundo os fatores a seguir.
• A dureza da água (teor de calcário): utilize água filtrada se você estiver em região em que a água é muito calcária.
• O frescor das leguminosas: quanto mais tempo ficam no armário, mais demoram para cozinhar!

• A altitude, que prolonga o tempo de cozimento: na verdade, a temperatura de ebulição da água diminui 1 °C a cada 293 metros de elevação – diferença que parece mínima, mas que pode ter verdadeiro impacto no cotidiano de sua cozinha!

Se você não tiver tempo de deixar de molho...
• Mergulhe as leguminosas por 5 minutos em água fervente e, então, deixe que esfriem por 1 hora nessa mesma água.

• Enxágue e realize em seguida seu cozimento: elas cozinharão mais rápido, mas ainda assim conterão fitato, o que as torna menos digeríveis.

Conservação das leguminosas
• Até 5 dias em recipiente hermeticamente fechado no refrigerador.

• Até 6 meses congeladas.

LEGUMINOSA	IMERSÃO	COZIMENTO NA ÁGUA FERVENTE	COZIMENTO NA PANELA DE PRESSÃO
Ervilha partida	Opcional.	1 hora.	20 minutos.
Ervilha seca amarela ou verde	1 noite.	2 a 3 horas.	40 a 60 minutos.
Fava-branca	8 horas.	1 hora a 1h30.	20 a 30 minutos.
Feijão-azuqui	1 noite.	1 hora.	20 minutos.
Feijão-branco	1 noite.	1h30 a 2 horas.	30 a 40 minutos.
Feijão flageolet (verde)	4 horas.	1h30.	30 minutos.
Feijão-fradinho	1 noite.	1h30 a 2 horas.	30 a 40 minutos.
Feijão-mungo	1 noite.	30 a 45 minutos.	10 a 15 minutos.
Feijão-vermelho	1 noite.	1h30 a 2 horas.	30 a 40 minutos.
Grão-de-bico	1 noite.	1h30 a 2 horas.	30 a 40 minutos.
Lentilha coral (vermelha)	Inútil.	20 a 30 minutos.	Desaconselhado.
Lentilha verde	Opcional.	30 a 45 minutos.	10 a 15 minutos.
Soja amarela	1 noite.	1 hora.	20 minutos.

Preparação
Fazer leite de soja, p. 86
Fazer tofu, p. 87
Prensar tofu, p. 88
Preparar maionese de tofu (veganese), p. 89
Preparar bechamel vegetariano, p. 90

Cozimento e hidratação
Hidratar proteínas de soja, p. 91
Grelhar tofu, p. 92
Cozinhar tempeh, p. 93

Soja

Fazer leite de soja ★★★

Se ele é a bebida vegetal mais difundida no comércio, esta não é uma razão para você não experimentar fabricá-lo em casa. Seu gosto o surpreenderá!

Para aproximadamente 1,7 ℓ

Ingredientes
250 g de soja amarela debulhada
2 ℓ de água

Utensílios
Liquidificador
Coador de malha fina com tecido bem fino ou filtro de leite
Termômetro

Enxágue bem os grãos de soja. Deixe-os de molho por 12 horas em grande quantidade de água fria **(1)**, depois enxágue e coloque de molho outra vez por mais 12 horas. Enxágue-os uma última vez e bata-os com 500 mℓ de água fria **(2)**.

Transfira essa mistura para uma panela alta com duas alças, pois ela vai formar uma espuma e subir com o cozimento. Acrescente 1,5 ℓ de água e misture. Certifique-se de que o nível não exceda 2/3 da panela. Coloque para ferver observando atentamente, depois baixe o fogo e deixe cozinhar por 30 minutos a 70 °C **(3)**, mexendo com frequência.

Filtre a mistura quente na peneira de malha fina ou no voal **(4)**. Esprema bem o resíduo para extrair o máximo de líquido **(5)**. Transfira o conteúdo para uma garrafa limpa, deixe esfriar e acondicione no refrigerador. Consuma em 3 dias e agite antes de cada uso para homogeneizar a bebida.

● **Conselho do chef**
• Você também pode acrescentar ao leite de soja fresco filtrado e ainda quente sementes de meia fava de baunilha.
• Limpe imediatamente seus utensílios depois de preparar esse leite: a soja gruda!

● **Bom saber**
• É indispensável cozinhar a soja por bastante tempo para desativar os inibidores da tripsina que interferem na digestão das proteínas pelo corpo.
• O resíduo dos grãos de soja resultante da fabricação dessa bebida denomina-se okara. Ele se conserva por 2 dias em recipiente hermeticamente fechado. Pode ser utilizado no preparo de bolinhos, crepes, massas secas ou simplesmente polvilhado em legumes, para enriquecê-los com proteínas vegetais.

→ **Ideias de receitas**
Lasanha, p. 220
Mouhalabieh, p. 248
Pequenos flans de baunilha e pêssego, p. 348
Pudding de chia e smoothie verde, p. 383
Flognarde de damascos secos, p. 400

Fazer tofu ★★★

Para experimentar e descobrir o gosto do tofu fresco. Entretanto, como o sabor do tofu está estreitamente ligado à qualidade do leite de soja que você utilizar, os resultados e a textura podem ser muito variados.

Para 120 g a 150 g de tofu

Ingredientes
2 g a 4 g de nigari
2 colheres (sopa) de água
1 ℓ de leite de soja

Utensílios
Morim (algodão para produção de queijo)
Fôrma com furos

Misture o nigari com a água. Aqueça o leite de soja a 65/68 °C. Coloque o nigari diluído no leite de soja (1). Misture-o apenas uma vez, formando um oito. Aguarde por 10 minutos, tempo de a coalhada se formar.

Transfira a coalhada para um recipiente com furos, tipo fôrma para queijo (ou fôrma tradicional de madeira japonesa, como esta aqui), com um morim (2).

Deixe escorrer por alguns instantes (3), enrole o morim sobre o tofu, retire-o da fôrma, depois prense-o. Remova o soro que escorreu, depois coloque-o de volta na fôrma.

Prense-o na fôrma por cerca de 15 minutos (4). Retire da fôrma e conserve em água fresca por no máximo 2 dias.

● **Conselho do chef**
• O nigari (cloreto de magnésio) é um coagulante tradicional utilizado no Japão. Pode ser encontrado em lojas de alimentos naturais. Tende a dar sabor amargo ao tofu e, por vezes, ser granuloso.
• A firmeza do tofu depende muito do tempo de gotejamento. Não hesite em ajustar em função do seu gosto.
• Alguns preferem, para facilitar o uso, fazer coagular o leite de soja utilizando vinagre ou suco de limão. Neste caso, o tofu adquire sabor mais ácido, o que não é desagradável em pratos salgados. Dê preferência a vinagres mais suaves (vinagre balsâmico branco, por exemplo). A textura resultante também é bem mais friável que a do tofu fresco ou macio.

● **Bom saber**
O soro de soja é rico em nutrientes, não o desperdice! Utilize-o para fazer crepes, claflouthis, molhos e temperos…

➞ **Ideias de receitas**
Salteado de espinafres e cogumelos chanterelles com tofu, p. 320
Chow mein de tofu lactofermentado, p. 324
Repolho roxo salteado com tofu defumado e castanhas, p. 319

Prensar tofu ★

Gesto indispensável para um tofu bem firme, que não se esfarela durante do cozimento.

Ingrediente
1 bloco de tofu firme

Corte o bloco de tofu em fatias de cerca de 2 cm de espessura. Coloque-as sobre uma tábua (1) ou em superfície lisa coberta por papel absorvente.

Cubra com papel absorvente por cima, coloque uma tábua e adicione pesos (latas de conserva, utensílios pesados como assadeiras, panelas, caixas de leite...) (2). Deixe assim entre 30 minutos e 1 hora.

Utilize a seguir o tofu normalmente tostado, salteado, em molho...

Ideias de receitas
Salteado de espinafres e cogumelos chanterelles com tofu, p. 320
Chow mein de tofu lactofermentado, p. 324
Repolho roxo salteado com tofu defumado e castanhas, p. 319
Lo han chai, p. 327

Preparar maionese de tofu (veganese) ★

Excelente para aperitivos com palitos de legumes, em hambúrgueres, acompanhamento de saladas...

Ingredientes
½ dente de alho
200 g de tofu macio
1 colher (café) de cúrcuma
2 colheres (café) de mostarda
2 colheres (sopa) de azeite de oliva
1 colher (café) de vinagre de maçã
Sal e pimenta-do-reino preta moída na hora a gosto

Descasque e remova o miolo do alho (ver técnica, p. 29). Passe-o no mixer (1).

Acrescente o tofu, a cúrcuma, a mostarda, o azeite de oliva e o vinagre de maçã na cuba do mixer. Ligue o aparelho em alta velocidade (2). Coloque em outro recipiente para servir (3). Prove e acrescente sal e pimenta-do-reino preta a gosto.

● **Conselho do chef**
• *Essa maionese permanece conservada por 2 dias no refrigerador.*
• *Lembre-se de emulsioná-la com o garfo antes de servir.*
• *Como todo molho, você pode enriquecê-la com ervas frescas cortadas em tiras bem finas: salsa, estragão, cebolinha...*
• *Atenção, entretanto, para o estragão, que deixa a maionese ácida: acrescente no momento de servir.*

→ **Ideia de receita**
Portobello burgers e chips de kale, p. 347

Preparar bechamel vegetariano ★

Ainda mais simples e infalível que o bechamel tradicional, e bem mais leve.

Ingredientes
600 ml de leite de soja
50 g de creme de arroz (farinha de arroz pré-cozida) ou de amido de milho
Sal, pimenta-do-reino preta moída na hora e noz-moscada ralada a gosto

Coloque o leite em uma panela. Dilua a frio o creme de arroz ou o amido de milho (1), incorporando com um fouet (2).

Coloque para ferver sem parar de bater e deixe cozinhar por 2 minutos em fogo baixo até que engrosse.

Tempere com sal, pimenta-do-reino preta moída na hora e noz-moscada ralada.

● **Conselho do chef**
Em pratos gratinados, suflês, esse bechamel é utilizado exatamente da mesma forma que um bechamel tradicional, entretanto é menos gorduroso.

→ **Ideia de receita**
Lasanha, p. 220

Hidratar proteínas de soja ★

À base de farinha de soja e podendo tomar diferentes formas e tamanhos (palitos, medalhões, pequenos pedaços...), essas engraçadas esponjas, ricas em proteínas e sem colesterol, são muito práticas para sempre ter com o que improvisar uma refeição vegetariana completa e nutritiva.

Ingredientes
1 ℓ de caldo de vegetais, de algas ou de cogumelos
2 colheres (sopa) de molho de soja
1 colher (café) de missô branco ou vermelho
1 colher (café) de vinagre de maçã
1 colher (café) de especiarias de sua escolha, de acordo com a receita que você pretende fazer: cúrcuma, pimenta de Espelette, pimenta defumada, curry...
60 g de proteína de soja texturizada

Misture o caldo de vegetais, o molho de soja, o missô, o vinagre e as especiarias escolhidas.

Coloque a proteína de soja em uma tigela grande e cubra generosamente com esse caldo aromatizado (1).

Deixe hidratar por 30 minutos. Escorra cuidadosamente.

Cozinhe logo a seguir: as proteínas de soja hidratadas não se conservam.

● Conselho do chef
Utilize em pratos criados com ervas e especiarias, pois elas têm sabor neutro.

● Bom saber
• *Conte de 10 g a 15 g de proteínas secas por pessoa, que são cerca de 50 g, uma vez hidratadas. Utilizando um elemento ácido (vinagre, suco de limão), elas hidratam mais rápido.*
• *Ricas em proteínas (duas vezes mais que a carne bovina), são, entretanto, pobres em nutrientes e não são consumidas sozinhas. Salteadas na wok com vegetais, preparadas em fogo brando em molho de tomates com legumes, podem ser facilmente utilizadas em inúmeras receitas, com sua textura firme e densa que evoca a carne picada ou fatiada, conforme seu tamanho.*

➙ Ideia de receita
Chili sem carne com dois feijões, p. 307

As diferentes técnicas

Soja

Grelhar tofu ★

A textura frágil pode torná-lo difícil de manipular. Com esta técnica, você terá a garantia de um tofu perfeitamente grelhado!

Ingredientes
Tofu firme (fresco, defumado, em ervas), de preferência prensado
Molho de soja, molho dengaku (ver p. 266), um preparado para marinar

Utensílio
Grelha de ferro

Corte em pedaços (cubos, retângulos) o tofu firme escorrido e prensado. Coloque para marinar ou cubra com molho de sua preferência (1).

Coloque uma folha de papel-manteiga sobre a grelha. Aqueça e depois acomode os pedaços de tofu (2).

Grelhe por 2 ou 3 minutos, depois vire os pedaços de tofu com a ajuda de um pegador (3).

● **Conselho do chef**
Para manipular o tofu, o pegador é o utensílio mais apropriado. É igualmente muito prático para manipular legumes sem machucá--los: utensílio particularmente adequado à cozinha vegetariana.

Cozinhar tempeh ★

Se o tempeh é preparado natural ou marinado, cozinhá-lo ligeiramente a vapor modifica de forma agradável sua textura e deixa seu sabor sensivelmente mais adocicado. Para experimentar antes de dizer que não gosta de tempeh!

Ingredientes
1 bloco de tempeh
Água

Corte o tempeh em pedaços grandes. Acondicione-o em um cesto de cozimento a vapor.

Coloque a água para ferver em uma panela. Acomode o cesto, tomando cuidado para que a água não entre nele. Cubra e deixe cozinhar por 10 minutos.

Consuma morno ou frio, ou marinado.

● Conselho do chef
O tempeh assim preparado tende a ser menos seco e absorver bem mais umidade quando marinado.

⇥ Ideias de receitas
Rolinhos primavera com tempeh, p. 315
Lo han chai, p. 327
Gado-gado com tempeh, p. 323

As diferentes técnicas

Soja

Preparação
Preparar caldo de cogumelos, p. 96
Preparar caldo de algas (dashi), p. 97
Dessalgar algas, p. 97

Cozimento e hidratação
Refogar cogumelos, p. 98
Hidratar cogumelos secos, p. 99
Hidratar algas secas, p. 99
Tostar alga nori, p. 100
Gelificar com ágar-ágar, p. 101

Cogumelos e algas

Preparar caldo de cogumelos ★

Bastante aromático, serve para cozinhar cereais, dar mais sabor a um molho...

Para 1,8 ℓ de caldo
Tempo de preparo: 20 minutos
Tempo de cozimento: 45 minutos

Ingredientes
1 cebola
2 cenouras
2 talos de aipo
1 alho-poró (partes verde e branca) picado em fatias finas
2 dentes de alho
200 g de cogumelo-de-paris
3 shiitakes secos
1 colher (sopa) de azeite de oliva
3 lâminas de cogumelo porcino seco (ou 1 cogumelo fresco)
3 ramos de tomilho
2 colheres (sopa) de molho de soja

Descasque a cebola e as cenouras, fatie em tiras finas com o aipo. Lave cuidadosamente o alho-poró e fatie-o em tiras finas. Descasque e amasse os dentes de alho.

Corte os talos dos cogumelos e fatie-os em tiras finas (1).

Aqueça o azeite de oliva em uma panela. Doure todos os legumes. Acrescente 2 ℓ de água, os cogumelos secos e o tomilho. Coloque para ferver (2), cubra e deixe fervendo por 45 minutos.

Filtre em uma peneira de malha fina coberta de um tecido bem fino (3), espremendo para extrair o máximo de líquido (4).

Acrescente o molho de soja, misture e acerte o tempero, se necessário.

● **Conselho do chef**
Os cogumelos que sobram do caldo são pouco saborosos. Podem ser utilizados em um molho, recheio, crepes, almôndegas ou em uma sopa.

● **Bom saber**
Este caldo pode ser conservado por 3 dias no refrigerador. E pode ficar congelado por 3 meses.

→ **Ideia de receita**
Risoto de cevada com cogumelo-de-paris, p. 282

Preparar caldo de algas (dashi) ★

Base da culinária japonesa, o dashi é preparado com ou sem bonito seco *katsuwonus pelamis*, também conhecido como bonito listrado). Aqui, utilizam-se apenas algas e cogumelos, obtendo uma base culinária vegetariana muito saborosa.

Para 600 ml de caldo
Tempo de imersão: 8 horas

Ingredientes
1 pedaço de kombu de aproximadamente 5 cm × 2 cm
2 cogumelos shiitake

Deixe de molho o kombu e os cogumelos em 600 ml de água por 8 horas, cobrindo o recipiente.

Filtre e utilize para cozinhar legumes, preparar uma sopa...

● **Bom saber**
Este caldo permanece conservado por 4 ou 5 dias no refrigerador. Combinando dois alimentos ricos em umami, obtém-se um caldo de sabor inédito.
Não jogue fora o kombu: corte-o em tiras bem finas e acrescente-o em um refogado de legumes ou em um prato de macarrão ou arroz salteado.

—● **Ideias de receitas**
Chazuke de espaguete do mar e enoki, p. 334
Makis veganos e sopa de missô, p. 336

Dessalgar algas ★

Algumas algas são comercializadas conservadas no sal. É preciso tratar de dessalgá-las bem.

Ingrediente
Algas salgadas (alface-do-mar, dulse, nori, wakame...)

Enxágue as algas em bastante quantidade de água **(1)**, agitando-as: o grosso do sal deve cair no fundo do recipiente.

Enxugue delicadamente entre as mãos **(2)** ou com a ajuda de uma peneira. Enxágue outra vez em grande quantidade de água. Prove e enxágue uma terceira vez, se necessário: a água obtida deve estar clara.

● **Conselho do chef**
Se desejar uma alga com bem pouco sal, deixe-a de molho por 10 minutos na última água de enxágue.

● **Bom saber**
As algas escuras, como a wakame, podem ser cozidas a vapor uma vez dessalgadas. Isso faz que voltem a ter cor verde, mas altera seu sabor, deixando-as mais moles.

—● **Ideia de receita**
Tartare de algas, p. 335

Refogar cogumelos ★

Para cogumelos dourados, melhor proceder em duas etapas!

Para 4 pessoas
Tempo de preparo: 5 minutos
Tempo de cozimento: 6 minutos

Ingredientes
500 g de cogumelo fresco
3 pitadas de sal
20 g de manteiga sem sal
ou 1 colher (sopa) de azeite de oliva ou óleo de sua escolha

Coloque os cogumelos cortados em tiras finas em uma frigideira quente (1).

Salgue e deixe-os soltar água por 3 a 4 minutos (2). Escorra reservando esse caldo (3).

Derreta a manteiga ou aqueça o óleo ou o azeite em uma frigideira seca. Doure os cogumelos escorridos até que fiquem bem dourados e cozidos (4).

● **Conselho do chef**
Utilize o caldo de cozimento reservado para aromatizar molhos e marinadas.

Ideias de receitas
Salteado de espinafres e cogumelos chanterelles com tofu, p. 320
Polenta com cogumelos girolles, damasco e alecrim, p. 339
Kadai de cogumelos, p. 340
Arroz salteado com shiitakes, pak choi e castanhas-de-caju, p. 242
Risoto de cevada com cogumelo-de-paris, p. 282

Hidratar cogumelos secos ★

Tempo de imersão: 15 a 20 minutos

Ingrediente
Cogumelos secos de sua escolha (ver p. 165)

Coloque os cogumelos em uma tigela grande: vão ganhar volume ao hidratar. Adicione água quente para cobri-los (1).

Deixe hidratar por uns 15 minutos os shiitakes, os cogumelos porcinis... Para os cogumelos morchella, conte 30 minutos.

Escorra-os pressionando ligeiramente em um recipiente para coletar o líquido da imersão (2).

Filtre esse líquido outra vez antes de utilizá-los em um molho ou caldo.

● **Bom saber**
Os cogumelos também podem ser hidratados com água fria, por 8 a 10 horas, à temperatura ambiente.

→ **Ideias de receitas**
Arroz salteado com shiitakes, pak choi e castanhas-de-caju, p. 242
Lo han chai, p. 327
Ravióli chinês com tofu e cogumelos pretos, p. 316

Hidratar algas secas ★

Ainda que existam em flocos, prontas para salpicar, algas secas inteiras são mais saborosas.

Tempo de imersão: 10 a 30 minutos

Ingredientes
Algas secas de sua escolha
Água

Existem inúmeras variedades de algas secas: alface-do-mar, wakame, dulse, espaguete do mar...

Seu preparo é idêntico: coloque-as de molho em grande quantidade de água fria. Somente o tempo de imersão é que varia: 10 minutos para alface-do-mar, a wakame e a dulse; até 30 minutos para o kombu e a espaguete do mar, com textura mais firme. Uma vez inchadas, escorra com cuidado.

Enxágue apenas as algas kombu e espaguete do mar; as outras podem ser preparadas diretamente, conforme a receita.

● **Conselho do chef**
Uma vez hidratadas, consuma essas algas em 24 horas.

● **Bom saber**
O processo de secagem das algas tende a quebrar suas fibras, o que as torna mais tenras e de digestão mais fácil que quando consumidas frescas.

→ **Ideias de receitas**
Croquetes de alga dulse e salada de aspargos crus, p. 343
Chazuke de espaguete do mar e enoki, p. 334
Tartare de algas, p. 335

Tostar alga nori ★

Para apurar seus sabores, um gesto simples e rápido.

Ingrediente
Folhas de alga nori

Acenda uma boca do fogão. Aproxime com cuidado a folha da alga: ela vai se retorcer quase de imediato (1).

Esfarele-a em uma tigela (2) e converse em local seco até ser utilizada.

● **Conselho do chef**
A nori tostada pode ser salpicada em saladas, arroz, massas, legumes assados, sopas, purês...

→ **Ideias de receitas**
Chazuke de espaguete do mar e enoki, p. 334
Almôndegas de soja à japonesa, salada de wakame e pepino, p. 344

Gelificar com ágar-ágar ★

Também chamada kanten no Japão, esta alga vermelha possui poder gelificante 8 vezes superior ao da gelatina.

Tempo de preparo: 5 minutos
Tempo de cozimento: alguns minutos

Ingredientes
2 g de ágar-ágar em pó ou 1 colher (café) rasa
500 ml da receita de sua escolha a ser gelificada: purê de frutas, leite vegetal...

Polvilhe o ágar-ágar sobre a receita fria ou morna a ser gelificada (1).

Coloque para ferver, misturando constantemente (2). Mantenha fervendo por 30 segundos.

Deixe amornar: a receita engrossará ao resfriar (3).

● Conselho do chef
• O ágar-ágar é muitas vezes apresentado como substituto da gelatina, o que nem sempre é o caso. É possível utilizá-lo para preparar flans, aspics, terrines, panna cotta, mas sua textura não é comparável: é mais firme e resistente. Para obter textura mais consistente, porém flexível, é possível bater o preparado para que fique mais cremoso.
• O ágar-ágar também é ideal para preparar geleias com menos açúcar: para 2 kg de frutas, acrescente 500 g de açúcar e 2 g de ágar-ágar. Entretanto, essas geleias devem ser armazenadas sob refrigeração e consumidas em 3 meses.

● Bom saber
• Evite o ágar-ágar em bloco ou em tiras; é mais difícil para dosar que o ágar-ágar em pó.
• A acidez de algumas frutas pode modificar a dosagem do ágar--ágar: dobre a dose em receitas com limão, abacaxi ou cassis...
• Não congele uma receita que contenha ágar-ágar: ela soltará água ao descongelar.

➞ Ideia de receita
Pequenos flans de baunilha e pêssego, p. 348

Preparar ovo duro, p. 104
Preparar ovo no prato, p. 105
Preparar ovos mexidos, p. 106
Preparar ovo cocotte, p. 106
Preparar omelete, p. 107
Preparar ovo poché, p. 108
Preparar maionese, p. 109
Fazer coalhada fresca e paneer, p. 110
Fazer fromage blanc, p. 112
Preparar manteiga clarificada e ghee, p. 113

Ovos e produtos à base de leite

Preparar ovo duro ★

Tempo de cozimento: 11 a 12 minutos

Ingredientes
Ovos de galinha (conforme o número de pessoas)
Algumas gotas de vinagre

Em uma panela, ferva a água e adicione o vinagre no momento de mergulhar os ovos. Coloque os ovos e deixe cozinhar durante 11 ou 12 minutos depois de levantar fervura (1).

Retire a água, interrompa o cozimento, colocando-os sob um fio de água, e role-os em uma bancada de trabalho para quebrar a casca (2).

Mergulhe-os novamente por alguns instantes na panela cheia de água fria e, a seguir, descasque-os (3). Enxágue-os para eliminar os eventuais pedaços de casca e seque-os.

● Conselho do chef
• *Retire os ovos do refrigerador 1 hora antes de cozinhá-los, para que fiquem à temperatura ambiente. Assim, você evitará choque térmico forte demais quando mergulhá-los na água, o que pode rachar a casca. O vinagre acrescentado à água coagula rapidamente qualquer líquido que escapar pela casca.*
• *Para evitar um ovo cozido demais, ou seja, com um círculo verde ao redor da gema, considere interromper o cozimento mergulhando o ovo em água fria.*

● Bom saber
• *Conforme o tamanho dos ovos, o tempo de cozimento pode variar de 1 a 2 minutos.*
• *Para ovos moles (fluidos por dentro), conte com 5 a 6 minutos de cozimento, considerando o tamanho.*
• *Para um ovo à la coque (ovo quente), 3 a 4 minutos de cozimento bastam, de acordo com o tamanho.*

→ **Ideia de receita**
Foul medames, p. 300

Preparar ovo no prato ★

Como o nome indica, o ovo no prato é cozido...
em um prato e no forno!
Pode ser preparado na frigideira também.

Tempo de cozimento: 8 minutos

Ingredientes
2 ovos por pessoa
Óleo de sua escolha (aqui, azeite)
Sal e pimenta-do-reino branca moída na hora a gosto

Preaqueça o forno a 180 °C (t. 6).

Quebre o ovo em uma tigela. Tome cuidado para não furar a gema (1).

Com um pincel, unte levemente um prato de ovo com óleo (2). Tempere o fundo do prato com sal e pimenta-do-reino branca moída.

Verta delicadamente o ovo por cima (3) e cozinhe no forno por 8 minutos.

A clara deve estar coagulada, e a gema, permanecer mole.

● **Conselho do chef**
É melhor acrescentar os condimentos e as ervas finas sobre o ovo depois do cozimento para preservar seus sabores.

➞ **Ideia de receita**
Chakchouka, p. 359

Preparar ovos mexidos ★

Quando preparados corretamente, sua maciez é incomparável.

Ingredientes

2 ovos por pessoa
1 colher (sopa) de leite ou de água para cada 2 ovos
Complementos: ervas finas, cogumelos, molho de tomate concassé
Sal e pimenta-do-reino preta moída na hora a gosto

Quebre os ovos em uma tigela de metal resistente ao calor. Acrescente a água ou o leite, tempere e bata com um garfo. Acrescente os demais complementos (aqui, ervas finas bem picadas). A mistura não pode criar espuma.

Coloque a tigela sobre uma panela com água fervente para cozinhar os ovos em banho-maria (1).

Mexa a mistura sem parar até obter consistência cremosa (2).

● **Conselho do chef**
Os ovos mexidos podem ser preparados no máximo para 4 pessoas. É melhor prepará-los em várias etapas que cozinhar grande quantidade simultaneamente.

● **Bom saber**
Como os ovos mexidos continuam cozinhando em banho-maria, sirva-os imediatamente após o cozimento.

Preparar ovo cocotte ★

Perfeito para grandes mesas e brunches, o ovo cocotte é macio como um ovo à la coque, além de muito reforçado.

Tempo de cozimento: 6 a 8 minutos

Ingredientes

Manteiga sem sal
Ovos
1 colher (sopa) de creme de leite por ramequim
Complementos: cogumelos salteados, molho de tomate, cebolinha...
Sal e pimenta-do-reino preta moída na hora a gosto

Preaqueça o forno a 180 °C (t. 6).

Unte levemente os ramequins. Coloque o creme em cada um e acrescente o ovo, tomando cuidado para não perfurar as gemas. Tempere (1).

Coloque os ramequins em uma assadeira funda. Preencha até a metade com água fervente (2). Leve ao forno por 6 a 8 minutos, tomando cuidado para a gema permanecer cremosa e mole. Adicione o complemento no ramequim e sirva.

● **Conselho do chef**
Para evitar respingos nos ramequins, coloque uma folha de papel vegetal no fundo da assadeira antes de preenchê-la com água.

● **Bom saber**
Na falta de ramequins, utilize fôrma de muffins, que possui vincos do tamanho ideal.

Preparar omelete ★

Frittata italiana, tortilla espanhola ou omelete francesa, o cozimento de ovos na frigideira até virar uma torta espessa é uma preparação comum a vários países.

Ingredientes
2 ovos por pessoa
50 ml de leite de vaca ou de soja
20 g de manteiga sem sal ou 1 colher (sopa) de óleo para o cozimento
Complementos: ervas finas bem picadas, cubos de queijo, cogumelos salteados...
Sal e pimenta-do-reino preta moída na hora a gosto

Quebre os ovos em uma tigela. Adicione o leite, tempere e bata tudo com um garfo, sem criar espuma. Adicione o complemento de sua escolha aos ovos e o incorpore com algumas garfadas (1).

Aqueça o óleo ou a manteiga em uma frigideira a fogo médio. Distribua uniformemente, virando a frigideira em todos os sentidos. Verta a preparação de ovos na frigideira, distribuindo-a uniformemente (2).

Com uma colher de pau, misture levando para o centro os ovos que vão coagular mais rapidamente na beira da frigideira (3).

Descole as bordas da omelete girando com uma espátula e inclinando levemente a frigideira, para que os ovos, ainda líquidos, escorreguem para baixo e terminem de cozinhar. Dobre a omelete em dois com uma espátula (4).

Se você gosta da omelete mais cozida, deslize-a em um prato e depois recoloque-a na frigideira para cozinhar do outro lado: é questão de gosto!

● Conselho do chef
É possível também adicionar à omelete, no momento de dobrá-la, outros complementos que esquentarão com seu contato: ratatouille, legumes assados...

⟶ Ideia de receita
Crespeou provençal, p. 353

As diferentes técnicas

Ovos e produtos à base de leite

107

Preparar ovo poché ★★

Cozinhar um ovo direto na água fervente ou em um molho requer um pouco de prática, mas nada muito difícil.

Tempo de cozimento: 3 minutos

Ingredientes
1 ovo por pessoa (atente para que esteja bem fresco)
Algumas gotas de vinagre branco ou de suco de limão

Quebre o ovo em um ramequim. Esquente a água até o ponto de início da fervura e acrescente o vinagre no momento de mergulhar o ovo. Forme um redemoinho na água, mexendo-a com uma colher. Verta o ovo no redemoinho **(1)**.

Espere 5 segundos, depois feche a gema dentro da clara pinçando suas bordas com o auxílio de duas colheres de sopa **(2)**.

Deixe cozinhar por cerca de 3 minutos, retire o ovo com uma escumadeira e mergulhe-o em uma tigela cheia de água fria **(3)** para parar o cozimento. Escorra. Para obter uma forma mais regular, corte, se necessário, os filamentos de clara com uma tesoura e sirva.

● **Bom saber**
A adição de vinagre auxilia na coagulação correta das proteínas contidas na clara de ovo, acelerando a operação.

Ideia de receita
Bouillabaisse caolha, p. 363

Preparar maionese ★

O truque para acertar sempre?
Utilizar uma gema dura e uma gema crua.

Ingredientes
1 ovo duro (ver p. 104)
1 ovo extrafresco
200 mℓ a 300 mℓ de óleo de semente de uva
2 colheres (café) de mostarda
2 colheres (café) de vinagre ou de suco de limão
2 pitadas de sal
2 pitadas de pimenta-do-reino preta moída na hora

Retire a gema do ovo duro (1). Amasse-a com um garfo.

Separe a clara da gema crua, adicione-a na gema dura com a mostarda, o vinagre, o sal e a pimenta-do-reino preta moída. Misture com um garfo (2).

Incorpore progressivamente o óleo em fio, mexendo sem parar (3). Espere que todo o óleo seja incorporado antes de adicioná-lo aos poucos. Ajuste o tempero. Pode ser conservado por 24 horas em refrigeração.

● Conselho do chef
• Para recuperar uma maionese, adicione de 1 a 2 colheres de sopa de água quente: a emulsão deverá se refazer.
• Para trabalhar com serenidade, coloque a tigela sobre um pano dobrado em quatro: assim, ela ficará estável.

● Bom saber
• A maionese só contém ovos e óleo; quando se acrescenta mostarda, muda de nome e vira uma "remoulade". Mas a confusão de nome é frequente, e a maionese, na maioria das vezes, designa uma remoulade.
• O uso de óleo de semente de uva, que não endurece, permite a conservação do belo aspecto da maionese por 1 dia no refrigerador. Se o consumo for imediato, varie os óleos, conforme seu gosto.

➔ Ideia de receita
Portobello burgers e chips de kale, p. 347

109

Fazer coalhada fresca e paneer ★★

O emprego de um elemento ácido de origem vegetal (vinagre, suco de limão) facilita o preparo da coalhada de leite. Escorrendo pouco, obtém-se uma coalhada fresca para aromatizar e que fica deliciosa para passar no pão. Ao prensá-la e cortá-la, é obtido o paneer (queijo firme).

Tempo de repouso: 6 horas

Ingredientes
1 ℓ de leite fresco integral
1 colher (sopa) de suco de limão ou ½ colher (sopa) de vinagre de álcool

Coloque o leite para ferver. Adicione o suco de limão ou o vinagre no leite quente, fora do fogo (1). Deixe repousar por 10 minutos: a coalhada se forma e boia no soro (2).

Escorra a coalhada em um coador coberto por um morim fino. Você também pode usar um coador de tecido ou um voal (3). Deixe escorrer por 10 minutos no coador (4). Nesta etapa, você pode retirar a coalhada obtida e colocá-la no refrigerador 2 horas antes de degustá-la ao natural ou com mel, ervas finas...

Para preparar o paneer, pressione com força a coalhada obtida para eliminar o máximo de soro (5). Com a coalhada no morim, prense-a por 6 horas entre duas tábuas, se necessário com um peso por cima (vidros de conserva, potes...) (6).

Desenrole delicadamente do morim e corte em cubos, conforme a receita (7).

Se você não a usar imediatamente depois do preparo, coloque-a em um recipiente hermético cheio de água fria. Conserve por no máximo 2 dias no refrigerador.

● **Conselho do chef**
Utilize leite fresco no lugar de leite UHT: a coalhada será mais saborosa e ficará mais firme.

● **Bom saber**
• *Você obterá cerca de 250 g de queijo fresco (ou coalhada fresca) e 180 g a 200 g de paneer com 1 ℓ de leite.*
• *O queijo fresco caseiro permanece conservado de 4 a 5 dias em recipiente hermético.*
• *O paneer deve ser conservado na água e não dura muito: adicione ¼ de colher (café) de sal no leite para que se conserve mais.*
• *Não jogue fora o soro: utilize-o em suas sopas, smoothies e para o cozimento de leguminosas, o que ajuda a amaciar.*

→ **Ideias de receitas**
Popovers de queijo fresco com ervas, p. 367
Palaak paneer, p. 360

6

7

Fazer fromage blanc ★★

Existem várias maneiras de preparar fromage blanc: com ou sem o uso de fermentos lácteos e conforme o tipo de coagulante utilizado. O escorrimento também tem sua participação na textura final.

Tempo de repouso: 24 a 36 horas

Ingredientes
1 ℓ de leite de vaca fresco integral
Fermentos de sua escolha: fermentos lácteos em pó, petit suisse, iogurte...*
Coalho (coagulante de origem animal, vegetal ou bacteriana)

Para preparar fromage blanc, é melhor usar um termômetro e providenciar uma fôrma para queijo (com furos) de formato e tamanho de sua escolha (foto acima).

Os fermentos lácteos dão sabor mais acidulado ao fromage blanc e modificam sua textura: mas é possível não os utilizar. Podem ser encontrados em pó, mas podem ser obtidos por meio de 2 petits suisses, 3 colheres de sopa de iogurte ou o soro de um fromage blanc utilizado anteriormente. Escolha sempre produtos com maior data de validade.

O coagulante apresenta-se em vidro com conta-gotas (encontrados em supermercados): na maioria das vezes, é extraído dos sucos gástricos da 4ª bolsa dos ruminantes (vitela, cabrito, cordeiro), o que explica por que certos vegetarianos não consomem queijo contendo coagulante animal, como o parmesão.

Coagulantes vegetais ou bacterianos também estão disponíveis em lojas especializadas.

*Tanto para fermentos lácteos como para coagulantes de origem animal, vegetal ou bacteriana (industrializados), a quantidade utilizada deve ter como referência a recomendação do fabricante. (N. E.)

Esquente o leite até 30 °C, controlando sua temperatura com um termômetro (1). Retire um pouco de leite morno e dilua os fermentos lácteos com este leite se forem em pó (2).

Se utilizar outro produto à base de leite, adicione-o diretamente no leite morno. Cubra e deixe repousar entre 4 e 6 horas em local morno (3).

Passado este tempo, o leite engrossa e deve talhar: seu cheiro deve ser acidulado. Adicione o coagulante (conforme as quantidades indicadas nas instruções de uso, que variam de acordo com as marcas) e misture (4).

Cubra e deixe repousar por pelo menos 8 horas em local morno. No dia seguinte, a coalhada terá se formado: corte-a grosseiramente em pedaços; você verá a nata no fundo do recipiente (5).

Coloque a coalhada na fôrma (6). Deixe escorrer conforme seu gosto: 5 a 10 horas para um fromage úmido e untuoso; após 2 horas, bata com garfo em uma tigela para obter um fromage blanc batido.

Conserve seu fromage blanc por 5 dias no refrigerador, em recipiente fechado. Vá eliminando a nata se desejar uma textura seca; caso contrário, guarde-a sempre no fundo para preservar a maciez.

● **Bom saber**
• Conforme a temperatura ambiente, sua coalhada pode levar até 18 horas para se formar: no inverno, procure trabalhar em local bem aquecido.
• Para um resultado saboroso, com textura densa, utilize leite integral fresco.

Preparar manteiga clarificada e ghee ★★

Ao eliminar a água e a caseína da manteiga por cozimento, retira-se o que faz que ela fique rançosa e queime, resultando em gordura límpida, que suporta altas temperaturas (até 250 °C).

Tempo de cozimento: 20 minutos

Ingrediente
500 g de manteiga sem sal

Corte a manteiga em pedaços. Derreta em fogo baixo por 10 minutos, mexendo de vez em quando: a mistura vai criar uma espuma branca que vai subir (1).

Se você estiver preparando manteiga clarificada, retire a espuma. Se estiver preparando ghee, continue o cozimento por cerca de 10 minutos: pouco a pouco, essa espuma diminuirá, ficará mais fina, irá para o fundo da panela e escurecerá aos poucos. Tome muito cuidado com o cozimento e interrompa-o assim que o resíduo ficar marrom: o cheiro de "grelhado" é característico.

Filtre cuidadosamente o preparo em recipiente de vidro. O resíduo deve ser branco para a manteiga clarificada e âmbar para o ghee (2).

Você obtém uma substância oleosa (3) que pode ser utilizada em todos os cozimentos, especialmente na wok ou na frigideira.

Tanto a manteiga clarificada como o ghee devem ser consumidos em até 2 meses.

● **Conselho do chef**
• É muito mais fácil preparar grande quantidade de manteiga clarificada ou de ghee, pois a manteiga queimará com menos facilidade e será mais fácil controlar o cozimento. Nunca prepare menos de 300 g.

● **Bom saber**
A manteiga clarificada à francesa tem por objetivo evitar que a manteiga queime no cozimento, mas não é, em si, um método de conservação como o ghee indiano.

Ideias de receitas
Curry de grão-de-bico com couve-flor, batata-doce e leite de coco, p. 219
Biryani, p. 245
Dosa masala, p. 297
Dal d'urad, raïta de manga e romã, p. 303
Palaak paneer, p. 360
Kadai de cogumelos, p. 340

Preparação

Por que deixar as oleaginosas de molho?, p. 116
Retirar a pele de amêndoas, p. 117
Preparar pastas de oleaginosas, p. 118
Preparar gersal, p. 119
Preparar creme de leite vegetal sem cozimento, p. 120
Preparar bechamel de pasta de amêndoas, p. 121
Fazer leite de amêndoas, p. 122
Preparar gel de sementes de linhaça, p. 124
Fazer parmesão vegetal, p. 124
Preparar molho tarator, p. 125
Preparar pasta de azeitonas, p. 125
Preparar praliné, p. 126
Preparar chantili de coco, p. 127
Retirar água de coco seco, p. 128
Abrir coco seco, p. 129
Abrir coco-verde, p. 130

Cozimento

Caramelizar oleaginosas, p. 131

Oleaginosas

Por que deixar as oleaginosas de molho?

• Para preparar corretamente nozes e sementes, é preciso ter em mente que, assim como para as leguminosas, essas sementes são feitas para... germinar. Quando estão em meio seco, são protegidas por inibidores de crescimento (enzimas) e por fitato. Se você as consumir sem deixar de molho, absorverá essas substâncias que prejudicam a absorção dos nutrientes e podem dificultar a digestão.

• Por essa razão é recomendável inibir tais substâncias antes de consumir oleaginosas, deixando-as de molho em muita água. Essa precaução é válida quando se cozinha grande quantidade. Não é necessário deixar de molho a pitada de gergelim com a qual você salpicará seu arroz.

• Entretanto, certas oleaginosas são comercializadas já processadas (noz de macadâmia, castanha-de-caju...), sem a parte contendo fitato: neste caso, o procedimento de deixar de molho só serve para modificar sua textura.

• Depois do molho, enxágue-as cuidadosamente. Elas podem permanecer conservadas de 2 a 3 dias em refrigeração.

• Após ficarem de molho, você pode consumi-las puras, picá-las, transformá-las em leite, etc.

TIPO DE OLEAGINOSA	TEMPO DE MOLHO RECOMENDADO
Amêndoa	8 a 12 horas.
Avelã	8 a 12 horas.
Castanha-de-caju	Não é necessário (exceto para amolecê-la e batê-la mais facilmente).
Castanha-do-brasil	Não é necessário (exceto para amolecê-la e batê-la mais facilmente).
Noz	4 a 6 horas.
Noz de macadâmia	Não é necessário (exceto para amolecê-la e batê-la mais facilmente).
Noz-pecã	4 a 8 horas.
Pinoli	Não é necessário (exceto para amolecê-lo e batê-lo mais facilmente).
Pistache	Não é necessário (exceto para amolecê-lo e batê-lo mais facilmente).
Semente de abóbora	2 a 3 horas.
Semente de gergelim	8 horas.
Semente de girassol	4 a 8 horas.
Semente de linhaça	Não é necessário.

Retirar a pele de amêndoas ★

Para despelar amêndoas, bastam um pouco de paciência... e água!

Tempo do molho: 15 minutos a 8 horas

Ingredientes
Amêndoas
Água quente ou fria

Se você estiver com pressa.
Derrame água fervente sobre as amêndoas em uma tigela grande. Deixe descansar por 15 minutos, escorra e descasque, fazendo leves incisões na base da amêndoa: a pele se desprenderá sozinha.

Se você tiver tempo.
Deixe as amêndoas de molho de 6 a 8 horas na água à temperatura ambiente. Descasque apoiando a base da amêndoa: a pele vai se desprender sozinha.

● **Conselho do chef**
As amêndoas com pele se conservam melhor e demoram mais para ficarem rançosas que as compradas sem pele.

● **Bom saber**
• Este método não é indicado para as avelãs: para retirar a pele das avelãs inteiras, é melhor torrá-las no forno a 180 °C por 10 a 12 minutos, mexendo a cada 5 minutos.
• Deixe-as esfriar, esfregue-as levemente entre as mãos: sua pele escura se desprenderá facilmente.

→ **Ideias de receitas**
Torta de mendiants e xarope de bordo, p. 384
Torta de amêndoas, pasta de azeitona e legumes, p. 375
Ajo blanco, p. 372

Preparar pastas de oleaginosas ★

Para transformar esses ingredientes em pastas leves e untuosas, fáceis de ser utilizadas na criação de sanduíches, molhos, massas de tortas e para enriquecer purês, sopas...

Ingredientes

300 g de oleaginosas sem sal: amêndoas com ou sem pele, avelãs sem pele, castanhas-de-caju, pistaches, nozes... que devem ficar de molho conforme o quadro indicativo no início do capítulo (ver p. 116)

Opcional: 1 colher (sopa) de óleo vegetal

Toste as oleaginosas por 10 minutos a 180 °C, mexendo-as regularmente. Deixe esfriar. Coloque-as na tigela de um processador potente até cobrirem as lâminas.

Bata em velocidade baixa para reduzi-las em pedaços pequenos (1).

Com uma espátula macia, raspe regularmente as bordas do recipiente, para aproximar das lâminas a pasta que se forma (2).

Bata novamente, raspando regularmente: as lâminas não devem girar no vazio. Aos poucos, as oleaginosas vão liberando seu óleo e se transformando em uma pasta untuosa.

Se necessário, adicione um pouco de óleo para facilitar o processo, que pode levar cerca de 10 minutos.

● **Conselho do chef**
• *Para preparar pastas de oleaginosas, é melhor utilizar um processador potente ou ter muita paciência para evitar que elas esquentem.*
• *A secagem no forno das oleaginosas após o molho resulta em uma pasta que se conserva melhor, pois será menos úmida. Se você dispõe de um desidratador, também é possível secar suas nozes em temperatura baixa depois do molho.*
• *Essas pastas devem ser preparadas em grande quantidade (ao menos 250 g) para ter volume suficiente para bater.*

● **Bom saber**
• *As pastas de oleaginosas podem ser conservadas por 2 meses, de preferência no refrigerador. No caso da pasta de nozes, ela fica rançosa muito rapidamente, de modo que é melhor prepará-la em pequenas quantidades.*
• *Já no caso da pasta de gergelim, é particularmente difícil obtê-la lisa e untuosa quando feita em casa: se você gosta de tahine untuoso, pode ser melhor comprar o disponibilizado no comércio.*

Preparar gersal ★

Este tempero japonês popularizado pela culinária é uma forma de temperar e salgar bem mais saudável e saborosa.

Ingredientes
10 colheres (sopa) de gergelim sem casca ou integral (ver conselho do chef)
1 colher (sopa) de sal marinho grosso

Torre o gergelim por cerca de 10 segundos em uma frigideira antiaderente ou de ferro fundido bem seca. Isso permitirá liberar seu óleo com mais facilidade no momento da trituração (1).

Adicione o sal e mexa a frigideira em todos os sentidos por 5 segundos (2) ou até aquecer o sal de leve.

Coloque imediatamente em um prato frio para parar o cozimento (3).

Passe brevemente em um miniprocessador ou em um moedor de café (4) até que você só veja 20% das sementes de gergelim.

Coloque em um pote de vidro e consuma por até 1 mês depois do preparo.

● Conselho do chef
• Para triturar o gergelim, utiliza-se, tradicionalmente, um pilão, o subachi, substituído por utensílios mais modernos, mas é no extrator de suco que você se aproxima mais da trituração com pilão: vale a pena experimentar!
• Esta base serve para inúmeras aromatizações. Não deixe de esfarelar nori torrada (ver p. 100), sementes de cânhamo ou de linhaça (para triturar ao mesmo tempo), ervas secas, especiarias (pimenta, curry...), folhas secas de aipo...

● Bom saber
• Do japonês goma (gergelim), este tempero permite aproveitar a riqueza de minerais do gergelim e diminuir o uso do sal.
• O gergelim branco ou amarelo, sem casca, tem gosto mais suave que o gergelim integral, que traz leve amargor ao preparo. Porém, o integral é duas vezes mais rico em cálcio, o que lhe confere um trunfo nutricional interessante.
• De preferência, adicione o gersal no acabamento de um prato, sem cozinhá-lo, e não se esqueça de que ele salga a preparação! Pode ser salpicado por cima de tudo: sobre os ovos, os pratos de legumes.

As diferentes técnicas — Oleaginosas

Preparar creme de leite vegetal sem cozimento ★

Para substituir o creme de leite à base de leite animal, a melhor opção é a castanha-de-caju.

Tempo do molho: 4 horas
Tempo de refrigeração: 1 hora

Ingredientes
30 g de castanha-de-caju
200 mℓ de água
Algumas gotas de suco de limão

Deixe as castanhas-de-caju de molho na água por 4 horas (1). Escorra e enxágue-as.

Coloque-as na tigela de uma batedeira com água. Bata em velocidade baixa por cerca de 10 segundos e depois na velocidade máxima (2) por alguns segundos.

Adicione algumas gotas de suco de limão (3) e leve ao refrigerador por ao menos 1 hora.

Conserve com tampa no refrigerador e consuma em até 2 dias.

● **Conselho do chef**
Ajuste a quantidade de água em função da textura desejada, mais ou menos espessa.
Você também pode utilizar amêndoas no lugar de castanhas-de-caju, mas o gosto será mais forte.

● **Bom saber**
O acréscimo de suco de limão possibilita a reprodução do gosto levemente acidulado dos cremes à base de leite animal. No entanto, se você prefere gosto mais leve e neutro, não é preciso adicioná-lo.

→ **Ideias de receitas**
Bolo de cenoura com centeio e avelã, p. 227
Chili sem carne com dois feijões, p. 307

Preparar bechamel de pasta de amêndoas ★

Molho 100% vegetal, de gosto leve, que pode ser utilizado em gratinados ou para dar leveza a um recheio.

Ingredientes
200 ml de líquido de sua escolha: caldo de vegetais, de cogumelos...

1 colher cheia (sopa) de fécula de sua escolha (batata, milho, araruta)

1 colher cheia (sopa) de pasta de amêndoa branca

Sal, pimenta-do-reino preta moída na hora e noz-moscada ralada a gosto

Coloque a fécula em uma tigela (1). Dilua com um pouco de água até obter uma textura fluida e sem grumos: serão necessárias de 3 a 4 colheres (sopa) de água (2).

Coloque o líquido escolhido para ferver. Verta em fio a fécula diluída (3) e cozinhe em fogo baixo, batendo sem parar, até que a misture engrosse.

Adicione a pasta de amêndoas (4) e misture até que fique completamente incorporada (5).

Coloque sal, pimenta-do-reino preta moída e adicione a noz-moscada a gosto.

● **Conselho do chef**
Este molho é utilizado em todos os preparos em que tradicionalmente se usa bechamel. É também uma base neutra para aromatizar condimentos, ervas... Pode ser reaquecido e permanece conservado por 2 dias em recipiente hermético, no refrigerador.

→ **Ideia de receita**
Lasanha, p. 220

As diferentes técnicas

Oleaginosas

Fazer leite de amêndoas ★

Mesmo sendo facilmente encontrado nas lojas, o leite de amêndoas caseiro tem sabor incomparável e é muito econômico. Pode ou não ser adoçado, conforme a preferência.

Ingredientes para cerca de 700 ml
75 g de amêndoa com ou sem pele, conforme sua preferência
700 ml de água filtrada, de preferência
1 pitada de sal
Opcional: 1 filete de xarope de arroz, de agave ou de bordo

Deixe as amêndoas de molho por 8 horas em 800 ml de água fria (1). Enxágue as amêndoas e descarte a água do molho. Bata as amêndoas com 700 ml de água, o sal e o açúcar, se você o adicionar (2). Filtre o líquido obtido (3) com saco para suco, com voal ou coador de malha fina e um pano limpo.

Pressione com força (4) para retirar o máximo do líquido e obter uma polpa bem seca (5).

Se utilizar amêndoas com pele, você obterá uma polpa mais abundante do que se usar amêndoas sem pele. Entretanto, o gosto das amêndoas com pele é mais forte.

Verta o leite em uma garrafa fechada (6) e conserve no refrigerador por até 3 dias.

● **Conselho do chef**
O bagaço restante pode ser utilizado para incrementar crepes de legumes, gratinados, smoothies...

● **Bom saber**
Também é possível diluir a pasta de oleaginosas na água (ver técnica, p. 118) para obter leite instantâneo.

→ Ideias de receitas
Pequenos flans de baunilha e pêssego, p. 348
Pudding de chia e smoothie verde, p. 383

Para preparar outros leites vegetais, seguem as quantidades recomendadas

TIPO DE OLEAGINOSA	TEMPO DE MOLHO	QUANTIDADE PARA 1 l DE ÁGUA
Amêndoa	8 horas.	80 g a 100 g.
Avelã	8 horas.	70 g.
Castanha-de-caju	4 horas.	60 g a 80 g.

3

4

5

6

Oleaginosas | As diferentes técnicas

Preparar gel de sementes de linhaça ★

Para substituir os ovos em certas receitas que precisam de liga (bolinhos, almôndegas), a mucilagem produzida por essas sementes de linhaça é bastante eficaz.

Ingredientes
1 colher (sopa) de semente de linhaça
3 colheres (sopa) de água

Bata as sementes de linhaça em um miniprocessador ou em um moedor de café elétrico (1).
Coloque-as em uma tigela e adicione a água (2). Misture e espere 10 minutos, tempo que o gel leva para se formar (3).

● **Conselho do chef**
Esta quantidade pode substituir cerca de 1 ovo.

● **Bom saber**
Você também pode preparar um gel com sementes de chia nas mesmas proporções, já que apresentam as mesmas propriedades mucilaginosas.

Fazer parmesão vegetal ★

Preparação vegetariana estrita que imita o gosto do famoso queijo italiano, para misturar em molhos ou salpicar massas.

Ingredientes
100 g de castanha-de-caju ou de mistura de amêndoas e castanhas-de-caju em partes iguais
2 colheres (sopa) de levedura de cerveja
2 colheres (café) de sementes de gergelim amarelo
1 colher (café) de sal

Quebre grosseiramente no recipiente de um miniprocessador ou de um moedor de café as castanhas-de-caju. Adicione os outros ingredientes (1).

Bata brevemente para evitar que este pó esquente (2). Utilize imediatamente (3) ou conserve em vidro hermeticamente fechado por 6 semanas no refrigerador.

● **Conselho do chef**
Você pode substituir parte das castanhas-de-caju por amêndoas sem pele.

● **Bom saber**
A levedura de cerveja é rica em proteínas, mas, sobretudo, em vitaminas do complexo B, especialmente a B12, ausente na alimentação vegetariana estrita. Seu gosto original e de queijo pode ser acrescentado em várias receitas como toque final. Evite cozinhá-la, para aproveitar seus benefícios.

→ **Ideias de receitas**
Lasanha, p. 220
Mac'n'cheese com couve-flor, p. 265
Nhoque à romana, p. 261

Preparar molho tarator ★

Molho vegetariano estrito utilizado para faláfel, podendo ser usado também em saladas verdes, purês de legumes...

Ingredientes
4 colheres (sopa) de tahine (pasta de gergelim)
1 ou 2 dentes de alho
½ colher (café) de sal
Suco de 1 limão-siciliano
Água conforme a textura e o gosto

Misture o tahine em uma tigela com o alho descascado e picado, o sal e o suco de limão. Incorpore a água em fio até obter a consistência desejada, espessa ou untuosa.

● **Conselho do chef**
Este caldo permanece conservado por 4 dias no refrigerador em um pote de vidro. Ajuste o alho conforme seu gosto.

➙ **Ideia de receita**
Faláfel e tabule, p. 304

Preparar pasta de azeitonas ★

Na Provença (França), na Itália ou na Grécia, esta receita básica e muito aromática enriquece pães, tortas salgadas, pizzas...

Ingredientes
250 g de azeitona preta sem caroço
50 g de alcaparra no sal, bem enxaguada
1 colher (café) de conhaque
1 colher (sopa) de azeite de oliva
2 colheres (café) de tomilho seco
Pimenta-do-reino preta moída na hora a gosto

Leve todos os ingredientes ao processador, exceto o azeite. Adicione o azeite em fio e emulsione. Prove e, se necessário, corrija o tempero.

● **Conselho do chef**
• Para preparar uma pasta de azeitonas verdes, utilize a mesma quantidade de azeitonas, mas substitua as alcaparras por 2 colheres (sopa) de farinha de amêndoa.

● **Bom saber**
• Esta receita pode ser conservada por 2 semanas no refrigerador em um pote de vidro hermético, desde que coberta por uma fina camada de azeite.
• A tapenade provençal contém anchovas. Seu nome vem do provençal tapeno, que significa "alcaparra".

➙ **Ideia de receita**
Torta de amêndoas, pasta de azeitona e legumes, p. 375

Oleaginosas — As diferentes técnicas

125

As diferentes técnicas | Oleaginosas

Preparar praliné ★★

Receita deliciosa, muito utilizada na confeitaria, que une o gosto pronunciado das oleaginosas e o sabor apetitoso do caramelo.

Ingredientes
100 g de oleaginosas de sua escolha: pecã, avelã, amêndoas...
70 g de açúcar

Caramelize as oleaginosas como indicado na p. 131.

Depois que as oleaginosas caramelizadas esfriarem, pique-as grosseiramente com uma faca grande (1).

Passe-as em um processador potente (2) ou em um moedor de café: primeiro, você obterá um pó fino, que ficará líquido progressivamente com a ação do atrito e do calor do processador.

Se necessário, utilize o botão pulse. Faça pausas durante o processo, para evitar o superaquecimento do aparelho.

A praliné é líquida (3). Conserva-se por 1 mês no refrigerador.

● **Conselho do chef**
Você pode utilizar um só tipo de oleaginosa ou misturar dois diferentes. As pralinés tradicionais são feitas à base de avelã, de amêndoa ou de uma mistura de partes iguais das duas.

● **Bom saber**
Simplesmente adicionada em seus preparos de chocolate, misturada com creme de confeiteiro (pâtissier) ou iogurte, por cima do arroz-doce como coulis, a praliné traz nota doce e apetitosa onde quer que seja utilizada.

Preparar chantili de coco ★

Tão fácil de acertar quanto o chantili à base de creme de leite fresco.

Ingrediente
440 g de leite de coco

Na véspera (no mínimo 8 horas antes do preparo), coloque o leite de coco no refrigerador em posição vertical. Abra a embalagem cuidadosamente e, com uma colher, retire a camada de creme espesso que boia (1). Pare de retirar assim que você vir surgir um líquido claro.

Bata o creme de coco retirado na batedeira (em velocidade média), como você faria no caso de um chantili tradicional (2).

Bata até obter uma textura firme e com espuma. Conforme a utilização e seu gosto, adicione açúcar e baunilha.

● **Conselho do chef**
Certifique-se no rótulo do leite de coco de que não há espessantes nem emulsificantes no produto.
A sobra do leite de coco pode ser usada em preparações como um curry, um molho, um smoothie, uma sopa...

● **Bom saber**
Este chantili de coco pode ser conservado por 2 dias no refrigerador em recipiente fechado hermeticamente. Porém, será necessário batê-lo novamente um pouco antes de servir.

→ **Ideia de receita**
Kaiserschmarrn de frutas vermelhas com chantili de coco, p. 403

Retirar água de coco seco ★

Etapa anterior à degustação da polpa de coco maduro.

Ingrediente
1 coco seco

Apalpe os 3 círculos (chamados "olhos") presentes na parte de baixo do coco **(1)**.

Com uma faca pontuda, fure o mais macio dos três. Ele cederá facilmente **(2)**. Algumas pessoas utilizam também a ponta de uma broca ou de uma chave de fenda. A seguir, escolha um segundo olho e fure-o batendo ainda mais forte.

Coloque o coco em cima de um copo grande ou de um recipiente fundo **(3)**. A água de coco vai escorrer naturalmente.

Agite o coco para que esvazie por completo.

● Conselho do chef
• *A água de coco retirada desta forma fica melhor depois de permanecer por 1 hora no refrigerador. Você pode conservá-la por 48 horas em uma garrafa bem fechada.*
• *Você também pode consumi-la pura, utilizá-la em um smoothie ou em uma marinada, misturá-la em um suco de frutas, para deixar de molho flocos de cereais...*

➙ Ideia de receita
Pudding de chia e smoothie verde, p. 383

Abrir coco seco ★★

Depois de retirar a água (ver ao lado), é preciso quebrá-lo para obter a polpa.

Ingrediente
1 coco seco sem água

Bata regularmente o coco ao longo de seu meridiano, com o cabo de uma faca grande e pesada, girando-o (1).

Continue batendo com regularidade: aos poucos, ele ficará mais frágil e rachará (2). O coco se abrirá, então, em dois (3).

Com uma faca pequena, separe a polpa de coco da casca (4). Corte a polpa em pedaços a serem degustados ou rale-a conforme a receita e o uso.

● **Conselho do chef**
Depois de cortada, a polpa de coco permanece conservada de 4 a 5 dias em recipiente hermético, no congelador.

● **Bom saber**
• Certamente, não é indispensável esvaziar o coco com antecedência, mas este procedimento permite utilizá-lo ao máximo!
• Outras pessoas recomendam o uso de um martelo para quebrar o coco: isso é mais rápido, mas não permite a obtenção de corte regular do coco.

⟜ **Ideias de receitas**
Trancam indonésio, p. 380
Duvet de coco com toranja, creme de abacate, p. 391

As diferentes técnicas

Oleaginosas

129

Abrir coco-verde ★★

O coco ainda não maduro é muito rico em água. Por conter muitas fibras, exige um manuseio diferente.

Ingrediente
1 coco-verde (o da foto já está sem a casca)

Retire a parte branca e lenhosa do coco com uma faca (1). Se necessário e conforme o coco, é possível deitá-lo. Retire tudo até enxergar a polpa, que tem uma espessura menor que a do coco seco.

Corte um chapéu nesta parte utilizando, se precisar, uma faca grande; se o coco resistir, bata com um martelo (2).

Escorra o conteúdo do coco em uma tigela grande: a quantidade de líquido recolhido pode ser grande (cerca de 500 mℓ), muito mais que a de um coco maduro (3).

Recupere a polpa do interior com uma colher ou uma espátula macia (4). Utilize em saladas salgadas ou de frutas.

● **Conselho do chef**
• *Escolha cocos pesados (devem ter mais líquido), bem claros, inclusive a parte de baixo (que não pode ser marrom).*
• *A água recolhida deve ser transparente e levemente esbranquiçada: se estiver avermelhada ou marrom, não a consuma.*

● **Bom saber**
Esses cocos também são chamados coco tailandês no comércio europeu.

Caramelizar oleaginosas ★★

Para uma decoração com aspecto apetitoso ou para preparar praliné, caramelizar todos os tipos de oleaginosas é uma opção prática e saborosa.

Ingredientes
100 g de oleaginosas de sua escolha: noz-pecã, avelã, pinhão, castanha-de-caju, amêndoa, pistache...
70 g de açúcar
1 colher (café) de óleo (de preferência, o da oleaginosa utilizada)

Em uma frigideira, toste levemente as oleaginosas de sua escolha (aqui, nozes-pecã) (1).

Coloque o açúcar, distribuindo-o em toda frigideira (2). Deixe caramelizar em fogo médio sem utilizar uma espátula, mas agitando lateralmente a frigideira, de forma que o açúcar cubra as oleaginosas. Deixe cozinhar até que um cheiro de caramelo se desprenda e os frutos fiquem coloridos no grau desejado, dourados ou escuros.

Antecipe um pouco o final do cozimento, pois o calor da frigideira continua a caramelizar as oleaginosas mesmo fora do fogo, quando você deve adicionar o óleo e misturar bem para separar o todo (3).

Derrame sobre papel vegetal disposto em uma superfície plana (tábua, assadeira rasa) ou mármore (4).

Deixe esfriar a seco até que a mistura endureça (5).
Se necessário, separe as oleaginosas, quebre-as ou pique-as conforme o uso desejado.

● **Conselho do chef**
Uma vez caramelizadas, essas oleaginosas devem ser consumidas rapidamente: a umidade tende a amolecer e derreter o caramelo.

● **Bom saber**
Essas oleaginosas servem de base para o preparo da pasta de praliné (ver p. 126).

→ **Ideia de receita**
Bolo de cenoura com centeio e avelã, p. 227

Preparação

Preparar romã, p. 134
Espremer romã, p. 135
Preparar manga, p. 136
Preparar abacaxi, p. 137
Preparar ruibarbo, p. 138
Descascar frutas "macias", p. 139
Descascar cítricos, p. 140
Retirar gomos de cítricos, p. 141

Cozimento e hidratação

Preparar geleia, p. 143
Hidratar frutas secas, p. 143

Frutas

Preparar romã ★

Tenha o cuidado de nunca a cortar ao meio!

Ingrediente
1 romã bem madura

Corte a parte de cima da romã com uma faca pontiaguda. Faça uma incisão ao longo de cada quarto (membrana branca mais grossa) (1). Separe os quartos formados (2). Encha uma tigela com água e esvazie os quartos de romã diretamente (3).

As partículas brancas e amargas da casca vão boiar: retire-as com uma escumadeira antes de recolher os grãos de romã prontos para uso.

● **Conselho do chef**
O suco de romã mancha consideravelmente: ao descascar essa fruta dentro d'água, maior é o risco de respingos.

● **Bom saber**
Os arilos de romã assim que foram retirados podem ser conservados por até 3 dias em recipiente hermético, no refrigerador.

→ **Ideias de receitas**
Dal d'urad, raïta de manga e romã, p. 303
Pavlova acidulada de maracujá e romã, p. 399
Sopa iraniana de iogurte e ervas (ashe mast), p. 354
Couve-flor assada, tahine vermelho e limão confitado, p. 371

Espremer romã ★

Suco de romã, delicadamente acidulado, é um condimento a ser descoberto.

Ingrediente
1 romã

Corte a romã em dois pelo meio e esprema-a manualmente (1), sem chegar na casca branca no interior da fruta. Coloque o suco em um copo (2), tomando cuidado para não deixar que as sementes e a polpa restantes caiam também.

● **Conselho do chef**
• *Não utilize o espremedor elétrico: ele tende a espremer a romã até a casca branca, o que deixa gosto amargo e desagradável no suco.*
• *Utilize-a para deglacear* uma frigideira, perfumar uma salada de frutas, incrementar um smoothie: tudo o que você faria com suco de limão!*

● **Bom saber**
• *Depois de espremido, este suco pode ser conservado por 2 dias no refrigerador em uma garrafa fechada hermeticamente. Você também pode congelá-lo em uma fôrma de gelo por 2 meses.*
• *O suco de romã deu seu nome à grenadine, xarope à base de frutas vermelhas. Para preparar uma verdadeira grenadine caseira, reduza em fogo médio, durante 10 minutos, duas partes iguais: uma de suco de romã e outra de açúcar. Acrescente algumas gotas de suco de limão-siciliano fora do fogo e dilua.*

* Deglacear consiste em acrescentar líquido durante uma cocção para fazer os resíduos do fundo da panela se desprenderem e, assim, obter um molho mais saboroso. (N. E.)

Preparar manga ★★

Para retirar sua polpa suculenta, é melhor não descascar a fruta.

Ingrediente
1 manga madura

Corte a manga em três pedaços: passe a faca o mais próximo possível à esquerda do caroço, depois faça o mesmo à direita do caroço. Você terá duas metades grossas e um pedaço central bem menor, contendo o caroço (1).

Corte os pedaços de polpa restante ao longo do caroço (2). Descasque-os passando a faca ao longo da casca. Utilize esses pequenos pedaços de manga em uma salada ou para preparar um coulis.

Quadricule o interior das metades de manga com a ponta de uma faca bem afiada (3). Tome cuidado para não cortar a casca.

Apoiando-se no exterior e no centro da manga, você conseguirá girá-la facilmente, obtendo os cubos de manga ainda presos à casca (4).

É possível servi-la assim ou ainda separar os cubos da casca retirando-os com uma faca (5).

● **Conselho do chef**
Assim como os abacates, as mangas continuam a amadurecer depois de colhidas. É preferível comprar várias frutas e deixá-las amadurecer em casa, conforme precisar.

● **Bom saber**
Os tamanhos e sabores podem ser muito diferentes entre as mangas da Índia e as da América do Sul. Em média, considera-se que uma manga pesa 400 g (peso bruto).

→ **Ideia de receita**
Dal d'urad, raïta de manga e romã, p. 303

Preparar abacaxi ★★

Mesmo sendo possível também cortá-lo em quatro e descascá-lo como um melão, você pode fazer belas fatias com este corte ainda mais espetacular.

Ingrediente
1 abacaxi

Retire a casca grossa do abacaxi cortando tiras do alto para cima com uma faca grande bem afiada (1).

Girando-o, retire os olhos com uma faca pontuda: proceda em linha paralela, talhando obliquamente cada um dos lados para retirar os olhos (2).

Deite-o e corte-o em fatias (3).

● Conselho do chef
• Utilize uma tábua com coletor para recuperar o suco de abacaxi que vai escorrer durante a operação.
• á quem prefira retirar os olhos um a um com o auxílio de um boleador de frutas.

● Bom saber
As fatias de abacaxi cortadas dessa maneira podem ser conservadas por 2 dias em recipiente hermético.

⟶ Ideia de receita
Abacaxi com melaço e limão, creme de iogurte e chocolate branco, p. 396

As diferentes técnicas

Frutas

137

Preparar ruibarbo ★

Pecíolo de um talo, o ruibarbo é, na realidade, um legume… Mas, como a culinária sempre o adoçou, o hábito é considerá-lo fruta!

Tempo de repouso: 2 a 3 horas

Ingredientes
500 g de talos de ruibarbo
2 colheres (sopa) de açúcar demerara

Corte os talos de ruibarbo com uma faca afiada, puxando as fibras (1). Se o ruibarbo for jovem, talvez tenha poucas fibras, talvez nenhuma. Quanto mais grosso, maior o risco de que seja lenhoso: corte-o em segmentos e retire os fios progressivamente.

Salpique com açúcar os pedaços de ruibarbo dispostos em uma tigela (2) e deixe que desbotem ao longo de 2 ou 3 horas.

O xarope que se forma (3) vai adoçá-lo: assim, será preciso menos açúcar no cozimento do ruibarbo.

Utilize-o a seguir conforme a receita: cozido como geleia, escalfado em um xarope, no recheio de tortas…

● **Conselho do chef**
Para sublimar o gosto do ruibarbo, adicione 1 anis-estrelado no momento do cozimento ou algumas sementes de anis.

● **Bom saber**
Retire com cuidado as folhas das extremidades dos pecíolos, pois são tóxicas.

→ **Ideia de receita**
Parfait gelado de ruibarbo, groselha e gengibre, p. 407

Descascar frutas "macias" ★

Para descascar facilmente e com pouca perda frutas macias de casca fina, o mais simples é mergulhá-las na água fervente.

Ingrediente
Pêssegos, tomates, nectarinas...

Faça uma incisão em cruz na parte de baixo da fruta com uma faca pontuda (1). Assim, a fruta se desprenderá muito facilmente da casca, mas preservará sua forma.

Mergulhe as frutas na água fervente (2) com o auxílio de uma colher.

Retire-as com uma escumadeira (3) a cada 10 segundos. Deixe esfriar por alguns instantes, a seguir retire a casca com delicadeza, partindo da cruz feita anteriormente.

● **Conselho do chef**
Para ganhar tempo, certas pessoas mergulham as frutas retiradas da água quente na água gelada: com o choque térmico, a casca vai se desprender sozinha. Isso pode ser útil se você tiver grandes dificuldades para descascar, mas pode fragilizar a fruta. Pense nisso se quiser utilizá-la inteira ou preservar ao máximo sua forma.

→ **Ideias de receitas**
Salada de tomates com frutas vermelhas e vinagre balsâmico, p. 394
Torta de amêndoas, pasta de azeitona e legumes, p. 375
Chakchouka, p. 359
Cobbler de milho com pêssego e groselha, p. 288
Solaris, p. 209

Descascar cítricos ★

Para obter um cítrico sem amargor, é preciso saber descascá-lo, retirando a fina membrana branca que o envolve.

Ingrediente
Cítricos de sua escolha: limão-siciliano, limão-galego, limão-taiti, laranja, toranja...

Corte as duas extremidades do cítrico (aqui, uma toranja) para estabilizá-lo (1).

Coloque-o bem rente em cima da tábua para cortar e deslize uma faca bem afiada entre a carne a polpa do cítrico (2). Tome cuidado para seguir o redondo da fruta e conservar o máximo da polpa.

● **Conselho do chef**
Utilize uma tábua com coletor para recuperar o suco que escorrerá durante o corte.

● **Bom saber**
Para descascar tangerinas, pense em colocá-las por 1 hora no congelador: mais duras, ficam bem mais fáceis de manipular.

— **Ideias de receitas**
Bolo de laranja e pistache com tofu macio, p. 328
Salada de sarraceno germinado com beterrabas e cítricos, p. 278
Duvet de coco com toranja e creme de abacate, p. 391

Retirar gomos de cítricos ★

Depois de descascado sem a membrana branca, o cítrico pode ser utilizado inteiro ou cortado em gomos, também chamados suprême.

Ingrediente
1 cítrico descascado, sem a membrana branca

Coloque o cítrico descascado sobre um recipiente para recuperar o suco que escorrer. Deslize uma faca pequena afiada ao longo da polpa de um gomo, bem contra a membrana branca que separa os gomos (1).

Gire a faca levemente, aproximando-se do coração do cítrico: isso bastará para desprender o gomo, sem ter que cortar o outro lado da membrana (2). Recomece girando por todo o cítrico, para retirar todos os gomos.

● **Conselho do chef**
Quando todos os gomos forem retirados, pressione fortemente o que resta de cítrico, para retirar ainda mais um pouco de suco.

● **Bom saber**
Uma faca com lâmina fina e leve, do tipo "filet de sole" (tradicionalmente utilizada para retirar filés de peixe), é particularmente adequada para esta operação.

➞ **Ideias de receitas**
Salada de sarraceno germinado com beterrabas e cítricos, p. 278
Duvet de coco com toranja e creme de abacate, p. 391

As diferentes técnicas

Frutas

Frutas | As diferentes técnicas

142

Preparar geleia ★

Para usufruir do sabor das frutas o ano todo.

Tempo de preparo: 30 minutos
Tempo de cozimento: 10 a 20 minutos

Ingredientes
1 kg de frutas (peso líquido sem casca, prontas para serem cozidas)
900 g de açúcar
Suco de ½ limão

Esterilize os potes e as tampas mergulhando-os por 10 minutos na água fervente (1). Deixe-os escorrendo sobre um pano limpo, o tempo é o de preparo de uma geleia.
Misture as frutas com o açúcar e o limão. Coloque uma primeira vez para ferver, para formar um xarope (2). Conforme o tempo que você tiver, deixe as frutas marinando por algumas horas no xarope (a geleia ficará mais saborosa) ou passe diretamente ao cozimento em fogo alto.

Cozinhe o preparo até que atinja 105 °C: isso se dará ao longo de 5 a 10 minutos depois da retomada da fervura, conforme o tipo de fruta, sua maturidade, acidez... Um termômetro digital simplifica a tarefa!

Reconhece-se visualmente o momento em que o cozimento chegou ao fim: a espuma desaparece, os borbulhamentos vão ficando menos intensos e as frutas permanecem imersas no xarope. Para verificar a temperatura, se você não tiver o termômetro, disponha uma colher (café) de geleia sobre um prato frio: ela deve gelificar ligeiramente (3).

Sem demora, preencha os potes até a borda com uma concha ou um funil de geleia (4). Feche hermeticamente a tampa e inverta o pote até um resfriamento completo. Guarde-os protegidos da luz.

Estufamento da tampa, odor de álcool ou presença de mofo ao abrir o pote indicam que a geleia não é consumível. Um "clec" deve se produzir na abertura do pote, indicando que foi esterilizado.

● Conselho do chef
O suco de limão destaca os sabores, permite conservar a cor das frutas e facilita a liga da geleia, evitando a recristalização do açúcar. Não se esqueça!

● Bom saber
• Você também pode utilizar açúcares mais integrais: açúcar demerara, açúcar mascavo, rapadura... Porém eles vão colorir a geleia, e seu sabor residual não convém a todas as frutas.
• A rapadura ajuda na liga das geleias: utilize-a para frutas ácidas, como ruibarbo ou ameixas.
• As geleias não ficam melhores ao envelhecer: mesmo que permaneçam conservadas por até 3 anos, o melhor é consumi-las no ano de fabricação. Depois de aberta, a geleia é mantida em refrigeração.

Hidratar frutas secas ★

Para recuperar toda a maciez, uma precaução indispensável.

Tempo do molho: 1 hora

Ingredientes
Frutas secas
Água quente, chá, infusão, bebida alcoólica...

Coloque as frutas a serem hidratadas em uma tigela grande: como vão inchar, é melhor lhes deixar espaço.
Verta o líquido quente de sua escolha por cima, em abundância: infusão, chá quente, água com bebida alcoólica (rum especialmente).
Deixe hidratar por 1 hora, a seguir escorra e utilize conforme a receita.

● Bom saber
Para cortar frutas secas depois da hidratação, utilize uma tesoura: elas tendem a colar, e isso pode fazer você ganhar tempo.

➞ Ideia de receita
Flognarde de damascos secos, p. 400

Frutas · As diferentes técnicas

O caderno prático

Breve história incompleta do vegetarianismo

Com base na história das religiões e da filosofia, podemos tentar retraçar a evolução do pensamento vegetariano no mundo.

No Antigo Testamento, Deus diz a Adão e Eva, ainda no Jardim do Éden, que lhes concede "todas as plantas que deem grãos sobre a face da Terra e todas as árvores que tenham frutos. Elas lhes servirão de alimento".[1] Somente depois do Dilúvio é que Deus dará permissão ao homem de comer carne: "tudo o que vive e se move vos servirá de alimento, assim como os vegetais".[2]

Desde o século VII a.C. são percebidos traços de ahimsa (não violência, respeito à vida) na Índia, noção filosófica que a seguir é encontrada no hinduísmo, no jainismo e no budismo, religiões cujos adeptos são vegetarianos.

No século VI a.C., Pitágoras, matemático e filósofo grego, desenvolve o pensamento da transmigração das almas e proíbe a seus alunos consumir carne animal e ovos, bem como usar lã. Durante séculos, aliás, os adeptos do vegetarianismo foram designados sob o nome de "pitagorianos". Desde então, o pensamento greco-latino não cessa de se interrogar: Hesíodo, Platão e Ovídio supõem o vegetarianismo da Idade do Ouro; Plutarco[3] denuncia o consumo da carne.

No século I d.C., é na Ásia Menor que o pensamento vegetariano se propaga, com Apolônio de Tiana, depois com o filósofo neoplatônico Porfírio,[4] que, no século III, comentará e aprofundará o pensamento de Plutarco.

Com a cristianização da Europa, o pensamento vegetariano regride, sendo praticado quase apenas por minorias religiosas julgadas hereges (bogomilos, cátaros), desenvolvendo-se apenas na Ásia, com diversas ramificações. Assim, os hindus consomem vegetais e produtos à base de leite, mas alguns brâmanes recusam vegetais vermelhos (beterraba, tomate), com cor de sangue; os jainistas não consomem nem ovos, nem mel, nem raízes, nem alho, nem cebola. O taoísmo, o confucionismo e o budismo integram igualmente o vegetarianismo em sua prática.

Algumas vozes se fazem escutar no Ocidente durante a Renascença, sobretudo a de Leonardo da Vinci, mas ainda assim permanecem muito minoritárias, e o não consumo de carne é praticado por certas ordens, porém por voto de pobreza (cistercienses e cartuxos, que, no entanto, consomem peixes; trapistas), não por engajamento moral.

Na França, em 1600, quando o duque de Sully afirma que "a lavoura e a pastagem são os dois seios que alimentam a França", ele não sabia que, moldando a agricultura em torno da criação de animais, levaria a gastronomia francesa a colocar a carne vermelha no centro do prato. A teoria do animal-máquina elaborada por Descartes em 1637[5] também tem sua importância no pouco desenvolvimento do vegetarianismo na França. No século dos iluministas, Voltaire se interessa mais pontualmente por Porfírio a partir de 1761.

Mas é na Inglaterra, graças aos seus contatos com a Índia, que se volta a falar de vegetarianismo na Europa, no século XVII: primeiro, com Thomas Tryon (1634-1703), pensador pacifista que reivindicava direitos para os animais; depois, com John Oswald (1760-1793), que, após uma viagem à Índia, escreve um relato engajado[6] influenciando escritores românticos, como Percy Shelley e, posteriormente, George Bernard Shaw. No entanto, somente em 1847 é que será criada em Londres a Vegetarian Society inglesa, segundo o termo *vegetable*. Esses vegetarianos do século XIX, aliás, correspondem aos vegetarianos estritos de hoje. Por vezes traduzido como "legumista" por brincadeira, o termo "vegetariano" impõe-se na França somente no começo do século XX. A primeira associação de vegetarianos é criada na França em 1994, com o nome de Alliance Végétarienne.

Gandhi, ao proferir um discurso em frente à Vegetarian Society, em Londres, insiste na importância da base moral do vegetarianismo: "o que os vegetarianos deveriam fazer não é insistir nas consequências físicas do vegetarianismo, mas explorar as consequências morais [...]. Os vegetarianos devem ser tolerantes se querem converter os outros ao vegetarianismo. Adotem uma atitude humilde".

Seja por questões ligadas à ética, à religião ou à cultura, razões para exaltar uma alimentação vegetariana nunca faltaram. De forma mais recente, o crescimento da população mundial e o aquecimento climático deram uma nova dimensão ao vegetarianismo, ressaltando o impacto de nossas escolhas alimentares sobre o meio ambiente.

---

1. "Gênesis", capítulo 1, versículo 29.
2. "Gênesis", capítulo 9, versículo 3.
3. *De esu carnium*, "se é permitido comer carne".
4. *De abstinentia*, "Tratado sobre a abstinência de carne de animais".
5. *Discurso do método*, capítulo 5.
6. *The Cry of Nature or An Appeal to Mercy and Justice on Behalf of the Persecuted Animals*, 1791.

Diferentes tipos de vegetarianismo

O vegetarianismo engloba realidades de consumo bastante diferentes, que se subdividem atualmente em três grupos.

Vegetariano ou ovolactovegetariano
Não consome nenhuma carne animal, incluindo peixes e frutos do mar. No entanto, ovos (exceto ovas de peixe, pelas quais foi necessário matar o animal) e produtos à base de leite são consumidos: têm origem animal, mas não implicam seu abate.
A saber: a maioria do vegetarianismo praticado na Índia exclui os ovos (regime lactovegetariano).
Os pesco-vegetarianos (consomem peixe e produtos oriundos do mar) nem sempre são considerados vegetarianos. Os cátaros, na Idade Média, consumiam peixes, pois estes não tinham alma de acordo com a doutrina cátara. Na Ásia, principalmente na Tailândia, os pratos vegetarianos também podem incluir pasta de camarão e molho de peixe (nam pla).

Vegetariano puro ou estrito
Não consome nenhum tipo de carne animal nem produtos de origem animal (ovos, produtos à base de leite, mel, gelatina, coalho...).

Vegano
O veganismo exclui toda exploração animal, o que significa alimentação vegetariana estrita, e rejeita produtos testados em animais, materiais de origem animal (couro, seda, lã...) e lugares como zoológicos.

O **semivegetarianismo** (ou flexitarianismo) designa aqueles que adotam dieta vegetariana a maior parte do tempo, mas, ocasionalmente, comem carne.

Como os dados disponíveis consistem em pesquisas declarativas, é difícil contabilizar precisamente a quantidade de vegetarianos no mundo. Entretanto, **estima-se que sejam 450 milhões, dos quais 375 milhões estão na Índia** (cerca de 40% da população). Na Europa, é na Alemanha, na Itália e na Inglaterra que se concentra o maior percentual (6% a 10%). A França representa apenas 2%. Os norte-americanos têm representatividade de 2% a 4% da população, e o Brasil, cerca de 6%. Sem esquecer as comunidades historicamente vegetarianas, como os rastafáris.

147

E o equilíbrio?

A Academia Americana de Nutrição e Dietética emite "posicionamento" favorável sobre o vegetarianismo desde 1987, comprovando benefícios a pessoas com doenças cardiovasculares e diabetes tipo 2 e associando a alimentação vegetariana à prevenção de alguns tipos de câncer.

O risco de carências é bastante limitado quando se conduz bem a alimentação vegetariana. Para os vegetarianos estritos, os médicos recomendam suplemento de vitamina B12.

Três pontos causam preocupação em geral:
– **proteínas:** uma alimentação equilibrada deve comportar de 11% a 15% de proteínas,[7] de acordo com a idade, o peso, a atividade física, ou seja, pouco menos de 1 g por quilo de peso. Mas não é apenas a carne que contém proteína...

ALIMENTOS	TEOR DE PROTEÍNA PARA CADA 100 G
Spirulina (alga)	55 a 70 g
Levedura de cerveja	48 g
Soja (em grão)	37 g
Presunto de porco	36 g
Leite em pó desnatado	35 g
Amendoim	30 g
Amêndoa	30 g
Bife de carne (boi)	27 g
Queijos duros (comté, gruyère...)	25 a 27 g
Peito de frango	26 g
Leguminosas (lentilha, grão-de-bico)	20 a 25 g
Semente de girassol	23 g
Amaranto	15 g
Tofu	13 g
Quinoa	13 g
Trigo	12 g
Painço	11 g

As proteínas animais contêm os nove aminoácidos essenciais ao homem, enquanto a maioria das proteínas vegetais é dita incompleta (à exceção daquelas de sementes de cânhamo, quinoa, soja, trigo-sarraceno e amaranto). Basta combinar leguminosas e cereais, o que é feito espontaneamente em inúmeros pratos (pasta e fagioli italiana, arroz e lentilha indianos, por exemplo) para obter proteínas completas.* Essa associação não precisa nem mesmo ser simultânea, mas pode acontecer ao longo de um mesmo dia. Assim, segundo a Academia Americana de Nutrição e Dietética, "as fontes vegetais de proteína podem fornecer sozinhas as quantidades adequadas de aminoácidos se forem consumidas de forma variada e satisferem às necessidades energéticas".

– **cálcio:** presente nos produtos à base de leite, pode ser igualmente encontrado em couves e repolhos, amêndoas, raízes, tofu, algas... Muitos dos leites vegetais comercializados são da mesma forma enriquecidos com suplementos.

– **ferro:** aquele contido nos vegetais (leguminosas, tofu, quinoa, nozes, raízes) se assimila menos que o ferro heme (contido na carne). O corpo o absorve melhor em presença de vitamina C, abundante em frutas e legumes... o que é particularmente rico no vegetarianismo.

Uma alimentação vegetariana é naturalmente rica em fibras, vitaminas e micronutrientes. Bem conduzida, permite seguir mais facilmente as recomendações nutricionais oficiais, evitando excessos de proteínas, gorduras saturadas e sal. Variando ao máximo as oleaginosas, os cereais, os tubérculos, os legumes, as leguminosas, as frutas, os óleos e os produtos à base de leite, multiplicam-se as associações nutricionais interessantes. Qualidade e diversidade permitem alcançar o equilíbrio sem dificuldades.

---

7. *Apports nutritionnels conseillés pour la population française*, 2001, p. 434.

* Segundo os nutricionistas, a combinação de arroz e feijão – base da alimentação brasileira – é capaz de fornecer os aminoácidos essenciais ao organismo humano. (N. E.)

Como substituir os ovos?

Tudo depende do papel que o ovo desempenha na receita! Quando ela precisa de apenas um ovo, muitas vezes é possível deixá-lo de lado e substituí-lo. Assim, para uma massa de torta ou biscoitos, ele pode simplesmente ser substituído por um pouco de água, leite vegetal ou purê de oleaginosas (amêndoa sem pele, principalmente).

As **sementes de linhaça (6)** e as **sementes de chia (7)** são mucilaginosas: na presença de líquidos, incham e formam um gel resistente ao calor. Prepare-as com 10 minutos de antecedência; a seguir, bata-as antes de incorporar à receita (ver técnica, p. 124). Para dourar uma receita antes de levá-la ao forno, um pouco de leite de soja ou de leite vegetal é ideal.

Para uma omelete ou ovos mexidos, a melhor alternativa é o **tofu macio (1)**.

Nos bolos, várias soluções são oferecidas. Nas texturas tipo cake, utilize 50 g de tofu macio por ovo substituído ou a mesma quantidade de **compota de maçã (8)** ou de **banana amassada (3)**.

Jogar com os ingredientes secos também pode permitir substituir os ovos, conservando a textura macia, principalmente para receitas que usam muito líquido, como crepes ou clafoutis.

Farinha de tremoço (4), à base de uma leguminosa, tem propriedades emulsificantes ideais para as viennoiseries (como massas folhadas, brioche...) e as massas fermentadas (pães em geral).

As féculas (5) também são muito eficazes: seja amido de milho, fécula de batata ou de araruta, é preciso misturá-las com um líquido frio antes de incorporá-las à receita, para evitar a formação de grumos. Assim, em um recheio de quiche, 90 g de fécula batida com 200 ml de leite vegetal permite substituir a totalidade da receita. Para os cremes doces, eles engrossam em fogo baixo e dão textura aveludada.

Ágar-ágar (2), alga de origem japonesa, é perfeito para cremes doces, musses... Deve ser polvilhado sobre o líquido quente e levado à fervura por 1 minuto. Uma vez resfriado, sua gelificação assegura a consistência da preparação (ver técnica, p. 101).

Por fim, a confeitaria vegetariana estrita pode recorrer, para assegurar o crescimento de seus bolos, a uma mistura de leite vegetal, vinagre de sidra e bicarbonato de sódio, que compensa a falta da clara de ovo com eficácia.

Para obras especializadas em confeitaria vegetariana estrita, consulte a bibliografia no final deste livro (ver pp. 414-415).

Como substituir o queijo?

Em uma preparação, o queijo dá sabor e textura. Combinando vários ingredientes, é possível substituí-lo na cozinha vegetariana estrita.

Pela textura, o **tofu macio (1)** é perfeito, principalmente para substituir o fromage frais (queijo fresco) e o fromage blanc.

A levedura de cerveja maltada (ou levedura de malte) (2) é um fungo microscópico, rico em vitamina B12 e proteínas. Seu sabor, que lembra o do queijo, é perfeito para misturar em molhos, saladas, e pode ser usado na confecção de uma mistura para polvilhar (ver técnica, p. 124).

Por fim, os sabores fermentados do **missô (3)**, seja branco (à base de arroz), mais suave, seja vermelho, à base de cevada ou soja, enriquecem de umami as preparações, garantindo mais sabores.

Para obras dedicadas ao preparo de queijos vegetais, consulte a bibliografia no final deste livro (ver pp. 414-415).

Legumes e outros vegetais

Abobrinhas

Somente em meados do século XIX foi que os milaneses começaram a produzir abobrinhas. Nessa época, Nice fazia parte do reino da Sardenha, vizinho do reino Lombardo-Vêneto, onde nascera o legume, e rapidamente adotou e desenvolveu sua cultura. A seguir, a abobrinha conquistou a região de Provença e, depois, a França.

1. **Abobrinha verde, conhecida como abobrinha italiana do tipo cocozelle.** Para fazer salteada e recheada. Remover a casca, se for muito grossa.

2. **Abobrinha redonda one ball.** Ideal para fazer recheada.

3. **Abobrinha italiana do tipo caserta.** Bastante tenra, para fazer cozida, de preferência. A casca pode ser um pouco amarga.

4. **Abobrinha amarela (variedades douralita, gold rush...).** Bastante tenra e de sabor doce, ideal para preparar crua, sem descascar.

5. **Abobrinha redonda gioconda.** Ideal para rechear.

6. **Abobrinha italiana verde, conhecida como abobrinha zucchini.** Para cozinhar.

7. **Abobrinha bicolor.** Adocicada e com poucas sementes, pode ser degustada crua ou cozida.

Legumes e outros vegetais

Tomates

Fruta para a botânica, legume para a culinária, pouco importa! Regra de ouro: nunca conservar tomates no refrigerador, para preservar seus sabores.

1. Tomate black zebra ou kumato. Tomate negro menos saboroso que o Negro de Crimeia, porém, com a polpa mais firme.

2. Tomate amarelo (tipo saint vincent). Tomate amarelo com gosto equilibrado entre o doce e o azedo, para ser degustado cru, de preferência.

3. Rosa de berna. Doce e perfumado, bastante suculento, para usar em saladas ou molhos.

4. Andino cornudo (ou tomate cornudo dos andes). Com polpa densa e poucas sementes, ideal para passatas e tomates confitados.

5. Tomate-pera amarelo. Bastante frutado e doce, perfeito para aperitivos.

6. Tomate-cereja. Verdadeira cereja doce, faz molhos deliciosos.

7. Red zebra. Versão vermelha do green zebra, raramente excede os 100 g.

8. Coração de boi. Pode ser reconhecido pela ponta e forma bastante característica. Carnudo como se deseja, e com poucas sementes, gostoso cru ou em conserva, pois sua densidade permite preservar a textura mesmo quando preparado desse modo.

9. Green zebra. De tamanho médio, fica levemente amarelo quando maduro por completo. Sua pele um pouco espessa esconde uma polpa fresca e saborosa. Perfeito cru ou para um chutney.

10. Tomate holandês. O aroma de seu caule pode induzir ao erro. Pouco perfumado, tem textura firme e crocante.

11. Tomate abacaxi. Maior dos tomates amarelos (até 900 g), para cortar em fatias largas para uma salada.

12. Negro de Crimeia. Com poucas sementes e baixa acidez, vai bem em saladas e também em recheios.

Legumes e outros vegetais

Berinjelas

Estão presentes tanto na cozinha asiática quanto na indiana, na italiana ou na provençal.

1. Rajada, zebra ou graffiti. Gosto equilibrado, pouco marcado.

2. Berinjela redonda roxa. Densa e firme, ideal para pratos gratinados e bolinhos fritos.

3. Berinjela comum "black beauty". Bastante perfumada. Por vezes, amarga.

4. Berinjela clara "white egg". Com a polpa branca e cremosa, sem sementes e bastante doce.

5. Berinjela tailandesa longa verde. Doce e perfumada, para mergulhar em molhos ou fazer salteada com pimenta.

6. Berinjela longa roxa, conhecida como berinjela japonesa comprida. Uma das mais longas (até 60 cm), apresenta casca fina, doce e sem amargor.

Legumes e outros vegetais

Abóboras

1. Galeux d'eysine (abóbora amendoim). Pouco atraente em razão de seu aspecto, sua casca esconde uma polpa fina, tenra e adocicada.

2. Manteiga (ou butternut). Seu tamanho família e sabor, que atendem a todos os usos, fazem dela um sucesso, tanto em pratos salgados quanto doces.

3. Abóbora espaguete. Uma vez cozida, sua textura se desfia em longos filamentos, daí a origem do nome (ver técnica, p. 17).

4. Ouro de mesa (pomme d'or). Pequena abóbora individual bem doce, para rechear. Sua polpa fibrosa se adapta a sopas e gratinados.

5. Chuchu. Da família da abóbora, é tenro e consumido como a abobrinha (descascado, ralado cru ou cozido em gratinados, sopas...). Também se degustam seu caule e suas folhas, com o nome brède chouchou na Ilha da Reunião.

6 e 9. Abóbora pattypan, branca e amarela. Branca, amarela ou verde, miniatura ou podendo pesar até 3 kg, sua polpa é pouco marcada em sabor. Tira-se a poupa para recheá-la ou utilizá-la como se faz com a polpa da abobrinha.

7. Moranga. Deliciosa em sopas.

8. Abóbora hokkaido. Polpa densa e adocicada, casca fina que não precisa descascar: a abóbora hokkaido tornou-se bastante comum em alguns anos, razão pela qual possui pluralidade de usos.

10. Abóbora japonesa ou cabotiá (kabochá). Verde-bronze por fora, amarelo-alaranjado por dentro, essa pequena abóbora originária do Japão pode ser degustada em tempuras ou cozida em caldos.

11. Abóbora sweet dumpling. Verde ou laranja, com rajas verdes, sua polpa é particularmente doce e um pouco almiscarada, adaptada para geleias e tortas.

12. Abóbora acorn (também conhecida como abóbora bolota). Facilmente identificável pela forma oblonga de coração, é bastante difundida na América do Norte, onde é denominada "pepper squash", por causa do sabor marcado.

Legumes e outros vegetais

Folhas verdes e verduras

1. **Acelga verde-escura.** Com o talo branco, vermelho, amarelo ou roxo mais ou menos espesso, de acordo com a variedade, suas folhas verdes têm sabor que se assemelha ao do espinafre.

2. **Radicchio de treviso.** Da família da chicória (*Cichorium sp*), o radicchio de origem italiana é marcado pelo amargor. Para ser consumido cru, cortado em tiras finas ou graseado, como as endívias.

3. **Endívia e endívia roxa.** Variedade de chicória (*Cichorium sp*), ligeiramente amarga, cultivada à força na areia, de onde vem sua cor branca.

4. **Mache.** Um dos vegetais mais ricos em ômega 3, ácidos graxos essenciais. Consumido normalmente em saladas, também é muito bom salteado, como o espinafre, e em sucos verdes.

5. **Rúcula (na foto, do tipo selvática).** Picante e apimentada (mais ou menos de acordo com as variedades), é da família das crucíferas, de onde vem seu sabor! Faz um pesto particularmente saboroso.

6. **Mesclun (mix de folhas).** Do provençal *mesclum*, quer dizer mistura. Esta salada tipicamente niçoise comporta cinco variedades de brotos jovens (acelga, espinafre, beldroega...), folhas verdes e verduras (alface, rúcula, chicória...).

7. **Azedinha.** Com sabor acidulado, a ser consumida preferencialmente cozida (omelete, molho...), por causa do teor de ácido oxálico.

8. **Espinafre.** Seus brotos mais jovens podem ser consumidos crus, e os mais maduros, simplesmente salteados. E, apesar da lenda tenaz, não é tão rico em ferro...

9. **Agrião.** Picante e bastante aromático, é apreciado em saladas, sopas e purês, ou como erva aromática simplesmente picada para salpicar e temperar.

Legumes e outros vegetais

Outras folhas

1. Alface-romana baby (sucrine). Pequena alface de folhas estreitas, originária do sul da Europa, principalmente da Espanha. Também pode ser braseada.

2. Alface lisa. Existem mais de 1.500 variedades de alfaces! Esta é uma das mais comuns, apreciada pelo coração particularmente tenro.

3. Escarola. Da família das chicórias (*Cichorium sp*), de onde vem o sabor levemente amargo. Em Nápoles, é estufada e saboreada em pizzas ou tortas salgadas, com alcaparras e pinoli.

4. Dente-de-leão. Com sabor levemente amargo, é apreciado com ovos (moles, no prato...). As flores podem ser utilizadas em geleias.

5. Alface-romana. Alface de folhas grandes, bastante resistentes. Para experimentar também em sucos, feitos no extrator, suaves e mineralizantes.

6. Alface-crespa ou batávia. Alface bastante comum, pode ser verde ou ligeiramente em tons roxos.

Legumes e outros vegetais

Couves e repolhos

1. Brócolis. Em geral, são as flores que são consumidas, mas não se esqueça de descascar também o pé e picá-lo em cubos para saltear. Também pode ir para o extrator de sucos.

2. Couve-flor. Para degustar crua ou cozida. O gosto de enxofre se acentua com o tempo. Deve ser consumida rapidamente depois de comprada.

3 e 6. Couve-de-bruxelas. Também pode ser roxa, com gosto um pouco mais marcado. Evite cozinhá-la demais.

4. Repolho roxo. Também existe branco. Para fatiar em tiras bem finas e consumir em saladas, salteado...

5. Couve romanesca. De origem romana, para preparar como os brócolis e a couve-flor.

7. Repolho crespo de Milão ou repolho verde crespo. Suas folhas com textura o tornam mais resistente ao frio que outras variedades.

8. Repolho roxo crespo. Também existe branco. Mais suave que o roxo liso, adapta-se às mesmas receitas.

Legumes e outros vegetais

Couves e repolhos

1. Bok choy, também chamada couve pak choi ou acelga chinesa. Ainda que os talos se pareçam com os da acelga, trata-se de uma couve, e é perfeita para saltear em uma wok; tem sabor bastante suave.

2. Kai lan, também chamados brócolis chinês. Utilizado na cozinha cantonesa e vietnamita, a vapor ou salteado.

3 e 4. Couve-rábano. Nenhuma diferença entre as duas cores! As folhas são consumidas salteadas; o bulbo é degustado cru, ralado ou braseado.

5. Couve negra toscana. Variedade de folha de repolho indispensável para o preparo de ribollita (sopa de pão) e minestrone.

6. Couve kale, couve-crespa verde e roxa. Nome inglês que reúne muitas variedades de couves (repolho sem cabeça), tradicionais na França antes da guerra, resistentes ao frio e muito ricas em nutrientes. Utilizadas em sopas, sucos, chips...

7. Acelga, também chamada couve-chinesa branca, pe-tsaï. Para ser consumida crua, salteada ou marinada com pimenta.

159

Legumes e outros vegetais

Raízes tuberosas

1. Aipo-rábano. Pode ser consumido ralado cru em remoulades, purês, fritas. Não jogue fora os talos, pois podem aromatizar caldos e sal (ver técnica, p. 31).

2. Nabo bola de neve. Da família dos repolhos, pode ser braseado ou ensopado. As folhas podem ser consumidas frescas, em sopas.

3. Cerefólio de raiz ou tuberoso. Esta raiz deve ser armazenada por 2 meses no frio, para desenvolver sabor suave, evocando a castanha e a batata, por isso o preço elevado. Atenção: as folhas não são comestíveis.

4. Nabo (ou rabanete) amarelo. Suave e adocicado, indispensável para o cuscuz.

5. Pastinaca. Para consumir como cenouras ou batatas, em pratos preparados em fogo brando.

6. Raiz de salsa. Com sabor mais marcado que o da pastinaca, é preparada da mesma forma.

7. Cenoura comum (tipo alvorada). O sabor é o mais delicado.

8 e 9. Cenouras coloridas. Brancas, roxas, amarelas... Sabe-se que as primeiras cenouras eram coloridas, a laranja sendo selecionada apenas bem mais tarde. Para consumi-las cruas e aproveitar seu arco-íris!

10. Cenoura em rama (tipo brasília). Colhidas com suas ramas com a falsa promessa de legume fresco, não se conservam por mais de 2 ou 3 dias.

11. Rabanete preto. Picante e com sabor marcado, em geral é ralado e utilizado como condimento ou em pequenas quantidades em salada, para realçá-la.

12. Rabanete branco daikon. Bastante suave e crocante, pode ser consumido cru ou em caldos, até mesmo em tempura.

13, 14 e 15. Rabanete blue meat, red meat, green meat. Rabanetes coloridos, para descascar e picar em tiras finas com o fatiador de alimentos. Suaves ou picantes, muitas vezes são bem coloridos e reservam belas surpresas.

16. Rabanete rosa (ou vermelho). Suas ramas podem ser consumidas em sopas... e pode também ser glaceado na manteiga, como nabo.

Legumes e outros vegetais

Raízes tuberosas

1. Mandioca. Do Brasil e comum na África, é tóxica crua. Para preparar como purê ou frita. Dela resultam: o fufu do Congo, o attieke (acheke) da Costa do Marfim, a farinha da farofa brasileira, sem esquecer a tapioca (fécula de mandioca).

2. Rutabaga ou couve-nabo. Do cruzamento da couve com o nabo, popular nos países frios (Finlândia, Canadá), para sopas, purês ou gratinados.

3. Tupinambo (ou topinambur), alcachofra-girassol, alcachofra de Jerusalém. Quando jovem, pode ser consumida crua. Cozinhar a vapor ou na água fervente, com a casca, para retirá-la sem dificuldades, e aproveitar o leve sabor de alcachofra.

4. Batata-doce (tipo japonesa, polpa branca). Polpa densa e seca, preferivelmente para sobremesas.

5. Batata-doce alaranjada. Polpa aquosa e macia, mais rica em nutrientes que a branca. É preparada como a batata: frita, assada, ao forno, em sopas, cozidos... A folha da batata-doce pode ser consumida quando cozida.

6. Escorcioneira *(Scorzonera hispanica)*. Muitas vezes vendida com o nome cercefis (salsifis), outra raiz parente (de cor bege na parte externa), seu gosto fresco é particularmente delicado (ver técnica, p. 43).

7. Inhame. Tubérculo por vezes confundido com a batata-doce branca. Consumido comumente na África e na Oceania, a textura farinhenta e o sabor que lembra a castanha seduzem em frituras ou pratos cozidos no forno.

8. Cará, taro, macabo, inhame-coco, inhame dos Açores. Tubérculo tropical cujas folhas podem ser consumidas. A polpa branca ou roxa apresenta textura levemente glutinosa. Deve ser bem cozido, de preferência com a casca, para dissolver os cristais de oxalato de cálcio. Para ser preparado como a batata.

9. Beterrabas vermelha, rosa (chioggia), amarela. Mais ou menos doces, distinguem-se das beterrabas comuns (de grande porte, para consumir cozidas ou em picles) das beterrabas novas, menores e vendidas em maço, consumidas cruas ou cozidas.

161

Legumes e outros vegetais

Batatas

Originária do Peru, a batata conta com mais 1.000 variedades diferentes de tamanhos e cores bastante diversos.

1. Pink roseval. Firme, aquosa, desintegra-se pouco com o cozimento. Ideal para batatas a vapor, saladas.

2. Doce roxa. Polpa bem firme, para fazer chips. Conserva perfeitamente a cor com o cozimento!

3. King Edward, também conhecida como batata olho de perdiz. Umas das variedades europeias mais antigas, a textura macia funciona com todos os cozimentos (ao forno, assada, dourada, em chips).

4. Charlotte ou inglesa. Firme e com boa consistência para cozimento, perfeita para dourar e para pratos preparados em fogo brando.

5. Belle de fontenay. Firme e saborosa, ideal para saladas, batatas a vapor ou douradas.

6. La ratte. Polpa bastante firme e casca fina, mais apreciada a vapor, ainda que grandes chefs a usem para preparar purês.

7. Monalisa. Corpo macio, para gratinados ou purês.

8. Bintje. Polpa farinhenta, indispensável para purês e fritas.

9. Bolinha (tipo grenailles). Na França, as batatas colhidas antes da maturidade (seja qual for a variedade) são denominadas "novas" na época da colheita (abril-maio) até 31 de julho. Em seguida, passam a ser chamadas "grenailles". Cremosas e doces, em geral são descascadas e depois cozidas a vapor ou na água em fogo brando.

Cogumelos

Cogumelos
Ver quadro, p. 164.

1. Shiitakes, cogumelos perfumados. Ricos em vitamina D e substâncias antioxidantes, são únicos pelo sabor rico em umami. Muito utilizados nas cozinhas do leste da Ásia.

2. Trompeta (ou trombeta-da-morte, corno da abundância, orelha--de-morcego, viuvinha). O nome faz referência apenas à forma e à cor, mas não se corre nenhum risco ao degustá-los simplesmente refogados! Desidratam muito bem. Podem ser reduzidos a pó e usados como realçador natural de sabor.

3. Girolles franceses. Cogumelos selvagens com aroma frutado, precisam ser limpos com cuidado com um pincel para eliminar terra e raminhos de suas dobras. Pertencem à família dos chanterelles.

4. Pleurotus rosa e 8. Pleurotus amarelo, também chamado cogumelo-ostra. O pleurotus é mais frequentemente acinzentado (não ilustrado) e representa cerca de 25% dos cogumelos cultivados no mundo. Rico em fibras e proteínas vegetais, assim como antioxidantes, é consumido bem cozido. O pleurotus rosa é mais firme e levemente amargo, e não conserva a cor com o cozimento.

5. Chanterelles ou cantarelos. Menos perfumados que os girolles, podem ser reconhecidos pelo chapéu castanho e são preparados da mesma forma.

6 e 7. Shimeji preto (escuro) e branco. Cogumelos cultivados, em especial, no Japão, precisam ser cozidos, senão apresentam amargor. O sabor delicado de nozes pode ser apreciado quando apenas salteado na wok ou preparado em fogo brando em molhos.

9. Enoki ou enokitake, também conhecido como cogumelo pés-de--veludo. Cogumelo cultivado principalmente no Japão e na Coreia, pode ser consumido cru, em salada ou mergulhado em uma sopa, ou rapidamente salteado. Basta cortar a base para que esteja pronto para uso.

10. Porcini. Os melhores representantes da saborosa família dos boletus, com textura densa e particularmente saborosa. Podem ser grelhados, refogados, secos e mesmo preparados em conserva.

11. Champignons ou cogumelos-de-paris. Da família dos agaricus, os cogumelos desse tipo são os mais cultivados do mundo. Pequenos (cogumelo-botão) ou com chapéus imensos, podem ser brancos, mais suaves, ou castanho-rosados (como aqui), mais perfumados. Em todos os casos, escolha aqueles cujo pé não foi cortado, para ter certeza de que é fresco e tem procedência.

Cogumelos secos
Ver quadro, p. 165

1. Porcini. Apresentados sempre em fatias e nunca inteiros, para garantir boa desidratação.

2. Fungo branco (tremella). Tradicional na cozinha chinesa, é utilizado em sopas para engrossar.

3. Shiitakes. Um dos raros casos em que a desidratação exalta o sabor. Para utilizar em sopas e caldos.

4. Cogumelos negros, também denominado orelha-de-judas. Muito utilizados na cozinha chinesa, esses cogumelos quase insípidos apresentam surpreendente textura gelatinosa, elástica e firme.

5. Cogumelo morchella (também chamado morilles). Degustado fresco na primavera, desidrata particularmente bem. Atenção: precisa passar por cozimento de no mínimo 20 minutos, pois pode ser tóxico.

Cogumelos

Cogumelos

Arroz

1. Arroz "thaï", tailandês, também conhecido como arroz jasmim. Com grãos longos, delicadamente perfumado, é o arroz mais exportado no mundo.

2. Arroz glutinoso. Rico em amilose e amilopectina, serve de base para inúmeras receitas vietnamitas, japonesas, chinesas e coreanas, em que sua textura é posta à prova. Cozido em folha de bananeira ou a vapor, em um pequeno cesto especial.

3. Arroz partido ou quebrado. Quanto mais os grãos de arroz estão quebrados, mais liberam amido. Permitem preparar a baixo custo caldos e sobremesas, principalmente na África e na Ásia.

4 e 5. Arroz basmati integral e basmati branco (refinado). Originário da Índia e do Paquistão, este arroz particularmente reputado é envelhecido por 1 ano após a colheita, para apurar todo seu sabor. Em hindi, "basmati" significa "rainha do perfume". Seus grãos bastante finos se alongam com o cozimento e não grudam.

6. Arroz longo (agulhinha) pré-cozido, também chamado arroz parboilizado. Essencialmente produzido nos Estados Unidos. Pré-cozido a vapor, é firme e tem gosto pouco marcado.

7. Arroz bomba ou arroz de Valência. Indispensável para a paella, este arroz de grãos curtos pode dobrar de volume com o cozimento, sem grudar. Dê preferência àqueles de denominação de origem protegida "Calasparra".

8. Arroz para sushi (também chamado arroz japonês). O *Oryza sativa japonica* é cultivado essencialmente na Califórnia (Estados Unidos) e na Itália, a produção japonesa sendo quase integralmente consumida no próprio país. Os grãos são curtos, absorvem bem a água e liberam o amido.

9. Arroz para risoto. Aqui, vialone nano, o menor e mais saboroso. De grãos curtos, que absorvem a água liberando o amido: produzidos na planície Padana, esse arroz de variedades arbóreo, carnaroli ou vialone nano é um dos segredos de um risoto bem-sucedido.

10. Arroz vermelho de camargue. Protegido por uma IGP,* é cultivado somente na agricultura orgânica. Bastante firme, fica bem saboroso preparado ao modo pilaf.

11. Arroz negro, também conhecido como "arroz proibido". Originário da China e reservado ao imperador (por isso a origem do nome), também é cultivado na Itália. Sua textura permanece sempre firme.

12. Zizânea, chamado arroz selvagem. Planta aquática não pertencente à família do arroz, cresce nos Estados Unidos e no Canadá. Tradicionalmente colhido pelos ameríndios, é particularmente rico em proteínas.

* Sigla de Indicação Geográfica Protegida (Indication Géographique Prótegée em francês; Protected Geographical Indication ou PGI em inglês). Trata-se de uma classificação regulamentada pela União Europeia relativa a produtos agrícolas ou gastronômicos tradicionalmente produzidos em uma região. (N. E.)

Derivados de arroz

Ver quadro, p. 168.

1. Flocos de arroz. Arroz pré-cozido, cortado e prensado em flocos. Para utilizar em biscoitos.

2. Arroz tufado. Para utilizar em granolas e receitas para o café da manhã.

3. Biscoito de arroz. Natural, com gergelim ou milho, pode substituir o pão.

4. Folhas de arroz. Folhas de arroz ultrafinas, precisam ser hidratadas (ver técnica, p. 54) para rechear, enrolar e preparar nems, rolinhos primavera... Existem em diversos diâmetros e até mesmo em formato quadrado no Vietnã.

5. Tteok, tipo de bolo de arroz coreano. Colocar de molho por 30 minutos antes de cozinhá-lo por 20 minutos em molho bem temperado.

6. Vinagre de arroz negro. Feito a partir da fermentação do arroz glutinado, é bastante forte e doce. Utilizado para temperar e servido com raviólis chineses.

7. Vinagre de arroz. Suave e perfumado, é indispensável para temperar o arroz do sushi. Para experimentar também com picles.

8. Leite de arroz. Bebida vegetal à base de arroz cozido ou cru, com adoçante ou não. O sabor neutro e leve é apreciado tanto em pratos salgados quanto doces (ver técnica, p. 58).

9. Creme vegetal à base de arroz. Para comprar em caixa UHT, essa mistura de farinha de arroz, óleos vegetais e água é um substituto do creme de leite UHT.

10. Noodles de arroz. Difundidos em toda a Ásia, de formas e diâmetros variados. É aconselhável colocá-los de molho em água fria por 30 minutos antes de cozinhá-los na água fervente, para evitar que grudem.

11. Macarrão (bifum) de arroz. Muito simples de preparar, basta colocá-lo de molho por 10 minutos em água fervente, fora do fogo. Para utilizar em saladas, rolinhos primavera...

12. Massas tipo corneto, caracol ou cotovelo. O arroz, sendo naturalmente sem glúten, também foi adotado para preparar massas italianas.

13. Farinha de arroz. Branca e semi-integral, naturalmente sem glúten.

14. Sêmola (ou cuscuz) de arroz. Utilizada para alguns tipos de cuscuz, principalmente na África.

Arroz

Arroz

Cereais

Trigo

1. Freekeh. Grãos de trigo verde imaturo secos ao fogo a lenha, com gosto levemente defumado, tradicionais no Oriente árabe (Maxerreque).

2. Trigo mole. Especificamente utilizado para germinar.

3. Triguilho (ou bulgur) grosso. Trigo duro pré-cozido no vapor, seco e depois triturado. Pode ser encontrado em diferentes granulometrias (fino, médio, grosso), integral ou feito a partir do trigo sem casca.

4. Farinha T150,* também chamada de farinha integral. Rica em fibras. Para escolher, sempre orgânica.

5. Farinha T80, também chamada de semi-integral.

6. Farinha T55, também chamada de farinha branca.

7. Triguilho (bulgur) fino. Este é o recomendado para os quibes.

8. Sêmola fina. Trigo moído, peneirado e pré-cozido, de granulometrias diferentes. A sêmola fina permite fazer nhoque, massas... Pode ser cozida a vapor ou simplesmente inchada com água fervente, quando pré-cozida.

9. Moghrabieh (cuscuz libanês). Literalmente "que vêm do Magreb", essas pequenas esferas de sêmola são preparadas como cuscuz no Líbano.

10. Fregola sarda. Massas da Sardenha enroladas manualmente misturando sêmola de trigo duro e água, secas e tostadas no forno.

11. Gérmen de trigo. Parte do grão que contém o embrião da futura planta, rico em sais minerais, micronutriente e vitaminas. Pode ser encontrado sob forma de óleo de gérmen de trigo ou como aqui, em flocos, para polvilhar sobre alimentos crus, sopas,...

12. Seitan. Feito a partir de glúten puro e temperos, esta massa cozida em um caldo é utilizada em preparações como substituta da carne animal. Trata-se de uma criação dos monges budistas, retomada posteriormente pelo macrobiotismo (ver técnica, p. 69).

13. Glúten puro. Utilizado para fabricar seitan ou ser acrescido a certas farinhas com baixo teor de glúten, para lhes permitir crescer mais facilmente.

14. Massas para lasanha. Massas alimentícias à base de sêmola de trigo duro. As pré-cozidas permitem cozinhar diretamente o prato no forno; as tradicionais devem ser branqueadas por 5 minutos em água fervente e, depois, escorridas.

15. Fusilli integral. As massas podem ser feitas à base de farinha integral, para uma digestão mais lenta e mais rica em nutrientes.

* Esta tipificação – assim como a T80 e a T55 – é adotada no mercado europeu. (N. E.)

Cereais

Cereais sem glúten

Pseudocereais e cereais sem glúten

Os alimentos listados abaixo não contêm glúten naturalmente. Entretanto, podem ser contaminados por outros cereais quando do cultivo, do transporte ou da manutenção. Pessoas sensíveis ao glúten ou com doença celíaca devem sempre procurar na embalagem a informação "Não contém glúten". Estão agrupados aqui pseudocereais sem glúten, assim como féculas e sêmolas de plantas que permitem cozinhar sem glúten.

1, 2 e 3. Quinoa branca, vermelha e preta. Pseudocereal oriundo de uma planta da mesma família da beterraba e do espinafre, cresce nos planaltos da América do Sul e era designada pelos incas como "a mãe de todos os grãos". É a natureza de suas proteínas (15%) que a torna particularmente interessante no âmbito da alimentação vegetariana estrita: contém todos os aminoácidos essenciais, assim como a soja, o cânhamo, o amaranto e o trigo-sarraceno. Sua variedade de cores reflete diversidade de sabores (ver técnica, p. 75).

4. Trigo-sarraceno. O sarraceno (também conhecido como trigo mourisco) cresce em lugares frios e é da mesma família do ruibarbo e da azedinha. Sem glúten, fácil de digerir, por muito tempo foi o cereal dos pobres. Seu grão é cozido simplesmente na água, seja ele inteiro, como aqui, ou tostado previamente, como a kasha, nos países do Leste Europeu.

5. Sobá japonês. Esse tipo de massa é bastante quebradiço quando feito unicamente com sarraceno. Verifique sempre em sua etiqueta: eles podem ser feitos com base em uma mistura de trigo e sarraceno.

6. Farinha de trigo-sarraceno. Tem sabor de avelã e serve para fazer bolinho e crepes, tanto na Bretanha como na China.

7 e 8. Milheto dourado e castanho, também chamado painço. O milheto pode reagrupar toda uma variedade de gramíneas de pequenos grãos que crescem em zonas secas da África e da Ásia. Consumido em caldos ou em bolinhos e crepes, o mais comum é o milheto pérola **(7)**, particularmente leve para digerir. O milheto castanho ou vermelho é, na verdade, um milheto com casca **(8)**, cuja textura fica crocante. É particularmente rico em dióxido de silício e mineralizantes.

9. Fonio ou painço africano. Os grãos de fonio são bem pequenos (1,5 mm, ou seja, 2.000 grãos por grama). É preparado em caldos, cuscuz... como se faz com a sêmola.

10. Amaranto. Bastante reputado na cultura asteca, depois mexicana, este minúsculo grão (cerca de 1 mm) atualmente caiu no gosto popular. Cozido, adquire consistência ligeiramente gelatinosa e também pode ser saboreado como pipoca. Rico em lisina, aminoácido ausente na maioria dos cereais, é igualmente rico em proteínas (13%).

11. Tapioca. Fécula oriunda da mandioca, apresenta-se sob forma de pequenos grãos, com textura gelificante em contato com líquidos. É utilizada para engrossar sopas e sobremesas, principalmente na Ásia e no Brasil. Sagu são bolinhas de tapioca preparadas como sobremesa e em sopas.

12. Araruta. Fécula extraída do rizoma de uma planta tropical, dissolve-se particularmente bem em todas as bebidas vegetais, podendo substituir os ovos e a farinha para engrossar receitas.

13 e 14. Farinha de milho e sêmola de milho branco. O milho pode ser roxo, amarelo, vermelho... Moído mais ou menos fino, pode ser farinha ou sêmola. Em bolos, a farinha dá sabor amanteigado e cor amarela apetitosa, assim como textura mais firme. Na Itália, a sêmola de milho, amarela ou branca, de sabor mais fino, é utilizada para preparar a polenta (ver técnica, p. 71). É encontrada mais comumente pré-cozida.

Cereais

Cereais com glúten

1. Grão de aveia. Grãos de aveia simplesmente desprovidos de suas cascas mais externas (3). A originalidade está na riqueza de fibras, que têm efeito sobre o colesterol sanguíneo e regulam a absorção de carboidratos.

2. Flocos de aveia. Pré-cozidos ou não, pequenos ou de tamanhos mais generosos, os flocos de aveia consistem em grãos finamente fatiados e, em seguida, prensados. Origem dos mingaus ingleses, também são usados em massas para tortas, bolos, pães irlandeses...

3. Farelo de aveia. Casca externa da aveia, o farelo é utilizado para reforçar as taxas de fibras das receitas e reduz o colesterol.

4. Creme vegetal de aveia. A aveia cozida torna-se cremosa quando misturada com água e permite o preparo do leite vegetal ou de cremes para coberturas.

5. Einkorn. A espelta (não ilustrada) é um cereal de países frios, enquanto o einkorn cresce na Alta Provença, onde o trigo não se desenvolve em razão das condições climáticas. Ancestral rústico do trigo, seu grão é revestido (ou seja, envolto por uma casca fibrosa) e precisa ser descascado antes do consumo. Menor que um grão de espelta, não apresenta aquela fenda longitudinal, diferentemente de seu primo, e tem gosto de avelã bastante típico. Espelta e einkorn são cozidos como o trigo, sendo a espelta mais firme.

6. Farro. Espelta italiana da Toscana, o farro era conhecido desde os etruscos. Esta denominação reagrupa tipos de grãos antigos, frequentemente confundidos, mas muito próximos em termos de sabor. Recomenda-se deixá-lo de molho por 3 horas antes de cozinhar.

7. Flakes de espelta (cereal de espelta). Pétalas de espelta crocantes, para usar em granolas ou consumir no café da manhã.

8. Farinha de espelta. Mais rica em nutrientes que a farinha de trigo, permite preparar excelentes pães, assim como massas saborosas (13).

9. Bulgur (triguilho) de espelta. Lenta para cozinhar, a espelta assim triturada e pré-cozida permite ganhar tempo. Esse preparo salienta sua proximidade com o trigo.

10. Farinha torrada de cevada, também conhecida como café d'orzo (café de cevada). Torrados e depois finamente triturados, alguns grãos como o de cevada e de espelta são utilizados como substitutivos do café... sem teína. Essas bebidas são particularmente populares na Itália, no Japão e na Coreia.

11. Cevada perolada (refinada ou polida). A cevada é um cereal revestido. Para facilitar seu consumo, é polida: quando seu invólucro externo é removido e se preserva a casca mais próxima ao grão, é chamada simplesmente de cevada. Quando é polida até ficar somente a amêndoa, então é chamada de "cevada perolada". A cevada perde parte das fibras e dos nutrientes com o polimento, mas ganha em facilidade de cozimento.

12. Vinagre de malte. Os grãos de cevada germinados permitem a fabricação do malte, utilizado na cerveja, nos uísques, mas também para estimular o crescimento de certos pães. O suco de cevada germinada pode fermentar e se tornar, assim, um vinagre particularmente saboroso. Tendemos a nos esquecer de que os cereais podem virar vinagre!

13. Massa de espelta. Ver (8).

14 e 15. Farinha de centeio e centeio em grãos. Cereal rústico, o centeio foi abandonado na França. Menos rico em proteínas que o trigo, é interessante pelos teores de cálcio e potássio, e permite a feitura de pães saborosos, que se conservam bem. Também é utilizado na fabricação do pain d'épice (pão de especiarias) francês, com mel e especiarias.

Cereais

Leguminosas

Leguminosas

Favas, grãos-de-bico e ervilhas

1. Indiano escuro (daria, desi chana ou kala chana). Também conhecido no comércio como chana dal, este pequeno grão-de-bico indiano escuro é consumido principalmente descascado, pois sua casca é muito grossa.

2 e 3. Grão-de-bico e grão-de-bico preto. É a leguminosa mais rica em proteínas. Pode ser branco, creme ou mesmo preto e de diversos tamanhos, conforme a origem. Antes de consumi-lo cozido, experimente germiná-lo (por 1 ou 2 dias), para facilitar a digestão.

4. Fava seca (favas tipo europeias secas). Apreciada no Oriente Médio e principalmente no Egito e no Líbano, é consumida inteira tanto no café da manhã quanto na sopa e leva bastante tempo para cozinhar. Descascada e quebrada, também é usada no preparo de faláfel.

5 e 6. Feijão-fava e feijão-fava partido (pode ser encontrado como favarola). Pequena leguminosa consumida no Magrebe, precisa ficar de molho antes de ser cozida como uma vagem. Descascada, é utilizada no preparo de faláfel.

7. Fava-branca, também conhecida como feijão-de-lima ou garrafon. Apesar do nome, trata-se, na verdade, de uma vagem. Coloque-a de molho para retirar a casca grossa e descubra sua textura suave e untuosa. Ingrediente indispensável da paella, é muito usada também nos países latino-americanos e nas Antilhas, na forma de croquetes.

8 e 9. Ervilha seca e ervilha quebrada (ou partida). Trata-se de uma ervilha colhida madura, quando seu grão é maior e mais rico em amido! Pode ser amarela ou verde e é preparada como a lentilha. Quando descascada, a ervilha quebrada parte-se em dois, tornando-se mais fácil de cozinhar. Desmancha-se facilmente no cozimento, sendo consumida principalmente em sopas e purês.

Vagens e lentilhas

1. Feijão-azuqui. De origem japonesa, esse pequeno feijão, depois de cozido a vapor, é cristalizado com xarope de açúcar, servindo como recheio para bolinhos de farinha de arroz. Seu sabor se parece bastante com o da castanha.

2. Toor dal, também conhecida como ervilha-de-pombo ou lentilha amarela. Da família das ervilhas, é vendida sem casca e sem brotos. Muitas vezes, por causa do modo de preparo, é confundida com a lentilha! É um dos dals mais populares e saborosos da Índia.

3. Lentilha coral. Descascada, tende a desmanchar durante o rápido cozimento (15 minutos), sendo utilizada em purês e sopas.

4. Feijão-branco. Feijão branco de tamanho médio, como o cannellini italiano. É utilizado no baked beans, por exemplo.

5. Feijão borlotti. Da família dos feijões de casca branca, com manchas rosas ou vermelhas, tem gosto especialmente delicado.

6. Lentilha negra. Pequena lentilha de textura firme, possui cor acinzentada espetacular depois de cozida.

7. Feijão flageolet (feijão-verde seco). Feijão-branco colhido antes de amadurecer por completo, possui cor e casca finas. Encontrado principalmente na França.

8. Feijão-preto. Comum na América do Sul, especialmente no preparo de frijoles e acompanhado por arroz. Também é consumido no País Basco.

9. Lentilha marrom. Maior e mais barata de todas, mas menos saborosa, é usada em sopas.

10. Feijão-frade, também chamado de feijão-fradinho e feijão-de-corda. Feijão pequeno e macio, comum tanto na Sicília quanto na África, no sul dos Estados Unidos e na Ásia, especialmente no Vietnã. Pode ser preparado salgado ou doce.

11. Feijão-vermelho. De textura firme, conserva o formato após o cozimento. Encontrado principalmente no hemisfério Norte, na forma de cozidos preparados em fogo brando.

12. Lentilha verde (lentilha francesa). A mais famosa é a de Puy, primeira leguminosa seca protegida por uma AOC* em 1996. De casca fina e com gosto de avelã, tem a grande vantagem de não desmanchar durante o cozimento.

---

* Sigla de Appellation d'Origine Contrôlée. Refere-se a uma designação atribuída a certos produtos agrícolas, vinhos e queijos considerando a localização geográfica de origem. (N. E.)

Leguminosas

Soja

Soja falsa

É preciso fazer alguns esclarecimentos sobre essa leguminosa, já que muitas vezes é chamada erroneamente de "soja".

1 e 3. Feijão-mungo e broto de feijão-mungo. Também conhecido como "feijão-rajado" e "mood" em híndi, foi chamado "soja verde" por muito tempo. O feijão-mungo não pertence à mesma família da soja, apesar da semelhança dos grãos. É utilizado descascado ou como farinha no preparo de crepes e de dals indianos. Quando germinado, muitas vezes é vendido como "broto de soja", algo que não é!

2. Feijão urido sem casca. Como seu grão inteiro é preto, muitas vezes é chamado "soja preta" ou "lentilha preta", mesmo que o grão branco descascado seja o mais comum. Tanto pela cor quanto pela textura levemente viscosa quando cozida, é uma das leguminosas mais apreciadas na Índia. Como farinha, é utilizado no preparo de dals, de dosas e de outras panquecas de massa mais grossa (galette).

Soja

1. Tofu defumado. Defumado com madeira de faia ou aromas líquidos, este tofu é firme e adapta-se a pratos de inverno e sanduíches. Por causa do gosto, é a opção ideal para um primeiro contato com o tofu.

2. Tofu lactofermentado. Preparado com leite de soja fermentado, é mais rico em probióticos e possui sabor mais acidulado e mais parecido com o do queijo que o tofu firme. Pode ser usado puro, com azeitonas ou tamari.

3. Tofu firme natural. Por causa da consistência após ter sido escorrido e prensado (ver p. 88), pode ser cortado, frito e marinado sem desmanchar. Também pode ser encontrado com sabor de mostarda, de ervas...

4. Tofu macio. Por ser cremoso e untuoso, é utilizado em molhos, sobremesas e cremes. Possui sabor menos marcante que o do tofu firme.

5. Leite de soja. Natural ou com sabor de baunilha, muitas vezes é enriquecido com cálcio ou adoçado. Verifique no rótulo se o produto é adequado a você (ver p. 86).

6. Saquinhos de tofu fritos. Também conhecidos como abura-age. Para eliminar o óleo excedente, mergulhe-os em água fervente por 1 minuto e depois os escorra. Partidos em dois, formam um saco que pode ser recheado com, por exemplo, arroz de sushi (os inaris sushis). Também podem ser cortados e adicionados em sopas, cozidos...

7. Casca seca de tofu (yuba). Trata-se da fina camada que surge durante a produção do leite de soja (como a camada de nata, quando se aquece o leite de vaca) e que é desidratada a seguir. Encontrada sob vários formatos – dobrada em folhas, em rolinho ou mesmo congelada –, deve ser levemente hidratada antes de ser preparada, para ficar mais leve e cozinhar rapidamente em sopas e cozidos. Depois de frita, fica crocante, sendo muito utilizada também na cozinha tradicional dos monges budistas como substituta para a carne. No preparo de sushis, pode substituir a alga nori.

8. Grãos de soja amarela descascados. Os grãos de soja amarela inteiros são preparados como vagens secas; já os descascados são utilizados no preparo de leite de soja, base de vários derivados.

9. Soja preta. Possui casca grossa e preta e é rica em polifenóis antioxidantes. Na China e no Japão, é utilizada no preparo de um patê fermentado muito aromático, usado nas sopas e marinadas.

10. Proteína de soja texturizada. À base de farinha de soja, é especialmente rica em proteínas. Disponível em vários tamanhos e formas (para preparar, ver p. 91).

11. Edamame. Soja fresca em vagem, deve ser fervida inteira por 10 minutos antes de ser consumida morna ou fresca. Na maioria das vezes, é encontrada cozida e congelada. Descascada, pode ser consumida no arroz, em sopas ou como aperitivo.

12. Macarrão de soja. Apesar do nome, estes macarrões são feitos à base de feijão-mungo, leguminosa verde chamada por muito tempo de "soja verde" (ver técnica, p. 81, sobre o cozimento).

13. Kinako (farinha de soja torrada). Farinha de grãos de soja torrados muito saborosa, mas com tendência a ficar rançosa. É utilizada em panquecas, biscoitos...

14. Creme de soja. Opção ao creme de leite, à base de leite de soja, óleo e espessantes.

15. Tempeh. Fermentados por um fungo, esses brotos de soja cozidos transformam-se em um bloco compacto com filamentos brancos, com gosto de cogumelo, avelã e queijo: especialidade indonésia muito diferente do tofu, com textura densa (para prepará-lo, ver técnica, p. 93).

16. Molho de soja. Este é o nome de vários molhos com diferentes cores e sabores conforme a fabricação, a composição e a fermentação: os molhos chineses, coreanos e japoneses são, portanto, muito diversos. Porém, é preciso diferenciar o tamari do shoyu: o tamari, mais forte, contém somente grãos de soja. O shoyu, mais comum, também contém trigo: é preciso tomar cuidado com o molho de soja nos casos de intolerância ao glúten. O shoyu pode ser claro ou escuro: o claro, utilizado em sopas e molhos, é mais salgado. O escuro é utilizado principalmente nos pratos preparados em fogo brando.

17 e 18. Missô branco (shiro miso) e missô vermelho (hatcho miso). Resultado da fermentação da soja com algum cereal (arroz, trigo, cevada...) e koju (cultura de fungos microscópicos), esta massa untuosa não possui sabor concentrado extraordinário. Sua utilização mais conhecida é na sopa de missô. O mais suave é à base de arroz (shiro miso), e o mais forte é o de soja (hatcho miso). Rico em nutrientes, é utilizado na sopa, na marinada... Pelo gosto formidável, é indispensável na cozinha vegetariana.

Soja

Algas

1. Dulse. Típica da Bretanha, macia, com leve sabor de avelã e iodo. De textura um tanto firme, pode ser consumida crua, em tiras bem finas ou cozida a vapor. Tradição na Irlanda, na Islândia e na Escócia.

2. Wakame. Alga carro-chefe da cozinha japonesa, está presente na sopa de missô e em saladas. É cultivada também na Bretanha. Rica em cálcio e fibras, a textura macia e o leve gosto de ostra agradam a muitos.

3. Espaguete do mar. Alga castanha com gosto iodado, muito popular na França. Depois de hidratada, pode ser utilizada em saladas ou cozida como vagem (10 minutos a vapor). É rica em vitamina C.

4, 5 e 6. Nori japonês, nori bretão e folhas de nori japonês. Também conhecida como pórfiro, é a alga mais consumida no mundo. Vermelha quando está fresca, e preta ou arroxeada quando seca, pode ser encontrada picada, cortada em tiras finas e em folhas. Seduz com o sabor defumado e iodado, sendo usada no preparo de omeletes, molhos... Muito comum no Japão, também é bastante presente na Bretanha, local em que sua cultura se desenvolveu muito. Contém 47% de proteínas e é a alga que enrola o maki (ver técnica, p. 56).

7. Spirulina. Microalga azul, vive em certos lagos de água doce e alcalina, sendo rica em bicarbonato de sódio. Excepcionalmente rica em proteínas, faz parte dos "superalimentos" e é consumida mais pelo valor nutricional que pelo gosto. Pode ser adicionada em temperos (gomásio), smoothies ou sopas frias.

8. Chlorella. Alga microscópica unicelular de água doce rica em proteínas, clorofila e ácidos graxos do tipo ômega 3, famosa por ser desintoxicante. Usada em quantidades pequenas nos smoothies verdes.

9. Musgo da Irlanda. Alga vermelha com fortes propriedades gelificantes e espessantes, é utilizada na indústria alimentar na extração de carrageninas. Em pó, é usada no preparo de géis, musses, sobremesas, especialmente nas receitas vegetarianas estritas e veganas.

10 e 11. Ágar-ágar em pó e ágar-ágar em tiras. Alga vermelha microscópica do Japão, utilizada desde o século XVII. Pelas propriedades gelificantes, pode substituir a gelatina na cozinha. É mais fácil utilizá-la em pó que em filamentos (para uso e dosagem, ver técnica, p. 101).

12 e 13. Kombu real do Finistère e kombu real japonês. Grande alga escura, apelidada "cinto de Netuno", é a mais importante fonte de iodo conhecida. Explorada pela indústria alimentar por produzir alginas, é considerada a alga mais nobre no Japão. Carnuda, crocante, sempre é consumida cozida. É dela que vem o gosto do dashi, caldo japonês (ver técnica, p. 97). Utilizada para facilitar o cozimento de leguminosas e também aromatizá-las por possuir alto teor de glutamato. Torna-se uma iguaria requintada quando confitada no molho de soja e no saquê. Quando seca, a kombu pode apresentar manchas brancas, chamadas "flores de kombu". Como sua qualidade depende da concentração de sacarídeos e de ácido glutâmico, nunca a lave antes de utilizá-la.

14. Alface-do-mar fresca. Chamada de aosa no Japão, seu gosto evoca a azedinha. Pode ser utilizada inteira para enrolar ou picada em pratos tipo molhos, sopas...

181

Sementes e oleaginosas

Sementes e oleaginosas

Oleaginosas (frutos secos em casca)

1. Amêndoa. Com ou sem casca, é rica em proteínas e lipídeos e serve para o preparo de um leite vegetal delicioso (ver técnica, p. 122), sopas, massas...

2. Castanha-de-caju. Cultivada na Índia, na África e no Vietnã, a castanha-de-caju crua não tem muito gosto, mas sua textura é macia. Muito utilizada na culinária vegetariana estrita e vegana, substitui produtos à base de leite (cremes em especial, ver técnica, p. 120).

3. Castanha-do-brasil. Também chamada de castanha-do-pará, é a mais rica de todas em selênio. Cuidado: algumas podem ser amargas; não as consuma.

4. Pistache com casca. Verde ou vermelho, é indispensável na culinária grega e oriental. Produzido na Turquia, na Sicília (o delicado pistache de Bronte) e no Irã (o mais famoso), pode ser servido torrado e salgado como aperitivo.

5. Noz-pecã. Muito rica em lipídeos (72%), é indispensável na culinária do sul dos Estados Unidos. A nogueira-pecã é, na verdade, símbolo do Texas.

6. Amendoim. Paradoxalmente, o amendoim não é uma oleaginosa, mas uma leguminosa! Mas tende a ser considerado noz na culinária, pelo teor raro de lipídeos (49%). Cru e com casca, pode ser cozido em água fervente e consumido em saladas, como na Ásia e na África. Tostado e depois salgado, pode ser salpicado em várias saladas e utilizado no preparo de manteiga vegetal muito saborosa.

7. Macadâmia. Originária de Queensland, no nordeste da Austrália, fica rançosa facilmente. Por isso, compre em pequenas quantidades. Evite comprá-la com casca, pois é extremamente dura e difícil de quebrar com utensílios domésticos.

8. Noz de Grenoble (nozes mariposas, comuns). Apesar de a noz de Grenoble e a noz do Périgord serem protegidas por AOP,* é possível encontrar nozes desse tipo nos Estados Unidos. Certas variedades são cultivadas por seu óleo, e outras como frutos secos para decoração de mesa. Como fica rançosa rapidamente, é melhor quebrá-la na hora do uso ou comprar pequena quantidade de miolo, que deve ser conservado na geladeira.

9. Avelã. Embora a maior produção seja a turca, a avelã mais usada pelos confeiteiros é a italiana, especialmente a do Piemonte.

Sementes
Ver p. 184.

1. Semente de abóbora. Com gosto de pistache impressionante, fica ainda mais saborosa depois de tostada.

2. Semente de cânhamo sem casca. De sabor suave e original, seu teor balanceado de ácidos graxos essenciais – ômega 3 e ômega 6 – corresponde perfeitamente às nossas necessidades, tornando-a muito benéfica. O teor da substância psicoativa THC é muito baixo, o que a diferencia bem da cannabis. É salpicada nos pratos ou utilizada no preparo de bebidas vegetais.

3. Semente de girassol. Uma das mais baratas! Germine-a antes de salpicá-la em suas saladas e evite torrá-la, para que não perca o valor nutricional.

4 e 5. Gergelim preto e gergelim branco (sem casca). Fósforo, magnésio, proteínas... Não é por acaso que o gergelim é símbolo de imortalidade! A semente pode ser marrom quando inteira, branca quando descascada ou preta (com mais aroma de almíscar). É a base do tahine, pasta de semente de gergelim, e do gomásio, substituto do sal (ver técnica, p. 119).

6. Semente de papoula. Muito consumida nos países do Leste Europeu, esta semente preto-azulada, além de cobrir pães e biscoitos, é adicionada na massa de bolos tradicionais da Áustria, da Polônia e da Hungria.

7. Semente de linhaça. Tanto a linhaça marrom quanto a dourada atraem pelos altos teores de ômega 3. Porém, para que não fique rançosa, só pode ser moída no momento do consumo. Mucilaginosa, forma um gel em contato com a água, podendo substituir o ovo (ver técnica, p. 124).

8. Chia. Minúscula semente marrom ou branca originária da América Central, contém 20% de ômega 3. Mucilaginosa, serve para engrossar os pratos, podendo substituir o ovo.

9. Junça (tiririca ou chufa). Rica em fibras, a junça é um tubérculo redondo naturalmente doce. Utilizada há séculos na Espanha no preparo da horchata de chufa, é encontrada na forma de farinha e no Magrebe também. E, apesar do nome, não se trata de uma noz!

---

* Sigla de Appellation d'Origine Protégée. Essa designação, definida pela União Europeia, é conferida a itens produzidos e desenvolvidos em uma área geográfica específica, de acordo com a tradição dos produtores locais. (N. E.)

Sementes e oleaginosas

Gorduras vegetais

Coco e derivados
Ver p. 186.

O coco é um oleaginoso com propriedades excepcionais utilizado de várias formas, especialmente na culinária vegetariana estrita e vegana.

1 e 2. Lâminas de coco e coco ralado seco. O coco pode ser cortado em lascas e depois seco no forno, levemente tostado ou simplesmente ralado e seco. Cuidado: como é muito gorduroso, pode ficar rançoso. Compre-o em pequenas quantidades e experimente antes de utilizá-lo.

3. Manteiga de coco. Polpa de coco seca batida no mixer até a obtenção de uma textura de pasta para passar no pão.

4. Óleo de coco. Extraído por pressão a frio, é sólido e rico em ácidos graxos saturados: derrete naturalmente a partir de 25 °C. Por ser estável, suporta altas temperaturas sem se degradar: é o óleo mais saudável para cozimento e fritura. Utilizado na Ásia nos cozimentos na wok, substitui a manteiga nas massas vegetarianas estritas e veganas.

5. Coco-seco. Forma mais madura (para abri-lo, ver técnica, p. 129).

6. Farinha de coco. Contém 60% de fibras e 15% de carboidratos. Obtida a partir da polpa seca, após a extração completa do óleo. Nos bolos e pães, pode ser usada com outras farinhas (no total de ¼), diminuindo bastante o índice glicêmico da preparação.

7. Açúcar de coco. Produto do cozimento da seiva das flores do coqueiro, o açúcar marrom não refinado contém zinco, potássio. Seu índice glicêmico é baixo (35), resultando em preparações mais saudáveis, com sabor caramelizado muito agradável.

8. Leite de coco em pó. Leite de coco desidratado, como o leite de vaca. Pode ser utilizado em molhos ou reconstituído com água.

9. Coco-verde. Coco de casca lisa (diferentemente do aspecto lenhoso do coco seco), do qual se consomem a água e a polpa macia (para abri-lo, ver técnica, p. 130).

10. Água de coco. Líquido naturalmente produzido no interior do coco, em grande quantidade no coco-verde (até 500 ml). Além de não conter lipídeos nem açúcar, é rica em potássio, sódio, magnésio, cálcio e fósforo, servindo, assim, como hidratante e reconstrutor.

11. Leite de coco. Preparado a partir da polpa ralada e da água, seu teor de gordura varia conforme as marcas.

12. Creme de coco. Parte com mais gordura do leite de coco. Pode ser batido em chantili (ver técnica, p. 127).

Óleos
Ver p. 187.

Por possuírem diferentes teores de ácidos graxos, os óleos degradam-se em temperaturas variadas. Respeite o ponto de fumaça* de cada um, para preservar a saúde. No caso do azeite, privilegie o extravirgem, e tente utilizá-lo não aquecido.

1. Óleo de amendoim. Não deve ser aquecido quando for virgem. Refinado, pode ser usado em frituras, pois seu ponto de fumaça é de 220 °C.

2. Óleo de girassol. Sem ser refinado, pode ser aquecido até no máximo 160 °C. Refinado, seu ponto de fumaça é de 220 °C, podendo ser usado para frituras.

3. Óleo de colza não refinado**.** Seu gosto de couve é surpreendente. Só pode ser utilizado frio.

4. Óleo de gergelim torrado. Seu sabor requintado é muito apreciado nas culinárias asiáticas. Pode ser aquecido até 210 °C, perfeito para cozinhar na wok.

5. Óleo de nozes. Só pode ser utilizado frio.

6. Óleo de semente de abóbora. Só pode ser utilizado frio. Gosto surpreendente de pistache torrado.

7. Óleo de semente de uva. Único óleo que não endurece no frio, recomendado para molhos como maionese e para conservas.

8. Óleo para fritura. Tradicionalmente à base de girassol, às vezes misturado com azeite de oliva, este óleo reservado para fritar é muito estável em altas temperaturas.

9. Azeite (de oliva). Pode ser aquecido até 240 °C. Diferenciam-se entre azeite frutado verde, frutado maduro e frutado preto, conforme a intensidade e a profundidade aromática.

10. Margarina. Gordura sólida que consiste em uma emulsão de vários óleos, água e emulsificantes. Prefira as que não contêm óleo de palma.

11. Óleo de coco. Extraído por pressão a frio, é sólido e rico em ácidos graxos saturados: a partir de 25 °C, derrete naturalmente. Por ser particularmente estável, suporta altas temperaturas sem se degradar: é o óleo mais saudável para cozimento e fritura. Utilizado na Ásia nos cozimentos na wok, substitui a manteiga nas massas vegetarianas estritas e veganas.

---

* O ponto de fumaça é o colapso da gordura; o ponto em que ela queima e perde suas propriedades, tendo seu sabor afetado e causando prejuízos à saúde de quem a consome. (N. E.)

Produtos para adoçar

Açúcares

1. Xarope de agave, também conhecido como néctar de agave. Produto do agave que serve para preparar tequila, seu poder adoçante é 3 vezes superior ao do açúcar tradicional. Composto essencialmente por frutose, este xarope é utilizado com frequência no lugar do mel nas receitas vegetarianas estritas e veganas. Atualmente, é alvo de controvérsia por ser rico em frutose, o que teria efeitos na acumulação de gorduras.

2. Xarope de arroz. Produto da fermentação do arroz integral, comporta-se como açúcar lento na glicemia e se liquefaz no cozimento. Frio, é ideal para cobrir crepes, iogurtes...

3. Xarope dourado (golden syrup). Tipicamente inglês, este açúcar invertido ambarizado é fabricado a partir do melaço. Não cristaliza e substitui o mel nas receitas vegetarianas estritas e veganas.

4. Xarope de bordo (maple syrup). Produzido a partir da seiva do bordo, seu poder adoçante é 1,4 vez maior que o do açúcar branco. Rico em vitamina B, em proteínas e minerais como zinco, cálcio, potássio e manganês, comporta 30% de água: no mesmo volume, absorvemos menos açúcar que com açúcar tradicional. Pode ser claro (de gosto mais leve), médio (gosto amadeirado forte e típico, ideal para bolos) e escuro (reservado para as marinadas e as preparações salgadas, nas quais seu lado condimentado fica maravilhoso).

5. Xarope de Liège. Produto da redução do suco de maçã e pera. É mais utilizado para passar no pão e como cobertura que para cozinhar.

6. Rapadura. Suco de cana-de-açúcar seco e, em seguida, peneirado. Não refinada, contém todos os sais minerais e vitaminas da cana-de-açúcar. Possui sabor de alcaçuz e pode ser salpicada nas frutas ou utilizada para geleias, ajudando-as a gelificar.

7. Açúcar mascavo (escuro). É obtido a partir do xarope da cana-de-açúcar cozido até a caramelização e cristalizado em seguida. A cor mais ou menos escura está em consonância com o gosto de caramelo e de rum envelhecido.

8. Açúcar demerara. Oriundo do suco de cana-de-açúcar cujo melaço foi parcialmente retirado, possui 10 vezes mais minerais que o açúcar branco e pode ser facilmente utilizado na confeitaria.

9 e 10. Açúcar branco refinado e açúcar de confeiteiro. De cana ou de beterraba, não contêm minerais nem vitaminas, somente sacarose. O açúcar de confeiteiro pode ser obtido a partir do açúcar refinado triturado no miniprocessador de alimentos.

11. Mel de laranjeira.

12. Mel de castanheira.

13. Mel de flores do campo. Produto das abelhas (e, portanto, não consumido por vegetarianos estritos e veganos), o mel é composto por glucose e frutose: conforme as espécies, a proporção desses dois açúcares varia e explica as diferentes texturas de um mel para outro. Sem sabor acentuado e bastante líquido, o mel de flores do campo é uma boa opção. O mel de castanheira, escuro e com forte sabor amadeirado, é consumido com queijos. Por fim, o mel de laranjeira, de perfume delicado, é antisséptico e indicado nas bebidas quentes.

14. Adoçante à base de stévia. A stévia, planta cujas folhas possuem gosto açucarado e de alcaçuz, é utilizada há muito tempo na América do Sul para adoçar bebidas. Retira-se seu princípio ativo adoçante, 300 vezes maior que o do açúcar comum, com o qual se produzem diferentes adoçantes. Suas propriedades resistem ao calor, mas apresenta gosto residual que não agrada a todos. Encontrada em pó, em pedaços...

15. Xilitol. Adoçante oriundo da bétula, o xilitol provoca surpreendente sensação de frescor na boca. Com poder de adoçar equivalente ao do açúcar branco, seu gosto doce aumenta no cozimento: não ultrapassar 50 g por dia, pois ele tem efeitos no trânsito intestinal.

16 e 17. Melaço e melaço de tâmara. O melaço de cana-de-açúcar é o suco que resta depois da extração do açúcar: xaroposo, com gosto de alcaçuz, levemente azedo, é rico em vitamina B, ferro e sais minerais. Também se chamam de "melaço" os xaropes escuros resultantes do cozimento concentrado de frutas, como o melaço de uva, de romã, de alfarroba, de tâmara, de figo...

18. Açúcar de coco. Produto do cozimento da seiva de flores do coqueiro, este açúcar escuro não refinado contém zinco e potássio, além de índice glicêmico baixo (35), ideal para o preparo de doces mais saudáveis, com gosto caramelizado muito agradável.

19. Açúcar de palma. Resultado do cozimento da seiva das flores do coqueiro ou do palmiste, estes açúcares escuros não refinados são ricos em minerais e possuem baixo índice glicêmico. Podem ser cozidos.

20. Açúcar preto de Okinawa. Açúcar das canas que crescem nas ilhas do Japão, este açúcar bruto, rico em vitaminas e minerais, é produto do suco de cana fervido. Disponível em lascas que podem ser derretidas ou raladas, o forte gosto de alcaçuz e especiarias lembra o açúcar mascavo.

Frutas

Maçãs

1. Reinette clochard. Maçã de mesa que se conserva particularmente bem.

2. Reineta. Suculenta e em perfeita harmonia entre o ácido e o açúcar. De mesa e usada para tortas, especialmente a Tatin.

3. Reineta cox's orange pippin. Perfumada e levemente acidulada, com gosto que lembra o da pera. Para ser consumida crua, cozida ou em suco.

4. Maçã verde (granny smith). Facilmente reconhecida pela cor, esta maçã é bem firme e crocante. A saber: a polpa escurece mais lentamente que a das outras variedades depois de cortada. Consuma-a crua, de preferência.

5. Gala. Segunda maçã mais cultivada na França, a cor vermelha cobre uma polpa muito doce, pouco ácida, para ser consumida crua ou cozida em tortas.

6. Golden delicious, também conhecida como golden. Entre as mais populares, esta "maçã que serve para tudo" é um tanto aguada e levemente perfumada.

7. Jonagold. Suculenta, doce, acidulada e grande, o que a torna muito adequada ao cozimento, pois conserva uma paleta aromática muito interessante.

8. Belle de boskoop. Rústica e firme, serve principalmente para cozinhar, em especial no forno.

9. Elstar. Sua polpa branca e açucarada é apreciada crua ou para cozinhar (não se desmancha no cozimento).

10. Rubinette (ou rubineta). Cruzamento de uma cox e de uma golden, combina ambos os sabores.

11. Topaz. Pouco doce, ácida e picante, deve ser consumida crua, de preferência.

12. Nashi, também conhecida como pera japonesa. Redonda como uma pera, a nashi é de fato... uma pera! Muito crocante, suculenta e firme, capaz de saciar a sede, se for o caso; seu sabor doce é surpreendente.

190

Frutas

Peras

1. Hardy. Variedade antiga de casca grossa, polpa muito fina e particularmente saborosa.

2. Comice. Redonda e muito suculenta, esta pera macia e açucarada serve para todos os preparos.

3. Guyot. Macia e refrescante, é usada em pratos salgados.

4. Williams. Branca, suculenta e com leve sabor de almíscar, às vezes granulosa, ideal crua ou em tortas.

5. Louise-bonne d'Avranches. Variedade de pera levemente condimentada e muito suculenta, é boa tanto crua quanto cozida.

6. Conference. É a variedade mais produzida na Europa. Delicada, macia e um pouco acidulada, pode ser consumida crua, mas também mantém o formato durante o cozimento.

Frutas

Cítricos

1. Yuzu. Originário do Japão e na moda por causa dos confeiteiros, seu suco e as raspas de sua casca evocam a tangerina murcote e a toranja com leve acidez.

2. Cidra. As raspas de sua casca e a polpa branca são utilizadas essencialmente cristalizadas. Na Itália, é degustada em fatias bem finas na salada com azeite.

3. Tangerina da Sicília. Amarela quando madura, seu aroma incrível está presente no chá Earl Grey. Fresca, seu suco e as raspas de sua casca são utilizados em balas, bolos...

4. Mão-de-buda. Esta cidra, cuja forma é muito característica, é cortada finamente e utilizada como condimento ou cristalizada.

5. Sudachi. Cítrico japonês rico em sementes e utilizado para sucos.

6. Lima-caviar, também chamada caviar cítrico da Austrália. Originária da Austrália, sua polpa é composta por bolinhas muito crocantes, que provocam uma explosão de sabores surpreendente na boca.

7. Limão kaffir (ou combava). Apesar de a folha deste pequeno e estranho cítrico rugoso também ser procurada, utilizam-se somente as raspas de sua casca, acrescentadas nos pratos no último minuto.

8. Limequat e limão do México. O limequat, cruzamento do limão verde (ver abaixo) e de um quincã, possui polpa acidulada e é saboreado com um pouco de açúcar. O limão do México (na foto completamente maduro, de cor amarela) é particularmente ácido e utilizado principalmente pela grande quantidade de óleo essencial das raspas de sua casca.

9. Limão verde (engloba os limões-galego e taiti). Suculento e refrescante, seu suco é utilizado em muitos pratos tropicais. A raspas de sua casca são muito perfumadas.*

10 e 11. Limão de Sorrento e limão-siciliano. O limão de Sorrento, protegido por uma IGP, é conhecido pela polpa macia com poucas sementes, servindo tanto para sucos, saladas cruas, quanto para preparar limoncello. Já o sucesso do limão-siciliano vem da abundância de seu suco perfumado.

12. Toranja, conhecida também como pomelo chinês. Esta é a verdadeira toranja! Frequentemente confundida com o pomelo (que também é designado muitas vezes sob o nome toranja), este cítrico originário da Ásia destaca-se pelo tamanho (em torno de 500 g, mas podendo chegar a 8 kg), pela espessura da casca, pelas numerosas sementes e pela polpa densa. Pode ser consumida em saladas salgadas ou doces.

13. Pomelo rosa, conhecido erroneamente como toranja. Rosa ou branco, com casca fina e poucas sementes, seu leve amargor é apreciado na forma de suco ou em pedaços.

14. Quincã. Consome-se quincã sem descascá-lo, pois sua casca é fina. Cuidado com as sementes! Delicioso doce cristalizado.

15. Tangerina murcote. Cruzamento de tangerina (pequeno cítrico acidulado com muitas sementes) e de laranja-azeda, a murcote é um dos cítricos mais populares. Sua casca é macia e doce, muito fácil de descascar. Não é muito usada cozida.

16. Cravo (ou rosa). Verde por fora antes da maturação, mas sempre alaranjado no interior, o limão-cravo é doce, ácido e amargo ao mesmo tempo, com nota exótica original. Muito consumido nas Filipinas e no sudeste da Ásia.

17 e 18. Laranja para suco, laranja de mesa. As laranjas dividem-se em laranja de mesa (polpa firme, pouco suculenta) e laranja para suco, consumida preferencialmente na forma líquida. A variedade para suco é com certeza a mais popular.

* Neste livro, as indicações do ingrediente "limão" nas receitas devem ser entendidas como indicação de qualquer limão verde. Quando a receita pede especificamente limão-siciliano, este item está assim identificado na lista de ingredientes. (N. E.)

Frutas

Frutas

Ameixas

1. Ameixa-amarela (mirabelles de Lorraine). O nome "mirabelles" faz referência a "admirável", assim como o gosto de mel desta pequena ameixa! É deliciosa crua, mas também em tortas, cristalizada e em aguardente.

2. Presidente. Ameixa de polpa doce, acidulada e suculenta, é deliciosa na cobertura de tortas, em compotas e geleias.

3. Rainha Cláudia (verde). Esta ameixa verde com reflexos amarelos possui muitas variedades, sendo a Rainha Cláudia verde ou dourada a mais perfumada. Pode ser consumida crua ou cozida.

4. Golden Japan. Doce, mas pouco perfumada.

5. Quetsche. Casca violeta intenso com polpa dourada bem doce, mantém a cor púrpura espetacular depois do cozimento, por isso seu sucesso em geleias.

Frutas

Frutas tropicais

1. Banana-nanica. Variedade de banana para sobremesas mais consumida no mundo.

2. Banana-da-terra. Maior que as bananas para sobremesa, é consumida cozida, pois sua polpa é firme. Preta ou roxa quando madura, é possível fervê-la inteira ou fritar a casca.

3. Banana-ouro. Minibanana com mais aroma e textura mais firme que a da banana-nanica verde.

4 e 5. Manga tailandesa verde e manga tailandesa madura. Certas variedades de manga tailandesa só são consumidas verdes: com gosto de amêndoa fresca, levemente acidulada, sua polpa é usada em saladas incrementadas. As mangas asiáticas são menores que as africanas e as brasileiras, e a polpa fica mais amarela que laranja quando madura. O gosto é mais sutil e floral.

6. Manga kent. Madura, é parcialmente vermelha, suculenta e doce. Com textura sem fibras, torna-se agradável de degustar.

7. Abacaxi smooth cayenne. Com certeza o mais cultivado no mundo.

8. Pérola. Cultivado em Guadalupe e no Benim, sua polpa pode ser branca ou amarela. É particularmente doce e perfumado.

9. Abacaxi vitória. Pequeno, é cultivado exclusivamente na Ilha da Reunião, sendo famoso pelo gosto intenso.

Frutas

Frutas tropicais

1, 2, 3 e 4. Abacates e avocados. Fruto da zona tropical, é consumido geralmente na versão salgada... Porém, no Brasil, onde é muito popular, é servido como sobremesa! O caroço do abacate ainda está se desenvolvendo e é mais macio quando se corta a fruta pela metade: é possível retirar sua casca e consumir sem preocupação.

5. Romã. Indispensável na culinária do Oriente Médio, é consumida seca na Índia e na forma de melaço acidulado. Por muito tempo, trouxe o toque ácido necessário para a harmonia de sabores, papel agora desempenhado pelo limão.

6. Kiwi. Verde, amarelo e vermelho por dentro, esta fruta vinda de longe se adaptou perfeitamente na França, onde possui até uma IGP para o kiwi dos Landes. Evite passá-lo no processador, pois seus grãos podem provocar formigamento na boca.

7. Caqui. Com polpa mole (fruta tradicional), deve ser consumido bem maduro com uma colher. Com a polpa dura (tipo persimon ou sharon), fica mais fácil cortá-lo em pedaços. De gosto doce e adstringente ao mesmo tempo, o caqui seduz ou desagrada. Pode ser usado em geleias também.

8 e 9. Lichia e rambutão. De textura delicada e aperolada e gosto bem doce: para que se conservem por mais tempo, é melhor comprá-los em ramos. Evite cozinhá-los.

10. Physalis. Da mesma família do tomate e da berinjela, deve ser consumida sempre madura (bem laranja), bastando retirar o cálice seco. Pode ser refogada, adicionada a uma compota ou simplesmente decorar um preparo.

11. Mangostim. Originário do sudeste asiático, sua polpa é especialmente rica em antioxidantes. Para saladas de frutas e sorbet.

12 e 13. Maracujá. Estará maduro quando estiver rugoso! A casca pode ser mais escura ou amarela (como os da foto), sem alteração do sabor acidulado, e a polpa pode ser retirada com uma colher.

196

Frutas

Frutas tropicais

1. Sapota. Com gosto de pêssego, pera e baunilha, é muito doce, rica em fibras e potássio. Retire os caroços.

2. Pitaia, também conhecida como fruta-dragão. Fruta de um cacto, a pitaia pode ser branca por dentro, amarela (mais doce) ou rosa (mais saborosa). Sempre possui grãos pretos como kiwi.

3. Mamão papaia. Verde, é consumido ralado em saladas, especialmente na Ásia. Quando está bem maduro, é laranja, saboroso e doce.

4. Carambola. Acidulada e sem muito gosto, a carambola cortada em fatias forma uma estrela com 5 pontas, essencialmente decorativa.

5. Cherimoia. A polpa branca, cremosa e perfumada esconde-se em suas cavidades. Não consuma as sementes.

6. Goiaba. Possui pontos pretos quando está verde ou vermelhos quando está madura. A polpa laranja exala cheiro forte e característico. Distingue-se por ser rica em vitamina C e cálcio. Suco, sorbet, xarope, pasta de frutas: é possível fazer tudo com ela.

7. Graviola. Não confundir com o durian, outra fruta tropical que tem superfície espinhosa. Doce e acidulada, a polpa branca lembra a lichia.

8. Jaca. Podendo pesar até 30 kg, a fruta da jaqueira é tradicionalmente vendida em pedaços ou fatias. A polpa lembra o gosto do abacaxi e da manga. As sementes, depois de cozidas (são tóxicas quando cruas), são utilizadas trituradas nos molhos apimentados.

Frutas

Frutas secas

A saber: tâmaras e figos podem ser polvilhados com farinha para não grudar. Em caso de intolerância ao glúten, informe-se antes de consumir esses produtos.

1 e 2. Chips de banana e banana seca inteira. Muito ricos em magnésio e potássio, podem ser consumidos como aperitivos ou inteiros. Não são hidratados.

3. Abacaxi.

4. Manga. A melhor opção para consumir frutas tropicais o ano todo é sua versão seca! Utilize o líquido da hidratação em um smoothie ou para adoçar uma bebida quente.

5. Ameixa. Muito rica em antioxidantes e fibras, é a "superfruta" menos conhecida… e a mais acessível.

6. Cranberry. Seco, perde a acidez típica da fruta fresca e é ainda mais rico em nutrientes. No Brasil leva o nome de oxicoco.

7. Figo calabacita.

8. Figo seco branco. Particularmente doce, seu sabor fica mais intenso quando seco ainda na árvore.

9 e 10. Uva-passa branca e uva-passa. Doces, mas pouco saborosas, as passas de uva são boa fonte de energia.

11. Ginja seca. Fica menos ácida dessa forma.

12. Goji berry. Pequena baga chinesa, rica em antioxidantes, de gosto acidulado e amargo.

13. Amora branca. Tradicional na China e no Oriente Médio, é menos saborosa que a amora preta.

14, 15 e 16. Tâmara medjool, tâmara mazafati e tâmara deglet noir. A tâmara é uma das frutas secas mais doces e mais ricas. Quando fresca, não é muito consumida. É bastante usada na confeitaria vegetariana estrita e vegana para adoçar e dar liga.

17. Damasco seco. A cor escura deve-se à ausência de conservantes nas frutas secas orgânicas certificadas.

Rizomas

1. Galanga, gengibre do Laos ou gengibre tailandês. Utilizado na Tailândia, na Malásia e na Indonésia, não é indispensável descascá-lo. Mais picante e apimentado que o gengibre, com sabor canforado, aromatiza caldos e currys.

2. Gengibre chinês ou galingale. Da mesma família que o galanga, é utilizado nas pastas de curry tailandês. Menos picante e mais terroso que o galanga, tem ação colorante (amarelo-claro) também.

3. Cúrcuma. Cuidado: o cúrcuma fresco mancha! Evite utilizar utensílios de plástico branco, que ficarão irremediavelmente manchados, e enxágue muito rapidamente os utensílios que utilizar… Assim como as mãos. Recomenda-se o uso de luvas descartáveis para sua manipulação.

4 e 5. Gengibre. Encontrado na África e na Ásia, tem sabor delicioso cítrico e picante. Quando está amarelo, a casca é fina, e o caule, branco, com sabor floral bem marcado (ver técnica, p. 29). O chá de gengibre ralado ou fatiado é expectorante natural, cujo sabor é indispensável para a cozinha vegetariana. Encontrado em conserva (para acompanhar sushis) ou em forma de balas a serem saboreadas no fim de uma refeição.

Sazonalidade de legumes e verduras*

DEZEMBRO

Abacate, abóbora "gigante", abóboras (em geral), acelga (branca), agrião, aipo, alface frisée, alho-poró, batata, batata-doce, cenoura, cercefis, chuchu, cogumelo-de-paris, couve kale, couve pak choi, couve-verde, couve-de-bruxelas, couve-flor, crosne do Japão, endívia, mâche, pastinaca, rabanete preto, repolho branco, repolho roxo, tupinambo.

JANEIRO

Abacate, abóbora "gigante", agrião, aipo, alface frisée, alho, alho-poró, batata, batata-doce, brócolis, cebola, cenoura, cercefis, cogumelo-de-paris, couve kale, couve pak choi, couve-verde, couve-de-bruxelas, couve-flor, crosne do Japão, endívia, mâche, rabanete preto, repolho branco, repolho roxo, rutabaga, tupinambo.

FEVEREIRO

Abacate, abóbora "gigante", agrião, aipo, alface frisée, alho-poró, batata, batata-doce, brócolis, cenoura, cercefis, cogumelo-de-paris, couve kale, couve-verde, couve-flor, crosne do Japão, endívia, mâche, rabanete preto, repolho branco, repolho roxo, tupinambo.

MARÇO

Abacate, agrião, aipo, alcachofra, alface frisée, alho-poró, batata, batata-doce, brócolis, cenoura, cercefis, cogumelo-de-paris, couve kale, crosne do Japão, endívia, rabanete rosa, repolho branco, repolho roxo.

ABRIL

Acelga verde-escura, agrião, aipo, alcachofra, alface, alface-crespa, aspargo branco, batata, batata-doce, cenoura, cogumelo-de-paris, couve kale, espinafre, fava, rabanete, repolho branco, repolho roxo.

MAIO

Acelga verde-escura, agrião, aipo, alcachofra, alface, alface-crespa, aspargo branco, aspargo verde, azedinha, batata, batata-doce, berinjela, beterraba vermelha, cenoura, cogumelo-de-paris, couve-flor, erva-doce, espinafre, fava, pepino, rabanete, repolho branco, repolho roxo.

JUNHO

Abobrinha, acelga verde-escura, aipo, alcachofra, alface, alface-crespa, aspargo branco, aspargo verde, azedinha, batata, batata vitelotte (roxa), batata-doce, berinjela, beterraba vermelha, brócolis, cenoura, cogumelo-de-paris, couve-brócolis romanesco, couve-flor, erva-doce, ervilha, ervilha torta, espinafre, fava, nabo, pepino, pimentão, rabanete, repolho branco, repolho roxo, vagem.

JULHO

Abóbora-branca, abobrinha, acelga branca, acelga verde-escura, aipo, alcachofra, alface, alface-crespa, azedinha, batata, batata vitelotte (roxa), batata-doce, berinjela, beterraba vermelha, brócolis, cebola, cenoura, cogumelo-de-paris, couve-brócolis romanesco, couve-flor, erva-doce, ervilha, ervilha torta, espinafre, milho, nabo, pepino, pimentão, rabanete, repolho branco, repolho roxo, tomate, vagem.

AGOSTO

Abóbora-branca, abobrinha, acelga branca, acelga verde-escura, aipo, alcachofra, alface, alface-crespa, alho, azedinha, batata, batata vitelotte (roxa), batata-doce, berinjela, beterraba vermelha, brócolis, cenoura, cogumelo-de-paris, couve pak choi, couve-brócolis romanesco, couve-flor, erva-doce, espinafre, milho, nabo, pepino, pimentão, repolho branco, repolho roxo, tomate, vagem.

SETEMBRO

Abóbora-branca, abobrinha, acelga branca, acelga verde-escura, agrião, aipo, aipo-rábano, alcachofra, alface, alface-crespa, alho-poró, azedinha, batata, batata vitelotte (roxa), batata-doce, berinjela, beterraba vermelha, brócolis, cenoura, chalota, cogumelo-de-paris, couve pak choi, couve romanesco, couve-flor, erva-doce, espinafre, milho, nabo, pepino, pimentão, repolho branco, repolho roxo, tomate, vagem.

OUTUBRO

Abóbora "gigante", abóbora hokkaido, acelga branca, acelga verde-escura, agrião, aipo, aipo-rábano, alface, alface-crespa, alface frisée, alho-poró, batata, batata vitelotte (roxa), batata-doce, beterraba vermelha, brócolis, cenoura, cercefis, chuchu, cogumelo-de-paris, couve pak choi, couve-de-bruxelas, couve-flor, erva-doce, espinafre, nabo, pastinaca, repolho branco, repolho branco, repolho roxo, rutabaga, tupinambo.

NOVEMBRO

Abacate, abóbora "gigante", abóbora hokkaido, acelga branca, agrião, aipo, alface-crespa, alface frisée, alho-poró, batata, batata vitelotte (roxa), batata-doce, cenoura, cercefis, chuchu, cogumelo-de-paris, couve kale, couve pak choi, couve-de-bruxelas, crosne do Japão, endívia, erva-doce, espinafre, mâche, pastinaca, rabanete preto, rabanete rosa, repolho branco, repolho roxo, repolho verde, rutabaga, tupinambo.

* As informações presentes nesta página e na 201 seguem a sazonalidade do mercado europeu. (N. E.)

Sazonalidade de frutas

DEZEMBRO

Abacate, ameixa, banana, caqui, carambola, castanha, coco, figo-da-índia, kumquat, laranja, laranja sanguínea, lichia, limão verde, limão-siciliano, maçã, mamão papaia, maracujá, marmelo, murcote, nêspera, pera, romã, tâmara, tangerina.

JANEIRO

Abacate, banana, caqui, carambola, castanha, coco, figo-da-índia, goiaba, kiwi, kumquat, laranja, laranja sanguínea, lichia, limão verde, limão-siciliano, maçã, mamão papaia, maracujá, murcote, nozes, pera, pomelo, tâmara, tangerina.

FEVEREIRO

Abacate, abacaxi, amendoim, banana, carambola, coco, goiaba, kiwi, laranja, limão verde, limão-siciliano, maçã, mamão papaia, maracujá, murcote, pera, pinoli, pomelo, tâmara, tangerina.

MARÇO

Abacate, abacaxi, banana, carambola, coco, goiaba, kiwi, laranja, limão verde, limão-siciliano, maçã, mamão papaia, manga, maracujá, pera, tâmara.

ABRIL

Abacate, abacaxi, carambola, coco, limão verde, limão-siciliano, mamão papaia, manga, maracujá.

MAIO

Abacate, abacaxi, carambola, cereja, coco, limão verde, limão-siciliano, mamão papaia, manga, mangostim, maracujá, morango, pistache, ruibarbo.

JUNHO

Amêndoa, carambola, cereja, coco, framboesa, groselha, limão verde, limão-siciliano, mamão papaia, manga, mangostim, maracujá, melão, mirtilo, morango, pera, ruibarbo, tâmara.

JULHO

Abacate, ameixa, amêndoa, banana, carambola, cassis, cereja, coco, damasco, framboesa, groselha, limão verde, limão-siciliano, maçã, mamão papaia, manga, mangostim, maracujá, melancia, melão, mirtilo, mirtilo vermelho, morango, pera, pêssego, pistache, pomelo, ruibarbo.

AGOSTO

Abacate, ameixa, ameixa-amarela, amêndoa, amendoim, amora, avelã, banana, carambola, cassis, coco, damasco, framboesa, groselha, limão verde, limão-siciliano, maçã, mamão papaia, manga, mangostim, maracujá, melancia, melão, mirtilo, mirtilo vermelho, morango, morango silvestre, pera, pêssego, physalis, pinoli, pistache, pomelo, ruibarbo, uva.

SETEMBRO

Abacate, ameixa, ameixa-amarela, amêndoa, amora, banana, carambola, cidra, coco, figo, framboesa, limão verde, limão-siciliano, maçã, mamão papaia, mangostim, maracujá, marmelo, melancia, melão, mirtilo, mirtilo vermelho, morango, pera, physalis, uva.

OUTUBRO

Abacate, abóbora, avelã, caqui, carambola, castanha, cidra, coco, figo, limão verde, limão-siciliano, maçã, mamão papaia, mangostim, maracujá, marmelo, nozes, pera, physalis, romã, tâmara.

NOVEMBRO

Abacate, caqui, carambola, castanha, cidra, figo-da-índia, kumquat, laranja, laranja sanguínea, lichia, limão verde, limão-siciliano, maçã, mamão papaia, maracujá, marmelo, nêspera, pera, romã, tâmara.

Equipamentos e utensílios básicos

Raladores e fatiador de alimentos

Três utensílios indispensáveis no preparo de legumes!

O ralador de 4 faces (1) rala de forma rápida e eficaz as raízes (cenoura, cherovia...), além de cortar batatas em fatias finas. Também é possível utilizá-lo para ralar a polpa de tomates sem a casca sobre um prato de arroz ou diretamente da panela, prática espanhola muito eficaz!

O ralador Microplane® (2) rala com precisão as raspas de cítricos sem a parte amarga. Usado para parmesão, noz-moscada, chocolate, mas também para alho, gengibre, enfim, para tudo. Uma ferramenta que todos os chefs têm à mão.

O fatiador japonês (mandolim) (3) deve ser utilizado obrigatoriamente com um empurrador, para proteger a ponta dos dedos. Corta os legumes em fatias ultrafinas e em diversas espessuras de julienne, garantindo corte regular, com precisão incomparável. Leve e fácil de manusear, realiza cortes de legumes crus com formas muito interessantes (ver técnica, p. 40).

Cortador de batata frita (picador de legumes tipo cabrita) (4)

Pode ser considerado um gadget ou produto indispensável: tudo depende da quantidade de convidados! Nada impede que seja usado para abobrinha e pedaços de aipo.

Germinadores

Existem germinadores sofisticados com hidratação e ventilação, mas o sistema mais simples e econômico é o que usa um vidro com bocal de treliça (6). Levemente inclinado, permite germinar facilmente alfafa, rabanete, alho-poró... Para grãos mucilaginosos como linhaça, chia, agrião, rúcula e trigo, é melhor utilizar um germinador com peneira (5), que corta os brotos diretamente na peneira, deixando as raízes na parte de baixo. Muito mais prático!

Liquidificador (7)

Com diferentes potências, a melhor opção é a com copo de vidro. Indispensável no preparo de smoothies, sopas, purês de oleaginosas, leites vegetais... É preferível usar o botão pulse para bater ingredientes duros ou adquirir um aparelho com a função "quebra-gelo". Alguns liquidificadores superpotentes são adaptados às preparações vegetarianas e aos smoothies verdes, mas o investimento é grande.

Batedeira planetária (8)

Muito útil no preparo de massas fermentadas (pães em geral, principalmente com o batedor gancho) e de claras em neve perfeitas (com o batedor globo). Ficamos com as mãos liberadas para fazermos outra coisa: economia preciosa de tempo que tem seu valor.

Extrator de suco (9)

O suco de frutas e legumes é extraído por um parafuso de rosca contínuo, que funciona a menos de 80 giros/minuto, e filtrado dentro do aparelho, para que não reste nenhuma fibra. Não confundir com a centrífuga, que funciona a uma velocidade muito alta e oxida o suco.

Quando preparado no extrator, o suco fica muito saboroso, rico em nutrientes e pode ser conservado por 1 dia. Também pode servir como líquido em cozimentos. Sem o filtro, pode igualmente preparar sorvetes (com frutas congeladas), triturar ingredientes como pilão (para homus, pesto). Escolha um modelo de fácil manutenção para poder usá-lo o mais frequentemente possível (ver técnica, p. 32)!

Para laticínios e extratos vegetais

A peneira de malha fina (14) é um utensílio polivalente, indispensável para enxaguar sementes antes de germiná-las, limpar quinoa, escorrer as leguminosas... Já para filtrar as coalhadas de fromage blanc ou leites vegetais, utiliza-se um morim (10) ou simplesmente um voal (13) com cordões que permitem apertá-lo, o que facilita o escorrimento.

Para o tofu, utiliza-se tradicionalmente uma fôrma de madeira (11) revestida com morim. Porém são cada vez mais usadas fôrmas de plástico (12), como a da ilustração.

Miniprocessador de alimentos (15)

Útil para triturar pequenas porções, misturar especiarias torradas, preparar rapidamente um creme vegetal. Este pequeno processador de alimentos de fácil transporte é indispensável, especialmente se for munido de várias tigelas e lâminas.

Para cozimento a vapor

A manutenção da cesta de bambu (16), tradicionalmente utilizada nas culturas asiáticas, é mais difícil. Forre o fundo com papel vegetal, com vários furos, para proteger o cesto.

O cesto de cozimento metálico (17) é o utensílio mais leve e prático no cozimento a vapor de todos os tipos de legumes. Em uma panela com água fervente, serve também para aquecer levemente as preparações ou para amaciar seitan (ver técnica, p. 69).

As
receitas

Pietro Leemann apresenta sua receita, p. 208

Creme de abóbora, tempura de sálvia, p. 211
Salada Caesar, p. 212
Minestrone, p. 215
Colcannon, p. 216
Curry de grão-de-bico com couve-flor, batata-doce e leite de coco, p. 219
Lasanha, p. 220
Tian de ratatouille com trigo einkorn, p. 223
Muffins de ervilha, espinafre e grãos germinados, p. 224
Raízes assadas, molho de missô e xarope de bordo, p. 226
Bolo de cenoura com centeio e avelã, p. 227
Bolo de chocolate, beterraba e laranja, p. 229

Legumes e outros vegetais

Pietro Leemann

Pietro Leemann foi o único chef da Europa a receber 1 estrela Michelin em 1996 por um restaurante vegetariano. Depois de ter trabalhado com Freddy Girardet e Gualtiero Marchesi, foi em viagem pela Ásia que Pietro Leemann decidiu se tornar vegetariano, aos 25 anos. Criou seu restaurante Joia, em Milão, em 1989, depois de conhecer as inúmeras tradições culinárias vegetarianas em todas as cozinhas do mundo.

Sua cozinha bastante pessoal é o resumo de suas viagens e de sua filosofia: o que comemos nos transforma. A alimentação é uma escolha de vida, que tem impacto em nossa consciência. O vegetarianismo, sendo, ao mesmo tempo, bom para a saúde, para o clima e para o respeito com os animais, permite-nos viver em paz com o mundo e com nós mesmos, o que favorece a elevação espiritual.

Criador do concurso culinário internacional "The Vegetarian Chance", no qual chefs não vegetarianos são convidados a demonstrar sua criatividade para inventar pratos vegetarianos (estritos ou não), Pietro busca salientar que o vegetarianismo não é um empecilho, mas uma incrível fonte de renovação e de descobertas gastronômicas.

Solaris, um de seus pratos-assinatura, é uma ode aos vegetais.

>> Joia
Via Panfilo Castaldi, 18, 20124 Milão – Itália

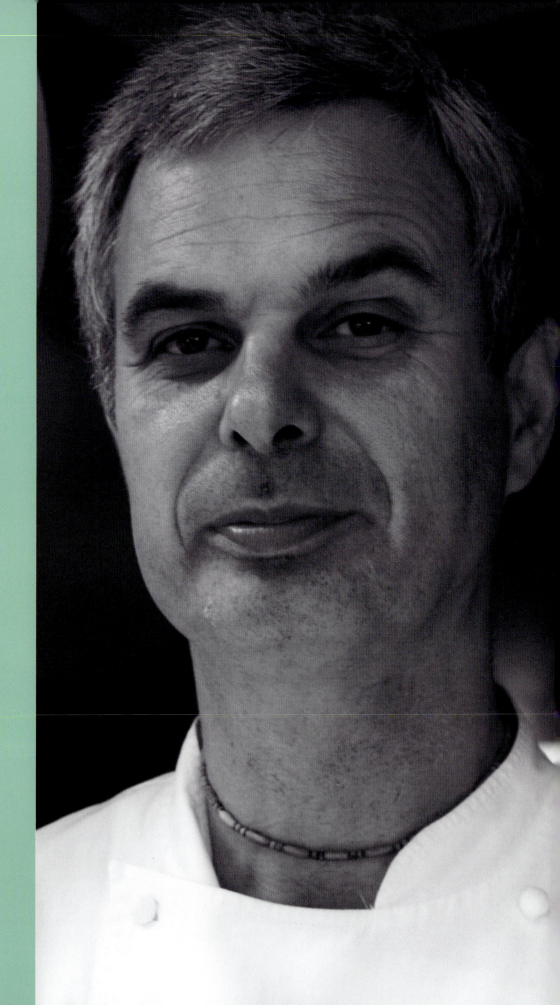

Para 4 pessoas
Tempo de preparo: 1 hora
Tempo de cozimento: 2h30
Tempo de descanso: 1h15

Ingredientes
150 g de pimentão vermelho
100 g de pimentão amarelo
200 g de berinjela
10 g de suco de limão-siciliano
100 g de tomate-cereja
30 g de tapioca granulada
40 g de azeite de oliva extravirgem
1 g de ágar-ágar
1 dose de açafrão
100 g de cenoura
40 g de suco de laranja
5 g de folhas de orégano
Sal e pimenta-do-reino preta moída na hora a gosto

Sorvete de melão
200 g de melão
30 g de açúcar
20 g de suco de limão-siciliano

Montagem
20 g de azeite de oliva extravirgem
20 g de purê de framboesas

Utensílio
4 fôrmas de 8 cm de diâmetro

Solaris

Composição refrescante de berinjelas, tomates, pimentões e orégano de minha horta, sorvete de melão.

Asse os pimentões no forno por 20 minutos e pele-os. Corte as berinjelas em fatias com espessura de 3 cm e asse-as no forno. Escalde os tomates-cerejas, pele-os e seque-os no forno a 80 °C (t. 2/3) por 2 horas.

Coloque a tapioca de molho em 150 g de água por 3 minutos. A seguir, cozinhe-a em fogo brando por 25 minutos, tempere com sal e azeite de oliva. Cozinhe o ágar-ágar em 300 g de água por 2 minutos e separe 80 g. Misture o gel de ágar-ágar com a tapioca, depois acrescente o açafrão em 1/3 dessa preparação.

Faça suar as cenouras em um pouco de óleo. Bata-as com o suco de laranja e salgue ao final. Bata o melão, acrescente o açúcar e o suco de limão para em seguida fazê-lo tomar consistência de sorbet.

Misture os vegetais cortados em pedaços com a tapioca e o orégano desfolhado. Disponha a tapioca com açafrão no fundo das quatro fôrmas (terrines de porção individual) e deixe se acomodar por 15 minutos. A seguir, preencha essas fôrmas com os vegetais misturados com a tapioca. Coloque para gelar por pelo menos 1 hora.

Montagem
Desenforme as terrines sobre quatro pratos rasos e coloque o molho de cenoura ao redor. Acrescente azeite de oliva em cada prato, fazendo cair gota por gota, para que ressalte a tapioca; faça o mesmo com o purê de framboesas. Por cima, acomode uma bola de sorvete de melão e sirva.

● Bom saber
Na época da Guerra Fria, os Estados Unidos lançaram o filme 2001, uma odisseia no espaço, *de Stanley Kubrick (hoje sabemos que isso não aconteceu realmente dessa forma; Orwell estava mais no caminho da verdade). A Rússia respondeu com o filme* Solaris, *de Andrei Tarkovskij. Eram também os anos da conquista (em miniatura) do espaço, anos de grande efervescência cultural e criativa, que deixaram marcas em mim.* Solaris, *neste caso, é o sol, símbolo que aqui se torna substância.*

Ingredientes

1 kg de abóbora (peso bruto) da variedade de sua escolha

1 cebola

1 colher (sopa) de azeite de oliva

1 dente de alho

800 mℓ de caldo de vegetais

1 folha de louro

Raspas de ½ laranja

½ colher (café) de sal

150 mℓ de creme de leite fresco ou de creme vegetal (soja, aveia)

Pimenta-do-reino preta moída na hora a gosto

Tempura

80 mℓ de água

1 punhado de gelo

100 mℓ de óleo de amendoim ou óleo especial de fritura

60 g de farinha de trigo T45*

12 folhas grandes de sálvia

Utensílios

Liquidificador

Hashis

➦ Referências técnicas

Preparar cucurbitácea, p. 17

Bater sopa em liquidificador, p. 32

Preparar alho, p. 29

Creme de abóbora, tempura de sálvia ★

Para 4 pessoas

Tempo de preparo: 20 minutos

Tempo de cozimento: 25 minutos

Descasque a abóbora, remova as sementes e corte-as em cubos de 3 cm de cada lado. Descasque e corte a cebola em cubos pequenos (corte ciseler). Amasse e tire a casca do alho.

Aqueça o azeite de oliva em uma panela e nela doure a cebola e o alho. Acrescente os cubos de abóbora e refogue-os. Adicione o caldo de vegetais, o louro, as raspas de laranja e o sal. Coloque para ferver, tampe e deixe cozinhar por 20 minutos.

Remova a folha de louro, retire com a escumadeira os pedaços de abóbora e coloque-os no copo do liquidificador. Bata com a metade do líquido e com o creme de leite fresco.

Experimente, coloque a pimenta-do-reino e corrija o sal, se necessário. Ajuste a textura de acordo com seu gosto, acrescentando mais caldo. Reserve em local quente.

Para o tempura

Misture a água e o gelo. Aguarde por 10 minutos, para que a água fique bem fria e o gelo quase todo derretido.

Coloque o óleo em uma panela ou recipiente próprio para fritura. Aqueça. Durante esse tempo, coloque a água em um prato fundo. Peneire a farinha diretamente sobre o prato. Incorpore-a grosseiramente com a ajuda dos hashis: não tente obter uma massa lisa.

Mergulhe as folhas de sálvia na massa e coloque 6 unidades no óleo. Deixe dourar por 1 minuto e retire com a escumadeira. Disponha em um prato forrado com papel absorvente. Retire com a escumadeira as eventuais migalhas de massa que estiverem boiando no óleo. Prepare da mesma forma as folhas de sálvia restantes.

Sirva a sopa bem quente com os tempuras de sálvia.

● Conselho do chef

As folhas de sálvia devem estar perfeitamente secas antes de serem mergulhadas na massa para evitar que o óleo espirre. A massa de tempura, para ficar leve e crocante, deve ser pouco manipulada: misturar rapidamente com os hashis evita desenvolver a elasticidade do glúten presente na farinha.

● Bom saber

Esta sopa pode ser congelada por 2 meses. Você também pode preparar dessa mesma forma batata-doce e outras variedades de cucurbitácea.

* Conforme explicado anteriormente, T45 faz parte de uma classificação adotada no mercado europeu para as farinhas de trigo. No Brasil, corresponde à farinha utilizada na confeitaria. (N. E.)

As receitas

Legumes e outros vegetais

Salada Caesar ★

Para 4 pessoas
Tempo de preparo: 15 minutos
Tempo de cozimento: 3 minutos

Na véspera
Prepare o azeite com alho. Descasque, remova o miolo e fatie em finas tiras os dentes de alho. Coloque em um pote. Aqueça o azeite de oliva em uma panela pequena, despeje sobre o alho, feche o pote e deixe em infusão à temperatura ambiente.

No dia
Preaqueça o gratinador do forno. Rale 60 g de parmesão. Filtre o azeite aromatizado com o alho. Rasgue o pão e corte-o em cubos grandes. Em uma assadeira grande ou prato refratário, disponha-os em uma única camada. Regue com 3 colheres (sopa) do azeite de oliva aromatizado com alho, 3 colheres (sopa) de parmesão ralado e pimenta-do-reino moída. Misture com as mãos para que fiquem bem impregnados da mistura. Doure esses croûtons com o gratinador do forno, mexendo frequentemente e observando.

Escolha e lave a alface-romana, escorra com cuidado. Esprema o limão.

Cozinhe o ovo por 3 minutos em água fervente. Quebre-o no copo do processador como você faria com um ovo cru. Acrescente o resto do parmesão ralado previamente, comece a bater e coloque em fio o azeite de oliva aromatizado restante, o molho inglês, o suco de limão e o sal. Prove, acrescente a pimenta-do-reino e corrija o sal, se necessário.

Transfira esse molho para uma saladeira, acrescente a alface e os croûtons, misture delicadamente.

Corte em lascas o parmesão restante, acrescente à salada, misture sem quebrá-las e sirva imediatamente.

● Conselho do chef
O azeite de oliva aromatizado com alho é uma deliciosa base de tempero. Você pode conservá-lo por 1 semana no refrigerador: não hesite em preparar um pouco mais. Criada em 4 de julho de 1924, dia da festa nacional norte--americana, por Caesar Cardini no restaurante do Hotel Caesar (de Tijuana, no México), a receita foi uma invenção "improvisada" com ingredientes que ele tinha em mãos. Preparada diante dos clientes, ela imediatamente fez sucesso. A maionese, infelizmente, muitas vezes substituiu o molho original, mas o leve cozimento do ovo faz toda a diferença na cremosidade do molho.

● Bom saber
A fabricação do autêntico parmigiano reggiano requer a utilização de coalhada animal. Alguns vegetarianos o excluem de sua alimentação. Da mesma forma, o molho inglês contém anchovas na receita original.

Ingredientes
3 dentes de alho
100 mℓ de azeite de oliva extravirgem
100 g de queijo parmigiano reggiano
100 g de pão dormido (pão de campanha, ciabatta, baguete...)
2 maços de alface-romana baby

Tempero
1 ovo
2 colheres (café) de molho inglês (Worcestershire) vegetariano
1 limão
½ colher (café) de sal
½ colher (café) de pimenta-do-reino preta moída na hora

➡ Referência técnica
Preparar alho, p. 29

Ingredientes

2 cenouras

2 batatas "farinhentas" (bintje...)

200 g de abóbora ou de abobrinha

1 cebola

2 talos de aipo

100 g de espinafre fresco ou a parte verde das folhas de acelga verde-escura

400 g de couve negra toscana

100 g de vagem fresca ou congelada

3 colheres (sopa) de azeite de oliva + para servir

1,5 ℓ de água

1 bouquet garni

100 g de queijo parmigiano reggiano, com a casca

50 g de massa para sopas (ditalini)

Cozimento dos feijões

150 g de feijão-branco (cannelline) seco

1,5 ℓ de água

1 cebola

3 cravos

2 ramos de tomilho

1 folha de louro

Minestrone ★

Para 4 pessoas

Tempo de preparo: 30 minutos

Tempo de cozimento: 1h30 + 30 minutos

Coloque os feijões de molho na véspera. Cozinhe-os como indicado na p. 82, acrescentando à água de cozimento a cebola picada, os cravos, o tomilho e o louro. Deixe cozinhar por 1h30, depois escorra.

Descasque as cenouras, as batatas e a abóbora. Corte-as em pedaços de tamanhos iguais. Descasque e pique a cebola. Corte o aipo em lâminas. Lave cuidadosamente os espinafres. Lave a couve negra, remova os talos mais grossos, se necessário, e fatie em tiras. Tire as pontas das vagens e o fio lateral. Corte-as em pequenos pedaços.

Aqueça o azeite em uma panela. Refogue a cebola e o aipo. Acrescente a abóbora ou a abobrinha, as cenouras, as batatas, a couve negra, a água e o bouquet garni. Acrescente a casca do parmesão cortada em pedaços. Coloque para ferver, tampe e deixe cozinhar em fogo brando por 20 minutos. Misture amassando as batatas.

Acrescente a vagem, o espinafre, a massa e o feijão-branco cozido. Coloque outra vez para ferver e deixe cozinhar por mais 8 a 10 minutos.

Prove, corrija o tempero, retire as cascas de parmesão. Sirva com o parmesão ralado e um fio de azeite de oliva.

● Conselho do chef

Para um preparo rápido, não hesite em utilizar conservas de feijão-branco já cozidos. Enxágue com cuidado e acrescente-os conforme descrito acima. Como todas as sopas à base de leguminosas, ela fica ainda melhor no dia seguinte, requentada em fogo baixo e servida sobre grandes fatias de pão de campanha (ou italiano) tostadas.

● Bom saber

O norte da Itália tem tantas variações de minestrone (literalmente, "sopa grossa") quanto regiões! A couve negra em folhas é típica da Toscana, onde a ribollita por si só já é um estilo de minestrone. Em Gênova, coloca-se pesto; na Lombardia e em Piemonte, coloca-se o arroz arbóreo, utilizado para o risoto. Em outros lugares são mais comuns as massas ditalini. Alguns acrescentam porco, outros em hipótese alguma: tudo era uma questão de período do ano e de produção local. Quanto à casca do parmesão, é nela que se concentram seus sabores: ela ajuda a engrossar o caldo, dando-lhe sabor único.

➤ Referências técnicas

Cozinhar leguminosas, p. 82

Preparar acelgas, p. 15

Preparar bouquet garni, p. 30

Colcannon ★

Para 4 pessoas
Tempo de preparo: 30 minutos
Tempo de cozimento: 40 minutos

Descasque as batatas e as pastinacas. Corte em grandes cubos. Despeje-as em uma panela grande com água salgada, coloque-a para ferver, baixe o fogo e deixe cozinhar por 25 minutos, até que fiquem perfeitamente cozidas.

Corte em tiras finas o repolho e a parte branca das cebolinhas. Derreta a metade da manteiga em fogo baixo em uma sauteuse. Acrescente o repolho e as cebolas, fazendo-as suar. Salgue e deixe cozinhar com tampa em fogo baixo por 15 minutos, até que o repolho fique tenro.

Amorne o leite. Amasse as batatas com um espremedor de batatas ou um garfo acrescentando pouco a pouco o leite. Reserve um pouco para ajustar a textura, mais ou menos espessa. Acrescente o repolho e as cebolas cozidas e misture. Se necessário, acrescente o restante do leite para obter uma textura mais fluida.

Pique em tiras finas as partes verdes das cebolinhas. Acrescente ao colcannon a manteiga restante cortada em pedaços, salgue, coloque a pimenta-do-reino e misture.

Sirva, oferecendo manteiga à parte, cada um podendo acrescentar a gosto...

● Conselho do chef
Você pode substituir até a metade das batatas por pastinacas.

● Bom saber
Na Irlanda, é costume ficar de abstinência na noite de Todos os Santos e não consumir carne: o colcannon faz parte dos pratos tradicionais da noite de Halloween desde o século XVIII.

➤ Referências técnicas
Preparar purê de batatas, p. 28
Preparar pastinaca, p. 21

Ingredientes
800 g de batata "farinhenta"
200 g de pastinaca
¼ de repolho verde (200 g) ou folhas de couve kale
3 cebolinhas (partes verde e branca)
100 g de manteiga sem sal
150 ml a 200 ml de leite fresco integral
Sal e pimenta-do-reino preta moída na hora a gosto

Ingredientes

400 g de couve-flor (sem as folhas e os talos mais grossos)
1 batata-doce ou cerca de 250 g
1 cebola
1 pedaço de gengibre de 3 cm
2 tomates frescos ou 100 ml de passata de tomate
2 colheres (sopa) de ghee ou de óleo de coco
200 ml de leite de coco
300 g de grão-de-bico cozidos

Mistura de especiarias
2 vagens de cardamomo
1½ colher (café) de coentro em grãos
1 colher (café) de erva-doce
8 grãos de pimenta-do-reino preta
1 cravo
1 pedaço de canela em pau
1 colher (café) de cúrcuma

Curry de grão-de-bico com couve-flor, batata-doce e leite de coco ★

Para 4 pessoas
Tempo de preparo: 30 minutos
Tempo de cozimento: 45 minutos

Para a mistura das especiarias
Parta as vagens do cardamomo e retire as sementes. Coloque todas as especiarias, salvo o cúrcuma, em uma frigideira de fundo espesso. Aqueça, mexendo para tostá-las: quando começarem a crepitar, transfira-as para um prato e deixe esfriar. Passe-as em um moedor de café com o cúrcuma para reduzi-las a pó.

Para o curry
Separe a couve-flor em floretes. Descasque a batata-doce e corte em pequenos cubos. Descasque a cebola e corte em cubos pequenos (corte ciseler). Descasque e rale o gengibre. Pique grosseiramente os tomates.
Aqueça o ghee em uma sauteuse grande. Acrescente a mistura de especiarias, refogue-as por 10 segundos, depois acrescente a cebola e o gengibre. Doure por 2 minutos, depois acrescente a couve-flor e a batata-doce. Acrescente o tomate, o leite de coco e 100 ml de água. Salgue levemente.
Tampe e deixe cozinhar por 20 minutos, acrescentando, se necessário, um pouco de água e mexendo duas ou três vezes. Acrescente o grão-de-bico e deixe cozinhar por mais 5 minutos.

Sirva com arroz e coentro fresco.

● **Conselho do chef**
Você pode substituir a batata-doce por abóbora.
Para uma versão vegetariana estrita, utilize óleo de coco.

● **Bom saber**
Você pode substituir igualmente a mistura de especiarias por 1 colher (sopa) de curry tipo Bombay®. Se gosta de sabores mais apimentados, acrescente a pimenta fresca de sua preferência ao molho (ver técnica, p. 23).

→ Referências técnicas
Cozinhar leguminosas, p. 82
Preparar manteiga clarificada e ghee, p. 113
Cortar cebola em cubos pequenos (corte ciseler), p. 39
Descascar gengibre, p. 29

Lasanha ★★

Para 6 pessoas
Tempo de preparo: 30 minutos
Tempo de cozimento: 35 minutos

Para o molho de tomate com legumes
Descasque e corte em cubos os legumes de sua escolha: opte, de preferência, por raízes, abóboras e legumes com textura dura, que se beneficiarão ao serem cozidos lentamente em um molho.

Descasque a cebola, o alho e a cenoura. Pique tudo com o talo de aipo. Aqueça o azeite de oliva em uma sauteuse. Coloque esses legumes e doure-os por 2 a 3 minutos. Acrescente os outros legumes, misture e depois adicione a passata de tomate, o vinho tinto, o bouquet garni, a pimenta, o sal e a pimenta-do-reino. Coloque para ferver, cubra e deixe cozinhar em fogo brando por 20 a 25 minutos, de acordo com o tipo de legumes, até que fiquem todos tenros, mas ainda um pouco firmes. Se necessário, acrescente um pouco de água ao longo do cozimento; a preparação não deve ficar muito seca.

Para o preparado com espinafres
Tire as pontas inferiores dos espinafres se eles forem frescos. Em uma frigideira antiaderente, salteie-os por 1 minuto, para murcharem. Escorra-os cuidadosamente. Se você utilizar espinafres congelados, descongele-os e escorra-os. Tire a casca e pique a cebola. Doure no azeite de oliva, acrescente os espinafres e refogue-os por 2 a 3 minutos. Fora do fogo, acrescente a ricota, o creme de leite, a noz-moscada, salgue e coloque pimenta-do-reino a gosto.

Para finalizar
Preaqueça o forno a 180 °C (t. 6). Unte com óleo uma fôrma quadrada ou retangular. Coloque 2 a 3 colheres (sopa) do molho de tomate com legumes, espalhe e acomode as folhas de massa de lasanha, de modo que cubra todo o fundo do prato. Espalhe por cima 1/3 do preparado de espinafres e cubra com as folhas de massa de lasanha. Espalhe generosamente a metade do molho de tomate com legumes e cubra com a massa de lasanha. Recomece as camadas até acabar os ingredientes e termine com uma camada do preparado de espinafres. Polvilhe com queijo ralado.

Leve ao forno por 30 minutos. Se necessário, ligue o gratinador do forno por alguns instantes para que fique bem dourado.

● **Conselho do chef**
Esta lasanha pode ser preparada 2 dias de véspera, conservada no refrigerador sem o queijo. Acrescente-o somente na hora de levar ao forno.

● **Bom saber**
Para uma versão vegetariana estrita, substitua a ricota por bechamel vegetal (ver técnica, p. 121) e o queijo ralado pelo parmesão vegetal (ver técnica, p. 124).

Ingredientes
10 a 12 folhas de massa de lasanha pré-cozida, de acordo com o tamanho de sua fôrma

1 colher (café) de azeite de oliva

100 g de queijo ralado (comté, gruyère, parmesão)

Molho de tomate com legumes
500 g de legumes de sua escolha misturados (abóbora, batata-doce, nabo, aipo...)

1 cebola

2 dentes de alho

1 cenoura

1 talo de aipo

2 colheres (sopa) de azeite de oliva

600 ml de passata de tomate

100 ml de vinho tinto

1 bouquet garni

1 pitada (ou mais, a gosto) de pimenta peperoncino (ou pimenta vermelha moída de sua escolha)

Sal e pimenta-do-reino preta moída na hora a gosto

Preparado de espinafres
1 kg de espinafre fresco ou 500 g de espinafre congelado

1 cebola

2 colheres (café) de azeite de oliva

400 g de ricota

3 colheres (sopa) de creme de leite tipo nata

1 ponta de faca de noz-moscada em pó

Sal e pimenta-do-reino preta moída na hora a gosto

⟶ Referências técnicas
Preparar bouquet garni, p. 30
Cortar cebola em cubos pequenos (corte ciseler), p. 39
Preparar bechamel de pasta de amêndoas, p. 121

Ingredientes
200 g de trigo einkorn
2 dentes de alho
3 colheres (sopa) de azeite de oliva + um pouco para a fôrma
1 berinjela
2 tomates grandes
1 abobrinha
1 cebola roxa
3 ramos de tomilho ou segurelha
½ colher (café) de erva-doce
1 folha de louro
Sal e pimenta-do-reino preta moída na hora a gosto

Utensílio
Travessa de barro para gratinar (19 cm × 24 cm)

→ Referência técnica
Utilizar fatiador de alimentos, p. 40

Tian de ratatouille com trigo einkorn ★

Para 4 pessoas
Tempo de preparo: 30 minutos
Tempo de cozimento: 1 hora
Tempo de descanso: 1 noite

Deixe o trigo einkorn de molho por uma noite toda. Enxágue e mergulhe por 10 minutos em água fervente salgada para pré-cozer. Escorra.

Preaqueça o forno a 150 °C (t. 5).

Descasque os dentes de alho. Unte com óleo a travessa de barro e esfregue-a com 1 dente de alho, amassando-o, para aromatizar bem. Fatie em tiras finas o alho restante.

Enxágue e seque a berinjela, corte o pedúnculo e corte-a em rodelas de aproximadamente 5 mm a 7 mm de espessura, preferencialmente com a ajuda de um fatiador de alimentos. Remova o pedúnculo dos tomates e corte-os em rodelas de mesma espessura. Faça o mesmo com a abobrinha e a cebola.

Espalhe trigo einkorn pelo fundo da travessa, coloque pimenta-do-reino e misture para besuntá-lo com o azeite de oliva e alho. Por cima, disponha as fatias de berinjela, abobrinha, tomate e cebola, intercalando e deixando-as bem juntas: cozinhando, os legumes diminuem de tamanho. Se necessário, faça duas camadas de legumes, de acordo com o tamanho da travessa. Tempere com sal e pimenta-do-reino. Salpique com tomilho ou segurelha, erva-doce e esfarele o louro. Regue com bastante azeite de oliva.

Leve ao forno e deixe cozinhar por 45 minutos. Retire a travessa do forno e com uma escumadeira pressione levemente os legumes para que soltem água.

Coloque de volta no forno por mais 1 hora a 1h15 até que os legumes fiquem dourados e o trigo einkorn cozinhe.

Sirva quente ou morno.

● **Conselho do chef**
Prato perfeito para levar em piqueniques, também pode ser preparado com antecedência e ser reaquecido. Pode, inclusive, ser feito com arroz.

● **Bom saber**
Em provençal, tian designa uma cuba larga oval ou redonda, de barro envernizado, com aproximadamente 10 cm de altura e 30 cm a 40 cm de largura. Essa cuba era usada tanto para lavar a louça como para lavar as mãos, uma vez que servia de pia! Envernizada, podia ir ao forno sem problemas. Assim, o nome tian se refere a uma travessa de gratinar feita de barro e envernizada, redonda, de preferência, em geral com diâmetro menor (cerca de 25 cm).

Muffins de ervilha, espinafre e grãos germinados ★

Para 14 a 15 muffins
Tempo de preparo: 15 minutos
Tempo de cozimento: 30 minutos

Preaqueça o forno a 180 °C (t. 6).

Rale o queijo. Desfolhe e pique a salsa. Branqueie as ervilhas por 1 minuto em água fervente salgada. Faça o mesmo com os espinafres. Escorra bem, depois pique em tiras bem pequenas. Procure eliminar o máximo de água.

Bata os ovos com o óleo, o leite, o sal e a pimenta-do-reino. Incorpore a farinha, o fermento e o queijo ralado. Finalize com as ervilhas, os espinafres, a salsa e a mostarda. Não trabalhe muito a massa, para que não fique elástica.

Coloque nas fôrmas de muffins previamente forradas de forminhas de papel e leve ao forno por 25 minutos. Deixe esfriar sobre uma grelha.

Prepare a cobertura misturando todos os ingredientes, salvo a alfafa. Decore os muffins com a cobertura usando uma espátula. Finalize com os grãos germinados e sirva.

● Conselho do chef
Estes muffins podem ser preparados com até 24 horas de antecedência. Entretanto, coloque a cobertura no máximo 2 horas antes de servir.

● Bom saber
Você também pode usar ervilhas congeladas (na mesma quantidade). Para os espinafres, se forem congelados, conte 100 g, branqueie-os e depois escorra bem para eliminar o máximo de água.

➤ Referências técnicas
Cozinhar à inglesa (branquear), p. 41
Fazer a germinação das leguminosas, p. 80
Fazer coalhada fresca e paneer, p. 110

Ingredientes
100 g de queijo comté ou cheddar
1 dúzia de raminhos de salsa
150 g de ervilha
250 g de folhas de espinafre
3 ovos
80 mℓ de azeite de oliva
100 mℓ de leite semidesnatado (vaca ou soja)
200 g de farinha de trigo T65*
10 g de fermento químico
2 colheres (café) de mostarda
Sal e pimenta-do-reino preta moída na hora a gosto

Para a cobertura
125 g de queijo fresco (vaca ou cabra)
150 g de mascarpone
2 colheres (café) de wasabi
2 punhados de grãos germinados de alfafa
Sal e pimenta-do-reino preta moída na hora a gosto

Utensílios
Fôrma para muffins
Forminhas de papel

As receitas

Legumes e outros vegetais

* Tipificação de farinha adotada no mercado europeu. No Brasil, corresponde à farinha para bolo. (N. E.)

Raízes assadas, molho de missô e xarope de bordo ★

Para 4 pessoas
Tempo de preparo: 30 minutos
Tempo de cozimento: 45 minutos

Preaqueça o forno a 220 °C (t. 7).

Amasse os dentes de alho, conservando a casca. Lave e descasque as raízes. Corte-as em pedaços grandes, seguindo sua forma natural. Disponha-as com os dentes de alho em uma bandeja coletora ou em uma assadeira grande em que caibam todas em uma única camada.

Misture em uma tigela o azeite de oliva, o tomilho, a pimenta-doce e a flor de sal. Despeje essa mistura sobre os legumes, esfarele o louro e misture com as mãos, para impregnar bem em tudo. Leve ao forno por 45 minutos, aproximadamente, misturando 1 a 2 vezes, para que as raízes assem dos dois lados. Ajuste de acordo com a textura dos legumes.

Acrescente as avelãs à assadeira e continue o cozimento por 5 minutos, para que fiquem douradas.

Para o molho
Corte a cebolinha em fatias bem finas. Emulsione em uma tigela o missô, o xarope de bordo e a água. Ajuste a textura acrescentando um pouco de água, se necessário. Acrescente a cebolinha e misture.

Sirva para molhar as raízes assadas ou misture-as com o molho, como preferir.

● **Conselho do chef**
Corte as raízes em pedaços de mesma espessura, para que o tempo de cozimento seja uniforme.

● **Bom saber**
Prática para alimentar uma grande mesa, esta receita é perfeita quente, mas também funciona como salada fria, misturada com rúcula, brotos de espinafre ou mesclun, e temperada com molho de missô.

→ **Referência técnica**
Assar legumes e outros vegetais, p. 46

Ingredientes
4 dentes de alho

1,5 kg de raízes de sua escolha: cerefólio-de--raiz (tuberoso), tupinambo, pastinaca, cenouras de todas as cores, beterraba rosa (chioggia), beterraba amarela, nabo amarelo...

3 colheres (sopa) de azeite de oliva
2 colheres (café) de tomilho seco (ou de orégano)
½ colher (café) de pimenta-doce em pó ou de páprica doce
1 colher (café) de flor de sal
1 folha de louro
30 g de avelã picada

Molho
1 cebolinha para conserva
1 colher (sopa) de missô branco
2 colheres (sopa) de xarope de bordo
3 colheres (sopa) de água

Bolo de cenoura com centeio e avelã ★★

Para 6 pessoas
Tempo de preparo: 30 minutos
Tempo de cozimento: 30 minutos para o bolo, 3 minutos para as avelãs

Para o bolo de cenoura
Preaqueça o forno a 180 °C (t. 6).
Descasque as cenouras e rale-as fino. Bata os ovos com óleo de amendoim ou de avelã. Acrescente o açúcar demerara, sem parar de bater. Adicione a farinha de centeio, de trigo, o bicarbonato de sódio e o sal. Para finalizar, acrescente as cenouras e as avelãs trituradas.
Unte a fôrma com óleo e coloque a massa. Leve ao forno por 25 a 30 minutos, até que uma ponta de faca finque o centro e saia seca. Desenforme com ele ainda morno e reserve.

Para a cobertura
Bata o queijo fresco com o creme de leite para deixá-lo mais fluido. Acrescente o mel e reserve no refrigerador.

Para as avelãs caramelizadas
Toste as avelãs inteiras a seco em uma frigideira antiaderente durante 1 minuto, movimentando a frigideira. Adicione o açúcar em pó e deixe caramelizar em fogo alto, agitando a frigideira. Assim que as avelãs estiverem revestidas pelo caramelo dourado, passe o conteúdo da frigideira para uma superfície untada. Deixe resfriar por alguns instantes, o tempo de soltá-las.

Para finalizar
Espalhe a cobertura sobre o bolo com a ajuda de uma faca de ponta redonda ou de uma espátula metálica. Decore com as avelãs caramelizadas e sirva cortado em quadrados.

● **Conselho do chef**
Você pode substituir a cobertura por creme de caju (ver técnica, p. 120), ajustando a quantidade de água para obter uma mistura mais densa. Adoce com mel, xarope de arroz ou xarope de bordo.

● **Bom saber**
Sem a cobertura, esse bolo permanece conservado perfeitamente por 3 dias embalado em filme plástico.

➜ **Referência técnica**
Caramelizar oleaginosas, p. 131

Ingredientes
300 g de cenoura
4 ovos
50 mℓ de óleo de amendoim ou de girassol
50 mℓ de óleo de avelã
120 g de açúcar demerara
60 g de farinha de centeio
60 g de farinha de trigo T55*
1½ colher (café) rasa de bicarbonato de sódio
40 g de avelã triturada
2 pitadas de sal

Cobertura e avelãs caramelizadas
150 g de queijo fresco
2 colheres (sopa) de creme de leite tipo nata
1 colher (sopa) de mel
20 g de avelã inteira
40 g de açúcar em pó (açúcar de confeiteiro sem adição de amido)

Utensílios
Ralador
Fôrma quadrada com 20 cm de cada lado

* Farinha branca convencional, de acordo com a tipificação adotada no mercado europeu. (N. E.)

Ingredientes

250 g de beterraba crua
1 laranja orgânica
200 g de chocolate amargo 70% de cacau
4 ovos grandes
150 g de açúcar demerara
120 g de farinha de amêndoa
2 colheres (sopa) de cacau amargo em pó
1 colher (café) de fermento químico
1 colher (café) de óleo (girassol, sementes de uva, coco)
2 pitadas de sal

Utensílio

Fôrma de 20 cm de diâmetro

Bolo de chocolate, beterraba e laranja ★

Para 6 a 8 pessoas
Tempo de preparo: 30 minutos
Tempo de cozimento: 50 minutos

Preaqueça o forno a 180 °C (t. 6). Unte a fôrma com um pouco de óleo.

Descasque e rale as beterrabas, tendo o cuidado de usar luvas. Faça as raspas de laranja, ralando a casca, depois esprema-a e reserve o suco.

Derreta o chocolate em banho-maria. Separe as claras e bata as gemas com o açúcar por 5 minutos, até que a mistura fique esbranquiçada e cremosa. Acrescente o chocolate derretido, a farinha de amêndoa, o cacau, o fermento químico e o sal. Misture, depois incorpore a beterraba ralada, o suco e as raspas de laranja.

Bata as claras em neve, incorpore-as delicadamente ao preparado de beterraba e coloque na fôrma. Alise a superfície e leve ao forno por 45 a 50 minutos. Verifique o cozimento fincando a ponta de uma faca no centro do bolo: a lâmina deve sair seca.

Deixe amornar antes de tirar da fôrma. Sirva *in natura* ou com calda de chocolate.

● **Bom saber**

Este bolo, bem embalado em filme plástico, pode ser conservado por até 3 dias. Se você pensa em prepará-lo na véspera, acrescente à massa 1 colher (sopa) de bebida alcoólica de sua preferência (vodca, rum, licor de laranja) para melhorar ainda mais a conservação.

Armand Arnal apresenta sua receita, p. 232

Avgolemono com abobrinhas e limão-siciliano (sopa grega de arroz, limão e abobrinha), p. 234
Minimorangas recheadas com arroz negro, alho-poró e cranberries, p. 237
Risoto primavera, p. 238
Paella com aspargos e favas-brancas, p. 241
Arroz salteado com shiitakes, pak choi e castanhas-de-caju, p. 242
Biryani, p. 245
Pad thaï, p. 246
Mouhalabieh, p. 248
Banh chuoi hap nuoc dua – bolo vietnamita de banana e leite de coco, p. 249

Arroz

Armand Arnal

Originário de Montpellier, Armand Arnal formou-se com Pierre Hermé e, depois, com Alain Ducasse, ao lado de quem passou sete anos, principalmente em Nova York e Tóquio. Em 2006, instalou-se não muito longe de Arles, em La Chassagnette, na estrada de Sambuc, em plena região de Camargue. No coração de uma luxuriante horta orgânica de 3 hectares, essa casa de campo-restaurante vive ao ritmo das estações e dos produtos oriundos de 98% da região. Esse éden vegetal, com mais de 180 variedades botânicas, constitui verdadeira fonte de inspiração para o chef.

Conciliar agricultura orgânica, gastronomia e desenvolvimento sustentável está no coração do projeto de La Chassagnette. Agora 100% sem glúten, utilizando todos os recursos da região de Camargue, a atuação de Armand Arnal une o dietético, o prazer e a ecologia em uma cozinha fresca e contemporânea, inspirada por todas as margens do Mediterrâneo. "Eu não imponho a cozinha a um produto; espero que o produto me dê o que tem de melhor para cozinhar", ele gosta de dizer.

Propor uma receita à base de arroz de camargue, para ele, era evidente.

>> La Chassagnette
Le Sambuc, 13200 Arles – França

Para 4 pessoas
Tempo de preparo: 25 minutos
Tempo de cozimento: 30 minutos

Ingredientes

250 g de arroz vermelho orgânico de camargue
4 caules de cebolinha (partes verde e branca)
3 nabos novos
3 cenouras novas
½ brócolis
60 g de tofu orgânico
3 colheres (sopa) de óleo de colza*
2 colheres (café) de molho de soja sem glúten
100 g de broto de soja
1 maço de coentro

Arroz vermelho orgânico de camargue salteado à moda tailandesa, legumes e tofu

Na véspera, cozinhe o arroz vermelho como arroz pilaf e guarde-o no refrigerador.

Retire a pele da cebolinha, separe a parte branca da parte verde e corte em tiras bem finas (tanto a parte branca como a verde). Descasque e corte em lâminas finas os nabos e as cenouras. Corte o brócolis em pedaços, cozinhe-os na água salgada por 5 minutos, resfrie-os e escorra-os bem. Corte o tofu em cubinhos. Reserve e conserve tudo separadamente.

Aqueça o óleo em uma wok ou em uma frigideira até que comece a fumegar. Adicione o tofu e depois acrescente o restante dos legumes por 3 minutos.

Acrescente o arroz vermelho e mexa constante e regularmente por cerca de 3 minutos. Acrescente o molho de soja para deglacear. Acrescente a parte branca da cebolinha, os brotos de soja e salpique com o coentro fresco e a cebolinha verde no momento de servir.

---

* Pode ser substituído por óleo de canola, híbrido da colza, em razão da dificuldade de encontrá-lo nos mercados comuns. (N. E.)

Avgolemono com abobrinhas e limão-siciliano (sopa grega de arroz, limão e abobrinha) ★★

Para 4 pessoas
Tempo de preparo: 15 minutos
Tempo de cozimento: 15 minutos

Coloque para ferver lentamente em fogo baixo o caldo com o alho com casca e o louro. Durante esse tempo, corte as extremidades das abobrinhas, depois corte-as em rodelas de 2 mm a 3 mm de espessura, com uma faca bem afiada ou um fatiador de alimentos.

Enxágue o arroz e, a seguir, mergulhe-o no caldo. Deixe cozinhar por 12 minutos, depois acrescente as rodelas de abobrinha e prossiga o cozimento por mais 3 minutos. Enquanto isso, faça as raspas de limão, ralando a casca bem fina. Esprema o limão. Bata em uma tigela os ovos, o suco e as raspas de limão, assim como a água fria.

Ainda batendo, acrescente uma concha do caldo quente na mistura com os ovos, depois uma segunda concha, para que a mistura fique morna. Fora do fogo, despeje o preparado com os ovos em fio, sem parar de bater, para engrossá-lo um pouco.

Salgue, coloque a pimenta-do-reino e sirva sem demora, propondo gomos de limão para ajustar o gosto, se necessário.

● **Conselho do chef**
Esta sopa não pode ser reaquecida: a delicada liga dos ovos faria com que coagulasse.

● **Bom saber**
Literalmente ovo com limão, o avgolemono é uma sopa grega tradicional preparada também com massas para sopa ou tapioca no lugar do arroz. Mais ou menos espessa, sua consistência é dada pelo cozimento dos ovos, um pouco delicado, que resulta em textura aveludada… ou em forma de filamentos! Esse tipo de prato pode, ainda, ser encontrado na culinária judaica sefardi e igualmente na Turquia e nos Bálcãs, às vezes em forma de molho.

→ **Referências técnicas**
Preparar caldo de vegetais, p. 31
Utilizar fatiador de alimentos, p. 40

Ingredientes
Caldo
1,5 ℓ de caldo de vegetais
1 dente de alho (com casca)
1 folha de louro seco

Recheio
2 abobrinhas pequenas
100 g de arroz grão longo parboilizado (tipo basmati)
2 limões-sicilianos orgânicos ou não tratados
3 ovos orgânicos
1 colher (sopa) de água fria
Sal e pimenta-do-reino preta moída na hora a gosto

Ingredientes

50 g de cranberry seco
4 minimorangas
2 colheres (sopa) de azeite de oliva + um pouco para o cozimento das abóboras
200 g de arroz selvagem (zizânea)
1 ℓ de caldo de vegetais
1 dente de alho
50 g de oleaginosas de sua escolha picadas: amêndoa, avelã, macadâmia, castanha-do-brasil
2 alhos-porós
½ colher (café) de pimenta de Espelette ou outra pimenta-doce
2 colheres (café) de vinagre de jerez
Sal e pimenta-do-reino preta moída na hora a gosto

Minimorangas recheadas com arroz negro, alho-poró e cranberries ★

Para 4 pessoas

Tempo de preparo: 20 minutos
Tempo de cozimento: 40 minutos

Hidrate as cranberries em água quente.
Preaqueça o forno a 180 °C (t. 6).

Escove delicadamente as abóboras em um fio de água fria. Corte um chapéu em cada uma delas e remova as sementes com uma colher, para formar uma cavidade. Tempere levemente com sal e pimenta-do-reino a parte interna de cada abóbora e regue com um fio de azeite de oliva. Coloque-as em uma assadeira com a parte cortada virada para baixo e leve ao forno por 30 a 40 minutos, até que fiquem tenras, mas conservem a forma bem desenhada.

Enquanto isso, enxágue o arroz. Coloque o caldo para ferver com 1 colher (café) de sal. Coloque o arroz aos poucos, de modo que se espalhe, e cozinhe-o por 35 a 45 minutos: fique atento ao cozimento, o arroz não deve estourar. Escorra-o. Tire a casca e pique o alho. Pique as oleaginosas de sua escolha.

Prepare os alhos-porós e corte-os em tiras bem finas. Faça-os saltear em azeite de oliva com o alho até ficarem tenros. Adicione sal e pimenta-do-reino e misture com o arroz, as cranberries, as oleaginosas e a pimenta.

Recheie as abóboras com essa mistura, coloque-as de volta no forno por 10 minutos e sirva-as ainda mornas.

● Conselho do chef

Você pode rechear do mesmo modo outras variedades de minimorangas ou abóboras (tipo ouro de mesa, hokkaido, etc.).

● Bom saber

O arroz selvagem também pode ser consumido cru, depois de uma germinação de 3 a 4 dias: os grãos devem estourar. Você pode preparar esse recheio com o arroz germinado, entretanto sem passá-lo no fogo, para preservar os nutrientes.

Referências técnicas

Hidratar frutas secas, p. 143
Limpar alho-poró, p. 24
Preparar caldo de vegetais, p. 31

Risoto primavera ★★

Para 4 pessoas
Tempo de preparo: 30 minutos
Tempo de cozimento: 25 minutos

Debulhe as ervilhas. Enxágue as vagens. Enxágue os aspargos, corte os pés e descasque-os. Corte o pedúnculo das abobrinhas, corte-as em dois e depois em cubinhos.

Coloque para ferver lentamente em fogo baixo o caldo com o alho não descascado e o louro. Acrescente as vagens das ervilhas e as sobras dos aspargos, cozinhe com tampa por 10 minutos e depois filtre o caldo. Reserve-o no calor.

Descasque e pique a cebola e a cenoura. Enxágue e seque o aipo. Corte-o em pequenos cubos. Aqueça o azeite de oliva em uma panela ou em uma sauteuse. Coloque a cebola, a cenoura e o aipo. Refogue por 2 minutos, depois acrescente o arroz. Deixe cozinhar por alguns instantes até que fique perolado, brilhante e recoberto de óleo; a seguir, despeje o vinho. Deixe-o evaporar, misturando. Adicione 800 ml de caldo, salgue e cozinhe por 12 minutos, mexendo sem parar.

Acrescente as ervilhas, os aspargos e as abobrinhas. Se necessário, acrescente um pouco de caldo e prossiga o cozimento por 6 a 8 minutos, sem parar de mexer. O risoto deve ainda estar um pouco líquido.

Fora do fogo, acrescente a manteiga e o parmesão. Misture energicamente para que o amido do arroz se emulsione com a manteiga e o parmesão, criando a cremosidade do risoto. Prove e corrija o tempero; coloque pimenta-do-reino, se necessário.

Sirva imediatamente em pratos fundos, oferecendo à parte um pouco mais de parmesão.

● Conselho do chef
• Se sobrar um pouco de risoto, deixe-o esfriar. Acrescente um ovo e parmesão ralado, forme bolinhos achatados, passe-os na farinha de rosca e doure-os em uma frigideira com um pouco de óleo.
• Conserve o restante de caldo de vegetais por 5 dias no refrigerador.

● Bom saber
Recomenda-se, muitas vezes, cozinhar o risoto acrescentando o caldo concha a concha, sem parar de misturar. Acrescentando-o em duas vezes, obtém-se o mesmo resultado... a tradição de um gesto a menos é possível!

➞ Referências técnicas
Preparar caldo de vegetais, p. 31
Preparar aspargos, p. 36
Cozinhar à inglesa (branquear), p. 41
Cortar cebola em cubos pequenos (corte ciseler), p. 39
Preparar risoto, p. 52

Ingredientes

Risoto
1 cebola
1 cenoura
1 talo de aipo
3 colheres (sopa) de azeite de oliva
250 g de arroz de risoto (arbóreo, carnaroli, vialone nano)
150 ml de vinho branco seco
80 g de manteiga sem sal fria
60 g de parmesão ralado + um pouco para servir
Sal e pimenta-do-reino preta moída na hora a gosto

Recheio
500 g de ervilha fresca
12 aspargos verdes
2 abobrinhas pequenas

Caldo
1,5 l de caldo de vegetais
1 dente de alho com casca
1 folha de louro seco

Ingredientes

1 cebola
3 dentes de alho
12 aspargos verdes
4 minialcachofras violeta de provença
Suco de ½ limão
3 tomates grandes
1 ℓ de caldo de vegetais
6 pistilos de açafrão
4 colheres (sopa) de azeite de oliva
2 colheres (café) de páprica defumada
250 g de arroz bomba
200 g de fava-branca já cozida (também conhecida como feijão-de-lima)
Sal e pimenta-do-reino preta moída na hora a gosto

→ Referências técnicas
Preparar caldo de vegetais, p. 31
Cozinhar leguminosas, p. 82
Preparar alcachofra, p. 14
Preparar aspargos, p. 36
Descascar frutas "macias", p. 139
Cortar cebola em cubos pequenos (corte ciseler), p. 39

Paella com aspargos e favas-brancas ★★

Para 6 pessoas
Tempo de preparo: 30 minutos
Tempo de cozimento: 20 minutos

Descasque e pique a cebola e o alho. Corte o talo (base mais fibrosa) dos aspargos, descasque-os com um descascador, reserve-os para o caldo. Corte as cabeças e reserve-as. Corte os caules dos aspargos restantes em pedaços de 3 cm de comprimento.

Descasque as alcachofras, remova o feno e corte-as em fatias finas. Conserve-as em uma tigela com água fria e limão. Pele os tomates, corte-os grosseiramente e reserve-os em uma vasilha.

Aqueça o caldo com os talos reservados dos aspargos. Cubra e deixe em infusão por 10 minutos. Filtre.

Coloque os pistilos de açafrão em um pedaço de papel-alumínio. Dobre-o formando um envelope hermético. Aqueça uma sauteuse grande, coloque o envelope de açafrão e aqueça-o por 10 a 15 segundos. Retire e deixe-o esfriar em um prato.

Aqueça o azeite de oliva em uma sauteuse grande. Refogue a cebola e o alho por 5 minutos. Acrescente os pedaços de aspargos e as alcachofras escorridas, deixe refogar por 5 minutos. Acrescente o tomate e a páprica defumada, salgue. Adicione 700 mℓ de caldo, coloque para ferver. Despeje o arroz na frigideira formando uma cruz e deixe cozinhar por 10 minutos em fogo médio.

Acrescente as favas e as cabeças dos aspargos. Acrescente 100 mℓ de caldo e esfarele os pistilos de açafrão diretamente sobre a frigideira. Agite lateralmente a frigideira para espalhar. Não mexa com a ajuda de uma espátula.

Continue ainda o cozimento por cerca de uns 12 minutos. Experimente para verificar o cozimento do arroz. Se necessário, acrescente um pouco de caldo e prossiga o cozimento por mais alguns instantes.

● **Conselho do chef**
Você também pode acrescentar ervilhas tortas branqueadas por 1 minuto em água fervente salgada ou utilizá-las para substituir algum dos legumes.

● **Bom saber**
A crosta que se forma no fundo da panela é o socarrat, parte que deve ser dividida igualmente entre os convivas.
Isso significa que a paella deu certo!

Arroz salteado com shiitakes, pak choi e castanhas-de-caju ★

Para 4 pessoas
Tempo de preparo: 15 minutos
Tempo de cozimento: 20 minutos + 8 minutos
Tempo de descanso: 1 noite

Ingredientes
200 g de arroz thaï grão longo semi-integral
1 dente de alho
1 cebola
2 cm de gengibre fresco (ou de acordo com seu gosto)
50 g de castanha-de-caju sem sal
400 g de shiitake fresco
2 colheres (sopa) de óleo de gergelim torrado
2 couves pak choi
2 colheres (sopa) de molho de soja sem glúten (ou mais, a gosto)
1 cebolinha (partes verde e branca)
Sal

Utensílio
Wok

Na véspera
Enxágue o arroz. Prepare-o conforme o método de cozimento que preferir (à crioula ou na panela de arroz) com sal. Escorra, deixe esfriar e coloque-o no refrigerador.

No dia
Descasque o alho, remova o miolo e pique. Descasque a cebola e pique. Descasque o gengibre e rale. Pique grosseiramente as castanhas-de-caju. Pique a cebolinha. Limpe os cogumelos com a ajuda de um pano úmido. Corte os talos dos cogumelos, depois corte-os em 4 ou 8, conforme o tamanho. Enxágue e seque a couve pak choi. Fatie-a grosseiramente.

Toste as castanhas-de-caju em uma frigideira a seco. Reserve em um prato. Refogue os cogumelos em uma wok bem quente com 2 pitadas de sal e um fio de óleo de gergelim. Reserve.

Refogue a couve pak choi por 2 a 3 minutos em uma wok com 1 fio de óleo de gergelim e 1 pitada de sal. Reserve.

Coloque o óleo restante na wok e doure a cebola, o alho e o gengibre. Acrescente o arroz e doure-o por 2 minutos. Acrescente os shiitakes e a couve, tempere com molho de soja.

Deixe saltear por 2 minutos, depois acrescente a cebolinha, misture e sirva imediatamente.

● **Conselho do chef**
Para ter êxito ao preparar o arroz salteado, utilize sempre arroz bem frio, de preferência feito na véspera: assim ele não grudará. Você pode igualmente utilizar arroz congelado, descongelado no refrigerador, antes de salteá-lo.

Referências técnicas
Descascar gengibre, p. 29
Refogar cogumelos, p. 98
Preparar arroz à crioula, p. 50

Ingredientes

175 g de arroz basmati
50 g de ervilha partida amarela (toor dal)
500 ml de água
2 bagas de cardamomo
5 colheres (sopa) de ghee
3 cravos
1 pedaço pequeno de canela em pau
2 dentes de alho
1 pedaço de gengibre de 2 cm
2 cenouras
1 nabo
1 batata grande
1 dúzia de vagens macarrão frescas ou congeladas
Alguns buquês de couve-flor
2 tomates
2 cebolas
½ maço de coentro fresco
3 ramos de hortelã fresca
1 pimenta tipo tailandesa verde pequena
100 ml de iogurte natural de leite integral
2 colheres (café) de garam masala
1 colher (café) de sal
1 punhado de castanhas-de-caju

→ **Referências técnicas**

Preparar alho, p. 29
Preparar pimentas, p. 23
Preparar ervas finas, p. 38
Preparar manteiga clarificada e ghee, p. 113

Biryani ★★

Para 4 pessoas
Tempo de preparo: 40 minutos
Tempo de cozimento: 40 minutos
Tempo de descanso: 30 minutos

Em duas tigelas separadas, coloque de molho por 30 minutos as ervilhas partidas e o arroz, escorra e enxágue-os. Coloque a água para ferver, reserve.

Amasse o cardamomo em um pilão. Aqueça 2 colheres (sopa) de ghee. Refogue por 1 minuto os cravos, o cardamomo e a canela quebrada com as mãos. Acrescente o arroz e as ervilhas partidas, misture e refogue por 2 minutos. Coloque a água fervente, salgue e ponha para ferver. Tampe e deixe cozinhar, mexendo de tempos em tempos, até a água evaporar completamente, durante 20 minutos.

Descasque o alho e o gengibre, rale-os. Prepare a pimenta e corte-a em tiras bem finas. Descasque e corte em cubos as cenouras, o nabo e a batata. Tire as pontas da vagem e o fio lateral e corte-as em três. Separe os floretes da couve-flor e branqueie-os por 3 minutos em água fervente salgada. Remova os pedúnculos dos tomates, pique-os grosseiramente. Descasque as cebolas, reserve a primeira camada e corte o restante em tiras bem finas.

Lave, seque e desfolhe o coentro e a hortelã. Pique-os. Aqueça em uma sauteuse 2 colheres (sopa) de ghee. Acrescente as cebolas fatiadas e doure por 5 a 7 minutos, depois acrescente o alho, o gengibre e a pimenta. Doure por 2 minutos, depois acrescente os tomates, o iogurte e o garam masala.

Acrescente os cubos de cenoura, aipo e batata, bem como 200 ml de água. Tampe e deixe cozinhar em fogo brando por 15 minutos, depois acrescente as vagens e a couve-flor pré-cozida. Prossiga o cozimento ainda por 10 minutos.

Misture delicadamente o arroz e os legumes, reserve no calor. Pique em tiras finas a cebola que sobrar, frite-a no ghee restante, até que fique dourada. Coloque-a à parte. A seguir, nessa mesma frigideira, doure as castanhas-de-caju. Coloque sobre o biryani a cebola dourada e as castanhas-de-caju, sirva.

● **Bom saber**

O biryani pode perfeitamente comportar outros legumes: cabe a você jogar de acordo com as estações! O acréscimo de açafrão diluído em 1 colher (sopa) de água quente, para dar o toque final, é sinal de uma verdadeira refeição de festa...

● **Conselho do chef**

Você pode substituir o toor dal por ervilhas verdes. Neste caso, acrescente-as ao mesmo tempo que as vagens.

Pad thaï ★

Para 4 pessoas
Tempo de preparo: 25 minutos
Tempo de cozimento: 10 minutos
Tempo de descanso: 45 minutos

Para o molho
Bata o tamarindo, o açúcar de palma e o molho de soja. Reserve.

Para o pad thaï
Coloque o macarrão de molho por 45 minutos em uma vasilha com água quente. Descasque e corte em tiras finas as chalotas. Descasque, tire o miolo e pique os dentes de alho. Descasque e rale o gengibre ou a galanga. Corte em tiras finas as cebolinhas. Prepare a pimenta. Enxágue, seque e pique o coentro. Quebre os ovos e bata-os rapidamente com 1 colher (sopa) de água. Seque o tofu com papel absorvente e corte-o em cubos.
Aqueça o óleo de amendoim na wok. Frite as chalotas, reserve-as em um prato forrado com papel absorvente. Acrescente um pouco de óleo, depois doure o tofu de todos os lados, até que fique bem dourado. Reserve.

Acrescente o alho, o gengibre ou a galanga, a pimenta e metade das cebolinhas. Salteie por 1 minuto. Coloque o macarrão de arroz escorrido na frigideira, acrescente o molho de pad thaï e salteie por 2 minutos.

Afaste o macarrão para os lados da wok e coloque os ovos no centro da frigideira. Misture-os com a ajuda de uma espátula, como para fazer ovos mexidos. Quando estiverem levemente firmes, incorpore-os ao restante do macarrão. Para finalizar, acrescente o tofu e aqueça ainda por 1 minuto.

Fora do fogo, acrescente os brotos de feijão-mungo, o coentro e os amendoins. Reparta em tigelas, salpique com as chalotas fritas e o restante das cebolinhas e ofereça com pedaços de limão para acrescentar de acordo com o gosto dos convivas.

● Bom saber
O pad thaï foi criado nos anos 1940, quando o reino de Sião se tornou a Tailândia e se emancipou da tutela chinesa. Feito à base de ingredientes tipicamente tailandeses, originalmente não levava nem cenouras, nem couve, nem óleo de gergelim, nem citronela. A popularização e o sucesso mundial fizeram-no evoluir, sobretudo com o acréscimo do coentro. As versões não vegetarianas contêm molho de peixe (nam pla), camarões secos, gordura de porco, camarões e frango. As versões vegetarianas, entretanto, existem em grande quantidade, já que festivais de cozinha vegetariana bastante reputados acontecem todos os anos na Tailândia, considerando que lá a definição de vegetarianismo inclui, regularmente, o consumo de peixe.

● Conselho do chef
Impossível fazer um pad thaï para mais de 4 pessoas sem que ele grude! Lance mão de uma wok de tamanho grande e, para um bom resultado, não hesite em proceder em duas etapas. Você também pode substituir o óleo de amendoim por óleo de coco.

Ingredientes
Molho
3 colheres (sopa) de pasta de tamarindo
2 colheres (sopa) de açúcar de palma
2 colheres (sopa) de molho de soja sem glúten

Pad thaï
200 g de macarrão de arroz largo (sen-lek ou banh pho)
3 chalotas
2 dentes de alho
1 cm de gengibre ou de galanga
4 cebolinhas (partes verde e branca)
1 pimenta vermelha fresca pequena (de sua escolha)
½ maço de coentro
2 ovos orgânicos grandes
250 g de tofu firme
2 colheres (sopa) de óleo de amendoim
3 colheres (sopa) de amendoins sem sal
Pimenta-malagueta em pó a gosto
100 g de broto de feijão-mungo
2 limões, para servir

Utensílio
Wok

➤ Referências técnicas
Preparar alho, p. 29
Descascar gengibre, p. 29
Preparar pimentas, p. 23

Ingredientes

Creme
70 g de farinha de arroz pré-cozida
120 g de açúcar demerara
800 ml de leite fresco integral
2 colheres (sopa) de água de flor de laranja

Acompanhamento
6 damascos secos
100 ml de chá quente
3 colheres (sopa) de açúcar em pó (açúcar de confeiteiro sem adição de amido)
3 colheres (sopa) de pistache sem casca e sem sal

Mouhalabieh ★

Para 6 pessoas
Tempo de preparo: 15 minutos
Tempo de cozimento: 15 minutos
Tempo de descanso: 6 horas

Para o creme
Misture em uma panela a farinha de arroz e o açúcar. Acrescente pouco a pouco o leite frio, misturando com um fouet. Coloque para ferver lentamente em fogo baixo; depois de ferver, deixe cozinhar por cerca de 3 minutos, igualmente em fogo baixo, mexendo sem parar até que o creme engrosse.
Fora do fogo, acrescente a água de flor de laranja. Reparta em 6 copos ou potes de sobremesa. Cubra com filme plástico e acondicione no refrigerador por 6 horas.

Para o acompanhamento
Enquanto os cremes ganham consistência no refrigerador, hidrate os damascos no chá quente por 30 minutos. Escorra e depois pique-os em tiras finas. Doure o pistache por 30 segundos em uma frigideira antiaderente bem quente. Acrescente o açúcar e deixe caramelizar, mexendo a frigideira de tempos em tempos, sem utilizar a espátula. Depois de 2 a 3 minutos, os pistaches devem estar cobertos por uma fina camada de caramelo. Coloque-os em uma travessa levemente untada com óleo e deixe esfriar por 30 minutos. Triture grosseiramente os pistaches caramelizados.

No momento de servir, em cada pote de creme, coloque pedaços de damasco e polvilhe com os pistaches caramelizados e triturados.

● **Conselho do chef**
Tradicionalmente preparado com leite de vaca, essa receita também fica deliciosa com leite de soja sem sabor ou leite de arroz. Na ausência da farinha de arroz pré-cozida, você pode substituí-lo pelo amido de milho para engrossar a receita. Se você estiver com tempo, pode igualmente utilizar a farinha de arroz (não pré-cozida), mas neste caso será necessário cozinhar o creme por uns 10 minutos em fogo baixo, para engrossar, sem parar de mexer.

● **Bom saber**
Este flan de arroz é bastante presente nas mesas libanesas, mas também pode ser encontrado na Argélia com o nome mhalbi, aromatizado com canela, e em todo o Oriente Médio. Por vezes é aromatizado com água de rosas, cardamomo ou xarope de mel.

→ **Referências técnicas**
Hidratar frutas secas, p. 143
Caramelizar oleaginosas, p. 131

Banh chuoi hap nuoc dua – bolo vietnamita de banana e leite de coco ★

Para 4 a 6 pessoas
Tempo de preparo: 20 minutos
Tempo de cozimento: 30 minutos + 10 minutos

Descasque as bananas e corte em rodelas. Prepare o xarope fazendo derreter o açúcar na água em uma panela pequena. Mergulhe as rodelas de banana e deixa-as cozinhar em fogo baixo por 10 minutos. Escorra as bananas e reserve o xarope.

Misture as farinhas de arroz, de tapioca e o açúcar. Acrescente o leite de coco e o xarope reservado: você deve obter uma massa líquida.

Unte a fôrma de bolo com um pouco de óleo. Coloque uma fileira de rodelas de bananas, cubra com o preparado de leite de coco. Coloque as bananas restantes, cubra com a massa. Coloque a fôrma em uma panela a vapor e deixe cozinhar por 30 minutos. A massa deve ficar firme e opaca. Deixe esfriar por pelo menos 2 horas.

No momento de servir, prepare o nuoc dua.
Misture o leite de coco, a água e o sal. Coloque para ferver, acrescente o sagu de modo que os grãos se espalhem. Cozinhe por 5 a 10 minutos, mexendo frequentemente até obter um líquido espesso.

Corte o bolo em fatias, cubra com molho e polvilhe com gergelim ou amendoim.

● **Conselho do chef**
Este bolo pode ser conservado por 3 dias no refrigerador, cuidadosamente embalado.
Coloque-o de volta à temperatura ambiente antes de degustá-lo.

● **Bom saber**
O nuoc dua também pode ser preparado com tapioca em pó – basta ½ colher (sopa) –, fécula de batata ou amido de milho. O importante é gelificar a receita.

Ingredientes
Xarope
200 ml de água
50 g de açúcar demerara

Bolo
3 bananas maduras (300 g sem casca)
50 g de farinha de arroz
50 g de farinha de tapioca
50 g de açúcar
250 ml de leite de coco
1 colher (café) de óleo (amendoim, girassol) para a fôrma

Molho (nuoc dua)
200 ml de leite de coco
1 colher (sopa) de água
1 pitada de sal
2 colheres (sopa) de sagu ou tapioca
2 colheres (sopa) de sementes de gergelim tostadas ou de amendoins tostados, sem sal e picados

Utensílios
Fôrma de bolo de 20 cm de comprimento
Panela a vapor

David Toutain apresenta sua receita, p. 252

Berinjelas com freekeh e uvas frescas, p. 254
Focaccia com acelgas e queijo de cabra, p. 257
Massa ao pesto genovês (trenette al pesto genovese), p. 258
Nhoque à romana, p. 261
Cuscuz berbere com legumes no vapor e manteiga de hortelã, p. 262
Mac'n'cheese com couve-flor, p. 265
Espetinhos de seitan grelhado, molho dengaku, p. 266
Salsichas de Glamorgan (Glamorgan sausages), p. 267
Quibe de abóbora com cebolas roxas e nozes, p. 268

Trigo

David Toutain

Neto de agricultor, David voltou-se para a cozinha ainda jovem: iniciou seu aprendizado com Franck Quinton, no Manoir du Lys, depois com Bernard Loiseau. Aos 20 anos, já estava no Arpège, onde em um ano tornou-se subchef de Alain Passard. Uma experiência de três anos que estabeleceu sua paixão pelo universo vegetal.

Em seguida, trabalhou com Pierre Gagnaire e Bernard Pacaud; depois, tornou-se um dos segundos cozinheiros de Marc Veyrat. Após experiências no exterior (Mugaritz, na Espanha; Corton, em Nova York), retornou à França em 2011, tornando-se chef do Agapé Substance.

No final de 2013, inaugurou o próprio restaurante, no qual expressa em uma cozinha exigente e saborosa sua paixão por vegetais, por meio de associações originais de sabores e texturas. Aqui, o trigo se desdobra em farinha torrada, de textura crocante, mas também em sorvete; a polpa de batata confunde os caminhos do doce e do salgado. Uma sobremesa imaginada ali onde não se espera.

›› Restaurant David Toutain
29 rue Surcouf, 75007 Paris – França

Para 8 pessoas
Tempo de preparo: 1 hora
Tempo de cozimento: 10 horas
Tempo de maceração: 1 hora

Ingredientes

Creme de batata ao feno

250 g de leite integral

250 g de creme de leite fresco

1 punhado de feno orgânico

3 gemas de ovos orgânicos

60 g de açúcar de confeiteiro

250 g de polpa de batata tipo agria (cozidas a vapor por 20 minutos, preparadas como purê e secas no forno por 30 minutos a 160 °C)

Crocante de baunilha

3 ovos orgânicos

300 g de farinha de trigo T55*

250 g de manteiga sem sal

125 g de açúcar de confeiteiro

3 g de flor de sal

1 fava de baunilha de madagáscar

Merengue fino

100 g de leite em pó

50 g de água + 2 colheres (sopa)

200 g de açúcar de confeiteiro

200 g de clara de ovos

Para o pão perdu (rabanada francesa)

3 ovos orgânicos

150 g de açúcar

300 g de creme de leite fresco (30% a 36% de gordura)

20 g de calvados

20 g de manteiga sem sal

3 fatias de brioche de manteiga com 1 cm de espessura

Sorvete de farinha de trigo

1 ℓ de leite integral

250 g de creme de leite fresco (30% a 36% de gordura)

50 g de mel de flores do campo

400 g de gema de ovos orgânicos

100 g de açúcar de confeiteiro

60 g de farinha de trigo T55

* Farinha branca convencional, de acordo com a tipificação adotada no mercado europeu. (N. E.)

Pão perdu, trigo, batata

Para o creme de batata
Ferva o leite e o creme de leite. Acrescente o feno e deixe em infusão por 30 minutos fora do fogo e coberto; filtre. Bata as gemas de ovos com o açúcar. Acrescente o leite quente filtrado em fio; despeje na panela esse creme inglês e cozinhe em fogo brando (a 82 °C), mexendo com uma espátula até o ponto nappé.** Deixe esfriar, depois acrescente esse creme frio à polpa de batata fria. Coloque em uma assadeira e asse em banho-maria a 120 °C por 20 a 25 minutos. Deixe esfriar. Passe no processador esse preparado para deixá-lo liso; passe-o em uma peneira de malha fina com um tecido bem fino e reserve.

Para o crocante de baunilha
Cozinhe os ovos em água fervente salgada por 10 minutos, até que fiquem duros. Mergulhe-os em água fria, tire a casca e as claras, reserve as gemas. Coloque-as no refrigerador. Espalhe homogeneamente a farinha sobre uma assadeira. Torrifique-a por 25 minutos a 160 °C (t. 5/6) e deixe esfriar. Peneire a farinha e pese os 250 g. Trabalhe a manteiga em pomada com o açúcar, as sementes raspadas da fava de baunilha e a flor de sal. Amasse as gemas frias e peneire-as, para obter um pó fino. Acrescente a farinha e as gemas dos ovos, trabalhando o menos possível com a massa, que deve ficar arenosa: não busque em hipótese nenhuma formar uma bola. Espalhe essa massa flocada em uma assadeira e asse por 13 minutos a 170 °C (t. 5/6). Reserve.

Para o merengue
Dissolva o leite em pó em 2 colheres (sopa) de água, reserve. Prepare um xarope com o açúcar e os 50 g de água, aqueça a uma temperatura de 118 °C. Enquanto o xarope de açúcar aquece, em uma batedeira planetária, bata as claras (batedor globo, em velocidade média) até ficarem elásticas e darem o ponto do merengue. Acrescente o xarope em fio sem parar de bater e continue batendo por 4 minutos. Incorpore então o leite em pó dissolvido e batido até que o merengue fique morno. Espalhe o merengue em uma espessura bem fina sobre um tapete de silicone (silpat) e leve ao forno por 8 horas a 80 °C (t. 2/3), para que fique fino e crocante.

Para o pão perdu
Bata os ovos com o açúcar, o creme de leite e o calvados. Mergulhe nesta mistura as fatias de brioche e deixe marinar por 1 hora. Derreta a manteiga em uma frigideira, doure as fatias de brioche bem escorridas. Deixe esfriar e depois corte-as em cubos de 0,5 cm de cada lado. Reserve.

Para o sorvete de farinha de trigo
Espalhe a farinha para torrificar em uma assadeira e leve ao forno por 20 minutos a 200 °C (t. 6/7). Peneire e pese 45 g, reserve. Prepare o creme inglês. Aqueça o leite com o creme de leite e o mel. Enquanto isso, bata as gemas de ovos com o açúcar até que a mistura se torne esbranquiçada e a consistência fique como uma fita. Misture com o leite quente, coloque de volta na panela e cozinhe em fogo brando (a 82 °C), mexendo com uma espátula até obter o ponto nappé. Deixe esfriar o creme obtido, pese 800 g de creme e misture com a farinha. Bata o creme em uma sorveteira para obter um sorvete.

Montagem
Asse brevemente sob o gratinador do forno os cubos de brioches (pão perdu). Quebre o merengue em lascas. Coloque nos pratos pequenas bolas de sorvete calçadas sobre o crocante de baunilha. Cubra com o creme de batata, intercale as lascas de merengue e os cubos de brioche morno.

** Ponto nappé é aquele em que é possível passar um molho ou creme nas costas de uma colher e ele não escorrer ao ser feito um risco nele. (N. E.)

Berinjelas com freekeh
e uvas frescas ★★

Para 6 pessoas
Tempo de preparo: 20 minutos
Tempo de cozimento: 1h20

Preaqueça o forno a 180 °C (t. 6). Lave e seque as berinjelas. Corte-as em dois, conservando o pedúnculo. Com uma faca pontuda, faça incisões diagonais na polpa, formando quadrados; regue com 1 colher (sopa) de azeite de oliva e coloque um pouco de sal. Leve ao forno por 40 minutos. Deixe esfriar à temperatura ambiente.

Enxágue, seque e desfolhe o coentro e a salsa. Descasque e tire o miolo do alho. Extraia a polpa do limão confitado e remova as sementes. Reserve a casca.

Pique com uma faca ou um processador de alimentos o coentro, a salsa e o alho. Acrescente as especiarias, a polpa de limão e o azeite de oliva restantes, bata rapidamente até obter uma pasta grossa. Cozinhe o freekeh por 30 minutos em água fervente salgada. Escorra.

Enxágue e seque o cacho de uvas. Corte cada uva em dois, tire as sementes. Fatie em tiras bem finas as cebolinhas e a casca do limão confitado. Pique grosseiramente as nozes.

Misture o freekeh, o molho, as uvas, as nozes e as cebolinhas. Cubra as metades de berinjelas com essa salada, decore com coentro e sirva à temperatura ambiente.

● **Conselho do chef**
Esta salada de trigo verde cozido pode acompanhar perfeitamente todos os legumes de sua escolha, cozidos ou crus (pimentões, cebolas...).

➤ **Referência técnica**
Preparar ervas finas, p. 38

Ingredientes

3 berinjelas longas
5 colheres (sopa) de azeite de oliva
1 maço de coentro
½ maço de salsa
1 dente de alho
1 limão confitado (limão em conserva)
½ colher (café) de páprica
½ colher (café) de cominho
2 pitadas de pimenta da intensidade
que você desejar
200 g de freekeh (trigo verde seco e defumado)
1 cacho de uvas roxas
3 cebolinhas (partes branca e verde)
1 punhado de nozes de Grenoble
Sal e pimenta-do-reino preta moída
na hora a gosto

Ingredientes

300 ml de água morna (aproximadamente 30 °C)

100 ml de vinho branco

500 ml de azeite de oliva + um pouco para a assadeira

20 g de fermento biológico fresco

1 colher (sopa) de mel ou cerca de 20 g

560 g de farinha de espelta ou de trigo

10 g de sal ou 2 colheres (café)

Para pincelar

4 colheres (sopa) de água

2 colheres (sopa) de azeite de oliva

½ colher (sopa) de flor de sal

Para a cobertura

30 g de uva-passa

1 pé de acelga verde-escura (500 g aproximadamente)

1 cebola

1 dente de alho

1 colher (sopa) de azeite de oliva

50 ml de caldo de vegetais

1 queijo de cabra fresco (250 g)

1 colher (café) de sementes de anis

1 colher (café) de flores de tomilho

2 pitadas de pimenta em pó (de acordo com seu gosto)

Sal e pimenta-do-reino preta moída na hora a gosto

Utensílio

Batedeira planetária (batedor gancho)

⟶ Referências técnicas

Preparar massa fermentada, p. 63

Preparar acelgas, p. 15

Cortar cebola em cubos pequenos (corte ciseler), p. 39

Preparar alho, p. 29

Hidratar frutas secas, p. 143

Focaccia com acelgas e queijo de cabra ★★

Para 6 pessoas

Tempo de preparo: 40 minutos

Tempo de cozimento: 45 minutos

Tempo de descanso: 3h30

Para a focaccia

Misture a água, o vinho, o azeite de oliva, o fermento biológico e o mel. Aguarde 10 minutos até que a mistura forme espuma. Misture na cuba da batedeira a farinha e o sal. Faça uma cavidade no centro e despeje progressivamente o líquido, batendo a uma velocidade baixa (1 ou 2) durante 5 minutos. Aumente a velocidade até 4 e bata por 10 minutos: a massa deve ficar bem elástica. Cubra com um pano limpo ligeiramente úmido e deixe a massa crescer por 2 horas.

Pincele uma assadeira baixa com azeite de oliva. Coloque a massa e abra com os dedos, espichando até que cubra toda a assadeira. Cubra com um pano levemente úmido e deixe crescer outra vez por 1h30.

Para o recheio

Hidrate as passas na água quente. Prepare as acelgas separando a parte branca da verde. Fatie em tiras finas a parte branca, pique a verde, enrolando as folhas. Descasque e corte a cebola em cubos pequenos (corte ciseler). Descasque o alho e fatie em tiras bem finas. Aqueça o azeite de oliva em uma frigideira, depois coloque o alho e deixe dourar por 5 minutos antes de acrescentar as partes brancas da acelga. Salgue levemente e acrescente o caldo. Deixe cozinhar em fogo brando por 10 minutos, depois acrescente a parte verde das acelgas. Deixe cozinhar ainda por 10 minutos até que a acelga fique tenra e não sobre mais caldo. Fora do fogo, coloque as passas escorridas, o queijo de cabra, as sementes de anis, o tomilho, a pimenta e um pouco de pimenta-do-reino a gosto. Reserve.

Para finalizar

Preaqueça o forno a 230 °C (t. 7/8), depois de ter colocado outra assadeira na parte de baixo do forno. Com os dedos, faça pequenas cavidades em toda a superfície da massa, para tirar o gás. Misture a água e o azeite; depois, pincele a massa com essa mistura, preenchendo as cavidades formadas. Polvilhe com flor de sal. Coloque 50 ml de água na assadeira que está no forno, depois leve ao forno a focaccia por 15 a 20 minutos. Uma vez assada, deixe-a amornar.

Reaqueça em fogo brando o recheio. Corte a focaccia morna em quadrados, partindo-os em dois no sentido de sua espessura. Recheie generosamente com o preparado de acelgas e deguste à temperatura ambiente.

● Bom saber

A focaccia é igualmente deliciosa sem recheio, como acompanhamento de saladas ou queijos. Resseca muito rápido: umidifique ligeiramente sua superfície antes de levá-la ao forno por alguns instantes para reaquecer.

● Conselho do chef

Você também pode salpicar a massa com alecrim picado, misturado no azeite de oliva.

Massa ao pesto genovês (trenette al pesto genovese) ★

Para 6 pessoas
Tempo de preparo: 15 minutos
Tempo de cozimento: 20 minutos

Para o pesto
Descasque e tire o miolo dos dentes de alho. Lave, seque e desfolhe o manjericão. Triture no mixer o alho, o manjericão e os pinoli usando o botão pulse. Acrescente o parmigiano e o pecorino, depois o azeite de oliva em fio, sem parar de bater. Coloque sal e pimenta-do-reino depois de provar.

Para as massas
Descasque as batatas. Corte-as em pequenos cubos. Remova as pontas da vagem e o fio lateral. Coloque para ferver 6 ℓ de água em uma panela grande de duas alças. Salgue bem. Mergulhe as batatas nessa água e deixe cozinhar por 10 minutos em fogo brando.
Acrescente então as massas, misture e deixe cozinhar por mais 5 minutos. Acrescente por fim as vagens e deixe cozinhar tudo por 4 a 5 minutos. Escorra as massas com as batatas e as vagens, conservando um pouco do líquido de cozimento.

Para finalizar
Coloque o pesto em uma sauteuse grande. Deixe-o um pouco menos espesso com 1 ou 2 colheres (sopa) do líquido de cozimento reservado, depois despeje as massas com legumes. Misture usando 2 colheres ou espátulas.

Sirva imediatamente, oferecendo mais parmigiano e pecorino à parte, se necessário.

● Conselho do chef
O pesto tradicional é feito em pilão... substituído por mixer com frequência, que infelizmente tende a superaquecer os alimentos, desnaturalizando o sabor. O extrator de suco permite fazer um pesto delicioso: experimente se tiver um em casa. Quanto à escolha entre parmigiano e pecorino, este é tema de briga entre os genoveses há muito tempo: propor metade-metade também é questão de gosto, o pecorino sendo menos salgado que o parmigiano.

● Bom saber
Fora de época você também pode utilizar vagens congeladas. Neste caso, elas devem ser adicionadas 6 minutos antes do fim do cozimento das massas.
Se sobrar pesto, conserve-o em um pote, cobrindo a superfície com azeite de oliva: ele se conservará por uns 10 dias no refrigerador.

➤ Referências técnicas
Preparar alho, p. 29
Preparar ervas finas, p. 38

Ingredientes
3 batatas ou cerca de 200 g
120 g de vagem macarrão
1 colher (sopa) de sal grosso
500 g de massa tipo trenette ou de linguine

Pesto
2 dentes de alho
1 maço de manjericão fresco
20 g de pinoli
20 g de queijo parmigiano reggiano ralado na hora
20 g de queijo pecorino ralado na hora
80 mℓ de azeite de oliva
Sal e pimenta-do-reino preta moída na hora a gosto

Para servir: parmigiano reggiano ou pecorino ralado na hora

Utensílio
Pilão ou mixer

Ingredientes

120 g de queijo parmigiano reggiano
1 ℓ de leite de vaca
70 g de manteiga sem sal
200 g de sêmola de trigo fina
1 ovo
1 ponta de faca de noz-moscada
¼ de colher (café) de sal

Nhoque à romana ★

Para 4 pessoas
Tempo de preparo: 15 minutos
Tempo de cozimento: 20 minutos
Tempo de descanso: 1 hora

Rale o parmigiano. Coloque para ferver o leite com 50 g de manteiga e o sal. Despeje a sêmola e mexa sem parar, cozinhando em fogo brando por 2 minutos.

Fora do fogo, quando a sêmola soltar nitidamente do fundo da panela, acrescente o ovo batido, a metade do parmigiano e a noz-moscada.

Espalhe esse preparado em uma assadeira metálica com fundo removível ou em uma travessa para gratinar. Alise a superfície para obter uma espessura de cerca de 1,5 cm a 2 cm. Deixe esfriar por 1 a 2 horas à temperatura ambiente.

Preaqueça o forno a 210 °C (t. 7).

Com a ajuda de um copo ou de um vazador redondo de 5 cm a 6 cm de diâmetro, recorte em círculos a massa de nhoque. Distribua os nhoques em um prato de forno. Salpique os 20 g de manteiga restantes e polvilhe o resto do parmigiano sobre os nhoques.

Leve ao forno por 15 minutos, até que os nhoques fiquem dourados por cima. Se necessário, doure-os por alguns instantes no gratinador do forno. Sirva quente.

● Conselho do chef
Essa entrada italiana acompanha muito bem espinafres salteados e um simples ratatouille.

● Bom saber
Os nhoques modelados e não gratinados podem ser conservados perfeitamente por 2 ou 3 dias no refrigerador. Bastará polvilhar com o queijo e levar ao forno no momento de servir.

➤ Referência técnica
Preparar polenta dura, p. 72

Cuscuz berbere com legumes no vapor e manteiga de hortelã ★

Para 6 pessoas
Tempo de preparo: 30 minutos
Tempo de cozimento: 35 minutos

Ingredientes

4 ramos de hortelã
80 g de manteiga sem sal amolecida
2 cenouras
2 batatas
2 abobrinhas
1 berinjela
2 punhados de favas frescas debulhadas
300 g de cuscuz fino
2 colheres (sopa) de azeite de oliva
½ colher (café) de sal
4 colheres (sopa) de água fria
2 nabos pera novos com folhas

Utensílio

Cuscuzeira ou panela a vapor

Desfolhe a hortelã. Corte-a em tiras finas. Misture com a manteiga, usando um garfo. Reserve. Descasque as cenouras e as batatas. Corte em cubinhos de aproximadamente 0,3 cm. Faça o mesmo com as abobrinhas e a berinjela, mas sem descascá-las. Debulhe as favas. Mergulhe-as por 2 minutos em água fervente salgada, a seguir em água bem gelada e depois remova a casca.

Cozinhe as batatas no vapor por 5 minutos, depois acrescente as cenouras, as abobrinhas e a berinjela. Deixe cozinhar por cerca de 15 minutos. Reserve os legumes.

Misture o cuscuz com 1 colher (sopa) de azeite de oliva, o sal e a água em uma tigela grande, fazendo-a girar entre as mãos: ele deve ficar com textura de areia molhada. Coloque para cozinhar no cesto de uma panela a vapor ou de uma cuscuzeira por 5 minutos. Despeje de volta na tigela, acrescente o azeite de oliva restante, solte os grãos, depois coloque-o de volta no cesto a vapor. Cozinhe por mais 5 minutos.

Misture os legumes feitos a vapor e a sêmola (cuscuz). Cozinhe tudo no vapor por 5 minutos. Acondicione em uma travessa e sirva com bolinhas de manteiga com hortelã.

● Bom saber

Esse cuscuz berbere composto apenas de legumes e sêmola pode ser encontrado com os nomes tamekfoult, amekfoul, afourou ou mesmo akfel. O acréscimo da manteiga com hortelã não é tradicional, mas o deixa ainda mais saboroso.

Referências técnicas

Cozinhar a vapor, p. 41
Cozinhar à inglesa (branquear), p. 41

Ingredientes

1 couve-flor (peso líquido de aproximadamente 600 g)

250 g de massa tipo maccheroni de farinha de trigo integral

500 ml de caldo de vegetais

125 g de queijo duro ralado: cheddar inglês, gruyère, emmental

50 g de creme de leite tipo nata

½ colher (sopa) de mostarda de Dijon

50 g de farinha de rosca

1 colher (sopa) de sal grosso

Sal, pimenta-do-reino preta moída na hora e noz-moscada ralada a gosto

Manteiga (para untar a travessa)

Utensílio

Travessa para gratinar de 25 cm de comprimento

Mac'n'cheese com couve-flor ★

Para 6 pessoas
Tempo de preparo: 20 minutos
Tempo de cozimento: 40 minutos

Preaqueça o forno a 200 °C (t. 6/7).
Lave a couve-flor e separe os floretes. Cozinhe por 15 minutos no vapor, até que a ponta de uma faca as transpasse facilmente. Reserve.

Cozinhe a massa em água fervente salgada com sal grosso: ela deve ficar semicozida, pois terminará de cozinhar no forno. Conte cerca de 7 a 8 minutos de cozimento e experimente: ela deve estar cozida por fora, mas bastante firme por dentro. Escorra.

Bata a couve-flor com o caldo, 2/3 do queijo ralado e o creme de leite. Acrescente a mostarda, coloque o sal e a pimenta-do-reino e aromatize com noz-moscada a gosto.

Misture a massa com o molho de couve-flor e o queijo. Misture a farinha de rosca e o queijo restante em uma tigela. Unte generosamente com manteiga a travessa para gratinar. Acomode as massas embebidas de molho. Polvilhe com a mistura de farinha de rosca e queijo.

Leve ao forno por 20 minutos até que a parte de cima da preparação fique bem dourada.

● Conselho do chef
Ziti, caracol, penne: no lugar do maccheroni, você pode utilizar massas curtas de sua preferência. Fique atento para adaptar o cozimento: elas devem ficar apenas semicozidas, já que devem terminar o cozimento no forno com o molho.

● Bom saber
Este prato pode ser preparado com 24 horas de antecedência: acomode a massa com o molho no prato, cubra com filme plástico e coloque no refrigerador. Você terá apenas que polvilhar a farinha de rosca e o queijo para então levá-lo ao forno no momento oportuno.

➤ Referências técnicas
Preparar caldo de vegetais, p. 31
Cozinhar a vapor, p. 41

Espetinhos de seitan grelhado, molho dengaku ★

Para 4 pessoas
Tempo de preparo: 15 minutos
Tempo de cozimento: 10 minutos

Coloque os espetinhos de molho por 30 minutos na água.

Para o molho
Misture o açúcar com o mirin e o saquê. Aguarde 5 minutos até que se dissolva. Acrescente o missô e o óleo, misture com um garfo para homogeneizar.

Para os espetinhos
Preaqueça o gratinador do forno. Corte o seitan em pedaços para uma mordida. Fatie os verdes das cebolas no mesmo tamanho do seitan. Espete nos espetinhos os pedaços de seitan, alternando com pedaços de cebola.
Com um pincel, besunte os pedaços de seitan com um pouco de molho. Vire os espetinhos e pincele do outro lado.
Coloque os espetinhos por 3 minutos sob o gratinador do forno, observando atentamente. Vire-os e coloque para grelhar da mesma forma do outro lado.

Sirva com salada, arroz, legumes e verduras cruas... e o molho dengaku restante à parte.

● **Conselho do chef**
Se sobrar molho, conserve-o por até 2 semanas em recipiente ou pote hermeticamente fechado no refrigerador. Você pode utilizar para preparar outros pratos tradicionais japoneses, como berinjelas salteadas com pasta de missô (nasu dengaku) ou pavês de tofu grelhados.

→ **Referência técnica**
Preparar seitan, p. 69

Ingredientes
400 g de seitan feito em casa
2 cebolinhas (parte verde)

Molho
2 colheres (café) rasas de açúcar mascavo
1 colher (sopa) de mirin
1 colher (sopa) de saquê
2 colheres (sopa) de missô branco
2 colheres (sopa) de óleo de gergelim

Utensílio
8 espetinhos de madeira

Salsichas de Glamorgan (Glamorgan sausages) ★

Para 4 pessoas (12 salsichas)
Tempo de preparo: 40 minutos
Tempo de cozimento: 20 minutos
Tempo de descanso: 30 minutos

Lave e fatie em tiras finas os alhos-porós. Derreta a manteiga em uma sauteuse. Acrescente os alhos-porós, coloque o sal e refogue-os por 10 minutos em fogo médio.

Rale o queijo em espessura fina. Pique a salsa em tiras finas. Desfolhe o tomilho.

Misture em uma vasilha a farinha de rosca, o queijo, os alhos-porós, a salsa, a mostarda, o tomilho e a noz-moscada. Acrescente um ovo inteiro.

Separe as claras das gemas dos ovos restantes. Reserve as claras em uma tigela e acrescente as gemas na mistura com os alhos-porós. Adicione o leite e misture até obter uma massa moldável. Prove e tempere com sal e pimenta-do-reino, misture novamente.

Divida essa massa em 12 porções de aproximadamente 60 g e forme salsichas com cerca de 8 cm a 10 cm de comprimento e 2 cm a 3 cm de largura, enrolando-as na bancada de trabalho. Acondicione-as por 30 minutos no refrigerador.

Bata rapidamente as claras reservadas com um garfo, para deixá-las mais fluidas. Coloque a farinha de rosca restante em um prato fundo. Empane as salsichas, passando-as nas claras dos ovos, depois na farinha de rosca. Reserve.

Aqueça o óleo em uma frigideira com fogo alto e doure as salsichas por 10 minutos, virando-as regularmente.

Sirva 3 ou 4 salsichas por pessoa, acompanhadas de salada verde, coleslaw, chutney...

● Conselho do chef
Na falta de alho-poró, utilize cebolinha.

● Bom saber
Este prato conhecido desde o século XIX é originário do antigo condado de Glamorgan, no País de Gales: feito com um queijo duro (que depois desapareceu) e alho-poró, símbolo da região, eles permitiam utilizar os restos de maneira saborosa.

→ Referências técnicas
Preparar alho, p. 29
Limpar alho-poró, p. 24
Empanar à inglesa, p. 77

Ingredientes
2 alhos-porós ou cerca de 150 g
20 g de manteiga sem sal
200 g de queijo cheddar duro (ou de queijo caerphilly)
10 ramos de salsa
5 ramos de tomilho
250 g de farinha de rosca + 75 g para empanar
2 colheres (café) de mostarda em pó – na falta desse ingrediente, 1 colher (café) de mostarda inglesa forte
Noz-moscada ralada a gosto
3 ovos
100 ml de leite
2 colheres (sopa) de óleo para fritura
Sal e pimenta-do-reino preta moída na hora a gosto

As receitas — Trigo

As receitas

Trigo

Quibe de abóbora com cebolas roxas e nozes ★★

Para 6 pessoas
Tempo de preparo: 30 minutos
Tempo de cozimento: 1 hora
Tempo de descanso: 15 minutos

Cozinhe a abóbora sem casca no vapor por 20 minutos, até que a ponta de uma faca a transpasse. Amasse-a formando um purê e deixe escorrer em uma peneira fina o tempo de preparar o restante.

Coloque de molho o triguilho por 15 minutos em uma tigela grande com água fria. Escorra em uma peneira de malha bem fina.

Misture o triguilho, o purê de abóbora, o azeite de oliva, as especiarias (ras-el-hanout) e o sal. Reserve.

Para o recheio
Descasque e corte em fatias bem finas as cebolas. Aqueça o azeite de oliva em uma sauteuse, doure as cebolas por alguns instantes. Coloque o sal, abaixe o fogo, cubra e deixe as cebolas cozinhando por 20 minutos: elas devem ficar tenras e confitadas. Pique grosseiramente as nozes de Grenoble e misture as cebolas com o melaço de romã, a hortelã, o tomilho e o cominho.

Para montar o quibe
Preaqueça o forno a 180 °C (t. 6). Unte uma travessa de forno redonda ou retangular com um pouco de óleo. Espalhe a metade do triguilho com abóbora na travessa, apertando com as mãos para formar uma camada uniforme. Distribua o recheio por cima em uma camada regular. Cubra com mais uma camada de triguilho com abóbora de maneira homogênea. Decore com uma faca pontuda. Leve ao forno e asse por 40 minutos.

Sirva quente ou morno.

● **Conselho do chef**
O recheio de cebola pode ser substituído por berinjelas confitadas.

● **Bom saber**
O quibe pode ser preparado na véspera e reaquecido no forno no momento de servir.

➤ **Referências técnicas**
Preparar cucurbitácea, p. 17
Cortar cebola em cubos pequenos (corte ciseler), p. 39
Cozinhar a vapor, p. 41

Ingredientes
500 g de abóbora (manteiga ou hokkaido) descascada
200 g de triguilho (bulgur) fino
2 colheres (sopa) de azeite de oliva
1 colher (café) de tempero ras-el-hanout
½ colher (café) de sal

Recheio
2 colheres (sopa) de azeite de oliva
500 g de cebola roxa
50 g de noz de Grenoble
2 colheres (sopa) de melaço de romã
1 colher (café) de hortelã seca
1 colher (café) de tomilho seco
½ colher (café) de cominho moído

Utensílios
Mixer ou espremedor de batatas
Refratário para gratinar (cerca de 25 cm × 15 cm)

Thierry Marx apresenta sua receita, p. 272

Sopa de quinoa, p. 274
Bolinhos de amaranto e creme de abacate, p. 277
Salada de sarraceno germinado com beterrabas e cítricos, p. 278
Sobás de brócolis e agrião, p. 281
Risoto de cevada com cogumelo-de-paris, p. 282
Bolo de painço com couve-de-bruxelas, abóbora manteiga e noz-pecã, p. 285
Quadrados de ameixas e flocos de aveia, p. 286
Cobbler de milho com pêssego e groselha, p. 288
Limonada de cevada com cítricos, p. 289

Outros cereais

Thierry Marx

Depois de se formar em confeitaria pelos Compagnons du Devoir em 1978, Thierry Marx passou por experiências militares antes de se lançar à cozinha. Trabalhou nos restaurantes Ledoyen, Taillevent, Robuchon e Alain Chapel, foi chef do Regency Hotel de Sydney e prosseguiu sua carreira pela Ásia, em Cingapura, Hong-Kong e Tóquio. Apaixonado por artes marciais, aprofundou seus conhecimentos da cultura asiática. O Japão acabou se tornando sua segunda pátria gastronômica, influenciando tanto sua filosofia de vida como sua forma de abordar a culinária.

De volta à França, recebeu a primeira estrela no Roc, no Vale de Montlouis-sur-Loire, e outra no Cheval Blanc, em Nimes, em 1991. Por dez anos, foi o chef do Château Cordeillan-Bages, em Pauillac, onde sua prática de técnicas culinárias inovadoras lhe coroou com 2 estrelas em 1999. Eleito "Chef do ano" de 2006 pela revista *Le Chef*, em 2010 tornou-se o chef executivo do Mandarin Oriental Paris, envolvido particularmente na formação de jovens.

Valorizando cereais menos utilizados em uma receita cotidiana e contemporânea, o chef une equilíbrio, tradição e inovação, três valores que lhe são caros.

>> Le Mandarin Oriental Paris
251 rue Saint-Honoré, 75001 Paris – França

Para 4 pessoas
Tempo de preparo: 10 minutos
Tempo de descanso: 1 hora
Tempo de cozimento: 3 minutos por blinis

Ingredientes
100 g de manteiga sem sal
250 ml de leite de soja
8 g de fermento biológico fresco
125 g de farinha de trigo-sarraceno
125 g de flocos de aveia
1 colher (café) de kinako
2 gemas de ovo + 6 claras
1 colher (sopa) de fromage blanc 0% de gordura

Blinis de trigo-sarraceno e aveia

Clarifique a manteiga: derreta-a em fogo brando em uma panela pequena. Elimine as impurezas e coloque delicadamente a manteiga derretida em uma xícara.

Amorne o leite de soja. Esfarele o fermento sobre o leite e dissolva. Misture a farinha, os flocos de aveia e o kinako. Bata as gemas dos ovos com o garfo. Acrescente-as à mistura de farinha, assim como o fromage blanc. Coloque sobre o leite com o fermento, misture e deixe repousar por 1 hora à temperatura ambiente.

Depois de 1 hora de descanso, incorpore a seguir a manteiga clarificada. Bata as claras em neve e incorpore delicadamente à massa.

Aqueça uma frigideira de panquecas com revestimento antiaderente, em fogo brando. Despeje um pouco da massa na frigideira e deixe cozinhar o blinis por 3 minutos. Retire o blinis e prossiga, assim, o cozimento do restante da massa. Deixe descansar os blinis por 3 minutos.

Sopa de quinoa ★

Para 4 pessoas
Tempo de preparo: 20 minutos
Tempo de cozimento: 30 minutos

Enxágue e escorra a quinoa. Descasque as batatas, a cebola e o alho. Remova o miolo do alho e pique-o bem fino. Pique a cebola em fatias bem finas. Corte os tomates grosseiramente. Enxágue, seque e pique folhas e verduras.

Aqueça o óleo em uma panela, refogue a cebola e o alho por 2 minutos. Acrescente os pedaços de tomates e as verduras, deixe refogar por 3 minutos, depois acrescente a quinoa e as batatas.

Coloque a água quente, ½ colher (café) de sal, pimenta-do-reino a gosto. Tampe e deixe cozinhar por 20 a 25 minutos. Acrescente algumas ervas e pimenta a gosto, depois sirva em tigelas.

● **Conselho do chef**
No Peru e na Bolívia, a consistência dessa sopa varia conforme as estações e as regiões... e o abastecimento! Nas regiões mais altas, é servida com queijo ralado, adicionado 2 minutos antes de terminar o cozimento para engrossar o caldo. Por vezes, também é engrossada com um ovo, adicionado simplesmente no líquido quente.

● **Bom saber**
Nem sempre é fácil encontrar as ervas frescas usadas no Peru ou na Bolívia para esta receita. Entretanto, com orégano, hortelã seca ou coentro obtém-se uma sopa deliciosamente reconfortante. A pimenta tradicionalmente utilizada é o aji amarillo, pequena pimenta amarela andina; na falta dela, um pouco de outra pimenta de sua escolha esquentará a sopa...

→ **Referências técnicas**
Cozinhar quinoa, p. 75
Preparar alho, p. 29

Ingredientes
150 g de quinoa (branca, preta, vermelha ou misturada)
4 batatas médias ou cerca de 500 g
1 cebola
2 dentes de alho
2 tomates maduros (ou 100 ml de passata de tomate)
4 punhados de verduras (acelga, espinafres, couves-rábano, folhas de couve...)
2 colheres (sopa) de óleo (amendoim, girassol)
600 ml de água (3 vezes o volume de quinoa, a medir)
Ervas frescas, de acordo com o gosto e o mercado: coentro, orégano
Pimenta em pó a gosto (opcional)
Sal e pimenta-do-reino preta moída na hora a gosto

Ingredientes

Bolinhos

1 dente de alho

½ maço de ervas finas de sua preferência: salsa, coentro, ciboulette (cebolinha francesa)

200 g de amaranto cozido e frio

150 g de legumes ralados (cenouras, abobrinhas)

50 g de amido de milho ou fécula de batata

1 ovo

1 colher de tomilho seco em farelos

2 colheres (sopa) de óleo (girassol, semente de uva, amendoim)

Sal e pimenta-do-reino preta moída na hora a gosto

Creme de abacate

1 tomate

1 cebolinha para conserva

½ pimenta pequena verde serrana (na falta dela, algumas gotas de Tabasco)

Folhas de 5 ramos de coentro

2 abacates (do tipo avocado) bem maduros

½ limão

½ colher (café) de sal

Bolinhos de amaranto e creme de abacate ★★

Para 4 pessoas (8 bolinhos)
Tempo de preparo: 15 minutos
Tempo de cozimento: 10 minutos

Preaqueça o forno a 100 °C (t. 3/4). Descasque e rale bem fininho o dente de alho. Desfolhe e pique em tiras bem finas as ervas finas.

Misture em uma tigela pequena o amaranto, os legumes, o alho, a fécula, o ovo, o tomilho, o sal e a pimenta a gosto.

Aqueça o óleo em uma frigideira antiaderente. Com uma colher de sopa, coloque as porções de bolinho (colheradas da mistura) na frigideira; com o verso da colher, aperte levemente para dar forma e deixe cozinhar por 2 minutos e meio. Vire com uma espátula larga e deixe cozinhar por 1 minuto do outro lado.

Reserve em um prato e coloque no forno. Recomece o procedimento com o restante da massa até terminar a mistura, reservando os bolinhos no forno à medida que ficarem prontos.

Para o creme de abacate

Tire as sementes e corte o tomate em cubos pequenos. Corte a cebolinha em fatias bem finas. Remova as sementes da pimenta e pique em tiras finas. Desfolhe o coentro e pique em tiras finas.
Corte os abacates, remova os caroços e retire a polpa. Regue com o suco de ½ limão, depois amasse-o grosseiramente com um garfo.
Acrescente o tomate, a cebolinha, a pimenta, o coentro e o sal. Misture e acondicione no refrigerador até o momento de ser consumido.

● **Conselho do chef**
Você pode preparar também com a quinoa.

● **Bom saber**
O amaranto é naturalmente mucilaginoso, o que deixa a textura dos bolinhos bastante elástica. Fique atento para utilizar fécula ou amido para dar a liga, mas não farinha: este é o segredo para bolinhos ultracrocantes!

→ **Referências técnicas**
Cozinhar quinoa, p. 75
Preparar pimentas, p. 23
Cortar cebola em cubos pequenos (corte ciseler), p. 39

Salada de sarraceno germinado com beterrabas e cítricos ★

Para 4 pessoas
Tempo de preparo: 15 minutos

Para a salada
Descasque as beterrabas. Com um fatiador de alimentos, corte em rodelas (as mais finas que conseguir). À medida que ficarem prontas, mergulhe-as em uma tigela com água fria. Descasque os pomelos, removendo a parte branca. Tire os gomos, eliminando as sementes. Escorra bem as beterrabas. Misture-as em uma tigela com o sarraceno germinado e os pomelos.

Para o vinagrete
Corte o limão confitado em dois, no sentido do comprimento, remova a polpa e as sementes. Fatie em tiras finas a casca e, a seguir, em cubos.
Parta a laranja ao meio, esprema a metade. Retire a polpa da outra metade. Coloque-a em uma tigela.
Misture em uma vasilha o suco de laranja, o limão confitado previamente cortado em cubos, o azeite de oliva, uma pitada de sal e a pimenta-do-reino moída a gosto.

Tempere a salada com este vinagrete. Deixe descansar por 30 minutos à temperatura ambiente antes de servir.

● **Conselho do chef**
Esta salada pode ser conservada por 24 horas no refrigerador. Aos poucos, ela se colore de rosa graças às beterrabas!

● **Bom saber**
O sarraceno germinado, uma vez removido do germinador, permanece conservado por até 3 dias em um pote no refrigerador. Lembre-se de enxaguá-lo e escorrê-lo bem antes de utilizá-lo.

↳ **Referências técnicas**
Fazer a germinação do trigo-sarraceno, p. 74
Utilizar fatiador de alimentos, p. 40
Descascar cítricos, p. 140

Ingredientes
400 g de beterraba de cores diferentes (rosa chioggia, amarela, branca...)
200 g de sarraceno germinado
2 pomelos rosas

Vinagrete
1 limão confitado no sal (conserva de limão no sal)
1 laranja
4 colheres (sopa) de endro picado ou cerca de ½ maço
4 colheres (sopa) de azeite de oliva
Sal e pimenta-do-reino preta moída na hora a gosto

Utensílio
Fatiador de alimentos

Ingredientes
1 maço pequeno de agrião ou cerca de 100 g
1 cabeça de brócolis ou cerca de 450 g
1 colher (sopa) de sal grosso
250 g de macarrão sobá
75 g de rabanete branco (daikon)

Tempero
1 colher (café) de missô branco
1 colher (sopa) de vinagre de arroz
4 colheres (sopa) de óleo de gergelim
3 colheres (sopa) de molho de soja
1 colher (café) de gengibre ralado
1 colher (sopa) de sementes de gergelim
4 umeboshi (ameixa lactofermentada japonesa, opcional)

Sobás de brócolis e agrião ★

Para 4 pessoas
Tempo de preparo: 10 minutos
Tempo de cozimento: 15 minutos

Lave e escorra cuidadosamente o agrião. Reserve. Lave os brócolis e separe-os em floretes. Reserve os talos para outro uso (sopa, caldo...).

Cozinhe os brócolis no vapor por 7 a 8 minutos, de acordo com seu gosto: eles devem ficar firmes. Mergulhe-os em uma tigela de água gelada com gelos.

Em uma panela grande, coloque água para ferver com sal grosso. Mergulhe os sobás, misture e aguarde até que voltem a ferver. Neste momento, coloque 2 copos grandes (400 mℓ) de água fria. Aguarde outra vez levantar fervura, desligue o fogo e escorra os sobás.

Para o tempero
Bata o missô branco com o vinagre, o óleo de gergelim, o molho de soja e o gengibre em uma tigela grande. A seguir, acrescente as sementes de gergelim.

Para finalizar
Despeje os sobás escorridos, os brócolis e o agrião na tigela. Misture para que o macarrão pegue bem o molho. Reparta em pratos ou tigelas individuais, polvilhe com daikon ralado e por cima decore com uma umeboshi antes de servir.

● Conselho do chef
No lugar do vinagre de arroz, você pode utilizar du ume su, vinagre de umeboshi japonês. Essas ameixas lactofermentadas bastante aciduladas facilitam (entre outras coisas) a digestão.

● Bom saber
O macarrão de sobá, à base de sarraceno, contém, em geral, um pouco de farinha de trigo, para facilitar a consistência do preparado. Verifique a composição na embalagem se você tem intolerância ou é sensível a glúten!

→ Referências técnicas
Cozinhar a vapor, p. 41
Cozinhar à inglesa (branquear), p. 41

Risoto de cevada com cogumelos-de-paris ★

Para 4 pessoas

Tempo de preparo: 30 minutos
Tempo de cozimento: 45 minutos

Ingredientes

2 cenouras ou cerca de 150 g
1 cebola ou cerca de 80 g
1 talo de aipo ou cerca de 40 g
400 g de cogumelos-de-paris
600 mℓ a 700 mℓ de caldo de vegetais ou de cogumelos
1 folha de louro
1 dente de alho
3 colheres (sopa) de azeite de oliva
200 g de cevada perolada (polida)
Sal e pimenta-do-reino preta moída na hora a gosto

Descasque as cenouras e a cebola. Corte-as em brunoise. Retire fibras e saliências em excesso do talo do aipo e corte-o em palitos. Se necessário, limpe os cogumelos-de-paris com um pano úmido.

Salteie os cogumelos com 2 pitadas de sal, até soltarem água.
Coloque para ferver o caldo com o louro e o dente de alho com a casca.

Aqueça 2 colheres (sopa) de azeite de oliva em uma sauteuse. Doure a cebola, as cenouras e o aipo por 2 minutos. Adicione a cevada, misture e doure por 2 a 3 minutos. Acrescente a metade do caldo, misture e deixe cozinhar até a absorção. Despeje o caldo restante sem o louro, o tomilho e o alho e deixe cozinhar até a absorção.

Parta o dente de alho com uma faca e retire a polpa. Amasse-a com o azeite de oliva restante e pimenta-do-reino a gosto, depois acrescente ao risoto. Misture energicamente para incorporar. Sirva em pratos quentes.

● Conselho do chef

Se você utilizar cevada integral, o tempo de cozimento será mais longo, entre 15 e 30 minutos.

● Bom saber

Você pode substituir a cevada por quantidade equivalente de espelta ou de trigo einkorn. O cozimento será ligeiramente mais longo: fique atento para provar com frequência durante o cozimento. Como todo risoto, não hesite em servi-lo com bastante parmesão polvilhado por cima!

—• Referências técnicas

Refogar cogumelos, p. 98
Preparar caldo de vegetais, p. 31

Ingredientes

Bolo de painço
300 ml de leite
3 colheres (sopa) de óleo de nozes
80 g de floco de painço
3 ovos
1 ponta de faca de noz-moscada ralada
Sal e pimenta-do-reino preta moída na hora a gosto

Acompanhamento
1 laranja inteira
2 chalotas
300 g de abóbora manteiga
500 g de couves-de-bruxelas
1 dente de alho
2 colheres (sopa) de azeite de oliva
2 ramos de tomilho
50 g de noz-pecã
Sal e pimenta-do-reino preta moída na hora a gosto

Utensílio
Fôrma de 24 cm de diâmetro

Bolo de painço com couve-de--bruxelas, abóbora manteiga e noz-pecã ★

Para 4 pessoas (prato principal), para 6 pessoas (entrada)
Tempo de preparo: 30 minutos
Tempo de cozimento: 50 minutos

Para o acompanhamento

Preaqueça o forno a 180 °C (t. 6). Faça as raspas de laranja usando o ralador fino. Esprema a laranja. Descasque e fatie em tiras finas a chalota. Descasque a abóbora com um descascador. Corte em cubinhos. Remova as primeiras folhas das couves-de-bruxelas. Corte-as em dois ou em quatro, conforme o tamanho.

Em uma assadeira, espalhe as couves-de-bruxelas, a abóbora, a chalota e o dente de alho com casca. Regue com azeite de oliva, as raspas de laranja e o suco. Coloque o sal, a pimenta-do-reino e esfarele o tomilho. Misture tudo com as mãos.

Leve ao forno por 30 minutos, misturando duas ou três vezes, até que os legumes fiquem tenros e dourados. Abra o dente de alho com uma faca pontuda, retire a polpa e misture com o restante.

Para o bolo

Aqueça o leite com o azeite, o sal e a pimenta-do-reino a gosto. Adicione os flocos, misture e deixe hidratar com a tampa por 10 minutos. Acrescente as gemas de ovos. Bata as claras em neve com uma pitada de sal e incorpore delicadamente ao restante da receita, levantando a massa para que se mantenha leve. Despeje em uma fôrma redonda untada com óleo. Leve ao forno por 20 minutos a 180 °C (t. 6).

Para finalizar

Toste a seco rapidamente as nozes-pecã em uma frigideira. Reaqueça os legumes nesta mesma frigideira, acomode tudo sobre o bolo ainda quente e sirva diretamente na fôrma.

● **Conselho do chef**
Inspirado em uma receita do chef francês Michel Bras, este bolo de cereais é particularmente leve e saboroso. Você pode elaborá-lo em todas as estações, com os legumes de sua escolha.

● **Bom saber**
Você também pode utilizar flocos de sarraceno ou de aveia.

→ **Referência técnica**
Preparar cucurbitácea, p. 17

Quadrados de ameixas e flocos de aveia ★

Para 6 pessoas
Tempo de preparo: 25 minutos
Tempo de cozimento: 30 minutos

Preaqueça o forno a 200 °C (t. 7). Misture em uma vasilha o açúcar e a canela. Derreta a manteiga em fogo brando. Corte as ameixas em dois e remova os caroços. Fatie-as em tiras finas. Polvilhe o açúcar com canela (1 colher de sopa) e reserve à temperatura ambiente.

Misture a farinha, os flocos de aveia, o açúcar com a canela restantes e o sal. Adicione a manteiga derretida morna. Misture com uma colher ou espátula e, depois, com as próprias mãos até obter uma massa macia. Se ela ficar muito seca, acrescente 1 ou 2 colheres (sopa) de água fria. Divida a massa em duas porções iguais. Unte uma fôrma antiaderente quadrada ou retangular com manteiga. Forre com papel-manteiga, deixando sobrar dos dois lados da fôrma - isso facilitará o desenforme.

Com as mãos, abra metade da massa no fundo da fôrma, apertando firme. Cubra com as ameixas fatiadas, deixando-as bem próximas umas das outras em uma camada uniforme.

Cubra com a massa restante, procedendo da mesma maneira que na primeira camada. Leve ao forno por 30 a 40 minutos, até que a massa fique corada e as ameixas caramelizadas.

Deixe esfriar por 15 minutos, depois puxe delicadamente o papel-manteiga, a fim de desenformar o quadrado de ameixas sem precisar virá-lo. Deixe amornar, depois corte em 12 quadrados. Sirva morno ou frio.

● **Bom saber**

Esses quadrados podem ser conservados por até 3 dias em pote hermético metálico.

Ingredientes

120 g de açúcar demerara

½ colher (café) de canela

220 g de manteiga sem sal + um pouco para a fôrma

500 g de ameixa quetsche (ameixa roxa comum na França)

275 g de farinha integral

150 g de floco de aveia

2 pitadas de sal

Utensílio

Fôrma antiaderente quadrada com aproximadamente 20 cm de cada lado ou fôrma retangular de 15 cm × 25 cm

Cobbler de milho com pêssego e groselha ★

Para 6 a 8 pessoas
Tempo de preparo: 25 minutos
Tempo de cozimento: 30 minutos

Preaqueça o forno a 200 °C (t. 6/7). Unte a fôrma com manteiga. Faça as raspas de limão usando o ralador fino. Prepare os pêssegos. Descasque e tire os caroços. Corte em lâminas.

Espalhe os pêssegos em um recipiente que vai para o forno, polvilhe com a farinha de arroz, o açúcar e as raspas de limão. Misture e reserve à temperatura ambiente.

Em uma tigela, misture a farinha de milho e de trigo com o fermento químico e o sal. Acrescente a manteiga cortada em pedaços e com a ponta dos dedos misture os ingredientes, esfarelando a massa, até ficar como uma farofa grossa.

Bata os ovos com o xarope de bordo, o leitelho e as sementes de baunilha extraídas da fava ou o extrato. Adicione à massa preparada anteriormente e misture com uma colher ou espátula até obter uma massa macia.

Com uma colher, coloque a massa sobre as frutas, depois leve ao forno por 20 a 30 minutos, até que o bolo fique dourado. Sirva morno, com sorvete de baunilha ou creme de leite fresco batido.

● **Conselho do chef**
Você pode preparar do mesmo modo com damasco, ruibarbo, frutas vermelhas ou mesmo com peras. Ajuste a quantidade de açúcar em função da acidez das frutas.

● **Bom saber**
O acréscimo da fécula permite absorver o excedente de suco das frutas. Você pode substituí-la por fécula de batata, milho ou mesmo de araruta. Ajuste sua quantidade em função da maturidade das frutas, a quantidade de suco formado e a textura desejada, mais ou menos macia.

→ **Referência técnica**
Descascar frutas "macias", p. 139

Ingredientes
Um pouco de manteiga para a fôrma
½ limão orgânico
6 pêssegos amarelos maduros sem casca e sem caroço ou cerca de 700 g
1 a 2 colheres (sopa) de farinha de arroz pré-cozida, fécula de batata ou de milho (de acordo com a maturidade dos pêssegos)
50 g de açúcar demerara
125 g de groselha

Massa
120 g de farinha de milho
100 g de farinha de trigo T65
2 colheres (café) rasas de fermento químico
2 pitadas de sal
80 g de manteiga sem sal
2 ovos orgânicos grandes
80 ml de xarope dourado, xarope de bordo ou de agave
200 ml de leitelho (leite de manteiga) ou iogurte natural
½ fava de baunilha (ou 1 colher (café) de extrato de baunilha)

Ingredientes
2 ℓ de água

220 g de cevada perolada (polida)

250 mℓ de suco cítrico de sua escolha: limão-siciliano, limão-galego, limão-taiti, laranja, toranja...

100 g a 125 g de açúcar em pó (açúcar de confeiteiro sem adição de amido), de acordo com a acidez dos cítricos escolhidos

Limonada de cevada com cítricos ★

Para 6 pessoas
Tempo de preparo: 5 minutos
Tempo de cozimento: 30 minutos
Tempo de descanso: 3 horas

Coloque a água para ferver e adicione a cevada de forma que se espalhe. Cozinhe por 30 minutos até que a cevada esteja cozida e o líquido de cozimento tenha diminuído pela metade. Escorra a cevada, reservando o líquido com cuidado: você deve reservar entre 600 mℓ e 800 mℓ.

Passe o líquido por uma peneira de malha bem fina, acrescente o suco cítrico e o açúcar. Misture até dissolver.

Transfira para uma garrafa limpa e acondicione no refrigerador por pelo menos 3 horas.

Sirva com gelo e consuma em 2 dias, conservando a garrafa no refrigerador.

● **Conselho do chef**
A cevada perolada, uma vez cozida, evidentemente não está perdida: deguste-a salteada com legumes, temperada em saladas ou no café da manhã com frutas, como mingau.

● **Bom saber**
As bebidas à base de cevada são conhecidas desde a Antiguidade, principalmente na Grécia. Perduraram sob forma de infusão de cevada torrificada, consumida nos países anglo-saxões e no Japão, e sob forma de bebida acidulada na Inglaterra. Na Ásia, a infusão de cevada é consumida quente ou fria.

Mauro Colagreco apresenta sua receita, p. 292

Sopa das três irmãs com abóbora, milho e feijões-vermelhos, p. 294
Dosa masala, p. 297
Feijão-fradinho com verduras e pão de milho, p. 298
Foul medames, p. 300
Mjaddara, p. 301
Dal d'urad, raïta de manga e romã, p. 303
Faláfel e tabule, p. 304
Chili sem carne com dois feijões, p. 307
Bean pie, p. 308

Leguminosas

Mauro Colagreco

Nascido na Argentina e de origem italiana, Mauro chegou à França em 2001, depois de se formar em Buenos Aires. Trabalhou no restaurante Bernard Loiseau, em Saulieu; posteriormente, em 2003, passou a integrar a equipe do Arpège, de Alain Passard; a seguir, a de Alain Ducasse, no Plaza Athénée, e, enfim, a de Guy Martin, no Grand Véfour. Esses chefs de reconhecida excelência, marcados pelo universo vegetal e de grande criatividade, permitiram-lhe afirmar seu estilo aberto ao mundo, repleto de generosidade e compartilhamentos.

Em 2006, encontrou seu porto seguro no Mirazur, em Menton, onde sua inspiração floresceu: "a riqueza que oferece o solo aqui orientou minha cozinha e minha vontade de fazer minha própria horta. Quando a gente vê um legume crescer naturalmente ao lado de outro, é porque eles foram feitos para estar juntos em um mesmo prato".

"Chef do ano" de 2008 pelo guia *Gault et Millau*, 2 estrelas Michelin, 11º restaurante do mundo para os *World's 50 Best Restaurants*, Mauro Colagreco encanta a cozinha mediterrânea, dando-lhe amplitude mundial. As ervilhas são aqui colocadas em destaque por um chantili à base de clorofila de salsa, espinafre e cebolinha, em uma sinfonia de ervas, frutas e legumes reunidos pela cor verde.

>> Le Mirazur
30 avenue Aristide Briand
06500 Mento – França

Para 4 pessoas
Tempo de preparo: 40 minutos

Ingredientes
Ervilhas
500 g de ervilha na vagem (pequena e doce)

Creme verde à base de clorofila
50 g de salsa
50 g de espinafre
50 g de cebolinha (parte verde)
100 g de creme de leite fresco (30% a 36% de gordura)

Vinagrete
75 g de suco de limão
150 ml de azeite de oliva de boa qualidade
Quantidade suficiente de flor de sal

Guarnição
100 g de ervilha torta
20 folhas de erva-doce
100 g de erva-doce míni
4 brotos de umbigo-de-vênus
2 kiwis de tamanho médio
1 nabo redondo branco (rabanete branco)
8 brotos de morugem (erva-estrela)
1 limão

Green

Para as ervilhas
Debulhe as ervilhas; selecione as mais tenras e doces para esta receita. Reserve no refrigerador.

Para o creme verde à base de clorofila
Com uma centrífuga, faça um suco com a salsa, o espinafre e a parte verde da cebolinha. Passe em uma peneira de malha bem fina. Reserve no refrigerador. Em uma tigela, bata com um fouet o creme de leite, acrescentando a clorofila, e continue batendo até obter um creme verde-claro, com a textura de um chantili.

Para o vinagrete
Em uma tigela, coloque o suco de limão verde com um pouco de flor de sal, depois adicione o azeite de oliva, misturando com um fouet para emulsionar. Reserve no refrigerador.

Para a guarnição
Abra as ervilhas tortas e mergulhe-as em água gelada (com gelo). Tire-as da água e corte-as em pequenos triângulos de cerca de 1,5 cm de cada lado. Corte em tiras finas os talos da erva-doce míni. Descasque os kiwis e corte-os em rodelas finas. Corte cada uma em dois. Corte em lâminas finas o nabo branco com um fatiador de alimentos japonês. Recorte com um molde de 2,5 cm de diâmetro. Coloque na água gelada (com gelo), para que endureçam, deixando até que fiquem crocantes. Reserve as ervas em um pote de plástico hermético depois de limpá-las bem. Separe a polpa dos gomos de limão verde e corte-os em cubos bem pequenos.

Montagem
Disponha duas quenelles* de creme verde. A seguir, disponha os demais ingredientes no fundo do prato, criando volume. Sirva frio.

---

* Técnica de servir cremes, purês e sorvetes que utiliza duas colheres, conferindo formato ovalado ao alimento servido. (N. E.)

Sopa das três irmãs com abóbora, milho e feijões-vermelhos ★★

Para 4 pessoas
Tempo de preparo: 30 minutos
Tempo de cozimento: 45 minutos

Descasque e corte a cebola em cubos pequenos (corte ciseler). Remova as fibras e saliências do aipo e fatie em tiras finas. Amasse os dentes de alho. Corte a polpa da abóbora em pequenos cubos.

Aqueça o azeite em uma panela. Acrescente a cebola, o aipo e a abóbora. Refogue tudo por 5 minutos. Depois acrescente o caldo, coloque o sal, os dois ramos de orégano e a pimenta. Cubra e deixe cozinhar por 25 minutos em fogo brando.

Acrescente os grãos de milho e deixe cozinhar por mais 10 minutos sem tampar. Acrescente os feijões e cozinhe em fogo brando por 5 minutos, igualmente sem tampa.

Prove, coloque sal e pimenta-do-reino, se necessário. Adicione pimenta a gosto, desfolhe o orégano restante na própria sopa e sirva quente.

● Conselho do chef
Esta sopa é deliciosa feita com ingredientes frescos, mas, para uma versão expressa, você pode utilizar feijões em conserva (enxaguar com bastante cuidado), milho congelado ou em conserva (cerca de 180 g). Neste caso, cozinhe a abóbora por 20 a 25 minutos sem tampar, até que comece a se desmanchar, depois acrescente o milho e o feijão. Bastará esquentá-los por 5 minutos na própria sopa.

● Bom saber
As "três irmãs", na cultura ameríndia, referem-se ao cultivo de abóboras, feijões do tipo trepadeira e milho: o milho serve de tutor e de treliça para os feijões, que fixam o nitrogênio benéfico ao crescimento do milho e da abóbora, que, por sua vez, com suas folhas, conserva a umidade do solo e oferece proteção contra as ervas daninhas. Esse trio agrícola é, também, uma tríade nutricional de excelência: os feijões fornecem dois aminoácidos, a lisina e o triptofano, que faltam ao milho, para formar uma proteína vegetal completa.

➤ Referências técnicas
Preparar alho, p. 29
Preparar cucurbitácea, p. 17
Preparar milho verde fresco, p. 18
Cozinhar leguminosas, p. 82

Ingredientes
1 cebola
2 talos de aipo ou cerca de 80 g
2 dentes de alho
500 g de abóbora de sua preferência: manteiga, acorn (bolota), kabochá, buttercup, moranga (peso líquido, sem casca e sem sementes)
2 colheres (sopa) de óleo de amendoim
800 mℓ de caldo de vegetais
3 ramos de orégano fresco
½ colher de pimenta suave ou forte
2 espigas de milho frescas
250 g de feijão-vermelho já cozido
Sal e pimenta-do-reino preta moída na hora a gosto

As receitas

Leguminosas

Ingredientes
120 g de farinha de grão-de-bico
50 g de farinha de arroz
50 g de farinha de trigo
½ colher (café) de sal
1 colher (café) de bicarbonato de sódio
2 colheres (sopa) de iogurte natural de leite integral (ou seja, 50 g)
700 ml de água morna
2 colheres (sopa) de ghee para o cozimento

Recheio
900 g de batata de polpa firme
1 cebola
1 pimenta tipo tailandesa verde fresca pequena
3 ramos de curry fresco
1 pedaço pequeno de gengibre fresco
(2 cm a 4 cm, de acordo com seu gosto)
2 colheres (sopa) de ghee para o cozimento
Opcional: 2 colheres (sopa) de lentilha preta (urud dal)
2 colheres (café) de sementes de mostarda amarela ou castanha
2 colheres (café) de sementes de cominho
1½ colher (café) de coentro moído
1 colher (café) de cúrcuma
½ colher (café) de garam masala

Utensílio
Frigideira para crepes

➤ Referências técnicas
Preparar manteiga clarificada e ghee, p. 113
Preparar pimentas, p. 23
Descascar gengibre, p. 29

Dosa masala ★★

Para 6 crepes
Tempo de preparo: 30 minutos
Tempo de cozimento: 30 minutos

Para as dosas
Misture as farinhas de grão-de-bico, de arroz e de trigo com o sal e o bicarbonato. Acrescente o iogurte, depois coloque a água em fio sem parar de bater, até obter uma massa lisa e homogênea. Você também pode preparar essa massa no liquidificador. Reserve à temperatura ambiente o tempo de preparar o recheio.

Para o recheio
Preaqueça o forno a 150 °C (t. 5).
Descasque as batatas e corte-as em cubos de aproximadamente 2,5 cm. Coloque-as para pré-cozer por 10 minutos em água fervente salgada. Escorra. Descasque e corte a cebola em cubos pequenos (corte ciseler). Remova as sementes da pimenta e pique-a em tiras bem finas. Desfolhe o curry. Descasque o gengibre e rale.
Aqueça o ghee em uma sauteuse. Coloque a lentilha preta (urud dal), as sementes de mostarda e de cominho e doure-as por 30 segundos. Acrescente a cebola, o gengibre e a pimenta e doure-os por 2 minutos. Acrescente as especiarias restantes, coloque sal e refogue tudo por 1 minuto. Acrescente as batatas, envolva-as na mistura dos temperos e refogue-as por 10 a 15 minutos, até ficarem douradas e bem cozidas. Acrescente as folhas de curry, misture e acondicione em um prato de forno. Baixe a temperatura do forno para 100 °C (t. 3/4) e acondicione o prato, para que o recheio se mantenha quente durante o preparo das dosas.

Para finalizar
Aqueça a frigideira para crepes untada com ghee. Dê uma mexida na massa das dosas e com uma concha coloque uma porção na frigideira bem quente, inclinando de um lado para o outro, para formar um crepe de espessura uniforme. Deixe cozinhar por 2 a 3 minutos, até que as bordas fiquem douradas e comecem levemente a se revirar.
Recheie o crepe com 1/6 das batatas, depois enrole. Retire-o da frigideira e recomece a operação com a massa e o recheio de modo que se obtenham 6 dosas. Sirva com molho raïta (ver receita, p. 303).

● Conselho do chef
Na Índia, uma mistura de especiarias chama-se "masala", e não curry! O curry, originalmente, é o nome de uma planta de pequenas folhas redondas que, muitas vezes, entram nas receitas de masala.

● Bom saber
As verdadeiras dosas masala são preparadas com duas massas fermentadas de arroz e lentilha preta (urud dal) sem casca, resultando em crepes finos e crocantes mais difíceis de fazer. Aqui, a versão simplificada é aquela preparada no cotidiano de inúmeras famílias indianas.

As receitas

Leguminosas

Feijão-fradinho com verduras e pão de milho ★

Para 4 pessoas
Tempo de preparo: 40 minutos
Tempo de cozimento: 2 horas
Tempo de descanso: 8 horas

Para o feijão-fradinho com verduras

Coloque os feijões de molho por 8 horas. Cozinhe na água por 45 minutos ou 1 hora até que fiquem tenros. Escorra. Reserve.

Lave e seque as folhas de couve ou de outras verduras. Corte em tiras. Descasque e corte a cebola em cubos pequenos (corte ciseler). Refogue no azeite a cebola e o alho. Acrescente as folhas de couve, o louro, o caldo, o vinagre e o sal. Cozinhe em fogo brando por 30 minutos, até que as folhas fiquem bem tenras.

Acrescente os feijões, misture. Prove e corrija o tempero, se necessário, acrescentando sal e vinagre a gosto.

Para o pão de milho

Preaqueça o forno a 200 °C (t. 6). Derreta a manteiga em fogo brando. Misture a farinha de trigo, de milho, o fermento em pó, o bicarbonato e o sal em uma tigela pequena.

Bata o leitelho com os ovos em outra tigela, grande. Acrescente a manteiga derretida. Sem parar de mexer, despeje a mistura de ingredientes secos, até obter uma massa flexível. Mas não misture demais a massa, para que o pão fique bem macio.

Unte com manteiga uma fôrma quadrada de 20 cm de cada lado. Coloque a massa. Leve ao forno por 20 a 25 minutos, até que a ponta de uma faca fincada no centro do pão saia seca e a superfície esteja dourada. Deixe amornar por 10 minutos, tire da fôrma e corte o pão em cubos.

Sirva morno com os feijões com verduras.

● Conselho do chef

O leitelho – também conhecido como leite de manteiga e, em inglês, como buttermilk – originalmente é feito do processo de desnatamento do creme de leite para a fabricação do leite. É rico em fermentos lácteos, com pouca gordura e acidulado: ajuda a obter massas leves, que crescem bem. Na falta de leitelho, acrescente o suco de ¼ de limão a 220 mℓ de leite e deixe descansar por 5 minutos, o tempo de ele coalhar. Você também pode fazer o mesmo com o leite de soja.

● Bom saber

No Texas e em outros estados do sul dos Estados Unidos, é tradição comer este prato simbólico na ceia do dia de São Silvestre (31 de dezembro), para que não falte dinheiro durante o ano. Os feijões simbolizam as moedas, as folhas, os dólares, e o pão de milho, o ouro. Uma simbologia que se encontra em inúmeras culturas, como as lentilhas na Itália e em muitos países: a prova de que as leguminosas são um verdadeiro tesouro!

Ingredientes

180 g de feijão-fradinho
600 g de couve galega ou mistura de verduras e folhas de legumes (folhas de couve-rábano, de brócolis, de nabo, de espinafres, de couve kale...)

1 cebola grande ou cerca de 100 g
2 dentes de alho
2 colheres (sopa) de óleo (girassol, oliva...)
1 folha de louro
100 mℓ de caldo de vegetais
1 colher (sopa) de vinagre de vinho tinto
1 colher (café) de sal
Pimenta-do-reino preta moída na hora a gosto

Pão de milho

70 g de manteiga sem sal + um pouco para a fôrma

80 g de farinha de trigo
100 g de farinha de milho
1½ colher (café) de fermento em pó ou 6 g
½ colher (café) de bicarbonato de sódio ou 3 g
½ colher (café) de sal fino
220 mℓ de leitelho (leite de manteiga)
2 ovos

Utensílio

Fôrma de 20 cm × 20 cm

➤ Referências técnicas

Cozinhar leguminosas, p. 82
Cortar cebola em cubos pequenos (corte ciseler), p. 39

Foul medames ★

Para 4 pessoas
Tempo de preparo: 30 minutos
Tempo de cozimento: 3h30
Tempo de descanso: 8 horas

Coloque as favas de molho por 8 horas em grande quantidade de água fria. Coloque-as para cozinhar em água fervente por cerca de 3 horas em fogo brando. Você também pode cozinhá-las em panela de pressão por 1 hora. Escorra as favas, reservando uma concha do líquido de cozimento.

Esprema os limões, descasque e amasse o alho. Pique a salsa em tiras bem finas.

Amasse grosseiramente as favas com um garfo. Tempere com azeite de oliva, alho, suco de limão, salsa picada, cominho, pimenta e sal. Ajuste a textura, como preferir, acrescentando o líquido de cozimento reservado.

Cozinhe os ovos, para que fiquem duros. Tire as cascas.

Corte os tomates em quatro. Fatie a cebola em tiras bem finas.

Sirva o foul medames quente com os ovos, os tomates e as azeitonas verdes. Também pode ser oferecido com pimentas verdes no vinagre e no pão chato.

Ingredientes
200 g de feijão-fava (castanho)
2 limões-sicilianos
2 dentes de alho
½ maço de salsa
3 colheres (sopa) de azeite de oliva
1 colher (café) de cominho
1 ponta de faca de pimenta-de-caiena
½ colher (café) de sal
4 ovos
2 tomates
1 cebola
1 dúzia de azeitonas verdes

● Conselho do chef
O cozimento das favas é longo; dê preferência a uma panela de pressão... ou utilize conservas de favas para foul medames já cozidas, que podem ser encontradas em lojas especializadas em especiarias orientais.

● Bom saber
• *Este prato de pequenas favas (também conhecidas como "favarolas" e "gourganes" no Quebec) compõe tradicionalmente o café da manhã egípcio, acompanhado de alguns legumes – tomates, pepinos – e um ovo duro, servido num prato ou em um pão chato. As favas ficam cozinhando em fogo brando durante toda a noite, antes de serem temperadas pela manhã.*
• *Esse prato difundiu-se em todo o Oriente Médio, com variantes. Assim, na Síria, é embebido em tahine. O uso da pimenta também foi muito difundido.*

→ Referências técnicas
Cozinhar leguminosas, p. 82
Preparar ovo duro, p. 104

Mjaddara ★

Para 4 pessoas
Tempo de preparo: 20 minutos
Tempo de cozimento: 45 minutos

Descasque as cebolas e fatie em tiras finas com um fatiador de alimentos.

Esquente o azeite de oliva e frite as cebolas por 20 minutos, mexendo frequentemente. Coloque sal e reserve a metade.

Pré-cozinhe as lentilhas por 15 minutos em água fervente salgada. Escorra. Enxágue cuidadosamente o arroz.

No azeite utilizado para as cebolas, doure rapidamente o arroz e as especiarias. Acrescente as lentilhas, a metade das cebolas douradas e cubra com água quente. Adicione o sal e cozinhe por cerca de 20 minutos.

Acondicione em uma travessa, cubra com cebolas caramelizadas e sirva com um fio de suco de limão e iogurte tipo grego.

● **Conselho do chef**
O tempo de cozimento das lentilhas pode variar. O pré-cozimento na água permite amaciá-las: prove, elas devem estar ligeiramente firmes, mas não crocantes. Você pode igualmente colocá-las de molho na véspera, para reduzir o tempo de cozimento.

● **Bom saber**
Apelidado de "prato dos pobres", este arroz com lentilhas e cebolas fritas pode ser encontrado de diferentes formas e denominações em todo o Oriente Médio, da Síria ao Egito, passando pelo Líbano. Originalmente, era preparado com triguilho (bulgur).
As especiarias variam de acordo com o país: às vezes pode ter um pouco de canela, pimenta-de-caiena...

→ **Referência técnica**
Utilizar fatiador de alimentos, p. 40

Ingredientes
250 g de cebola amarela ou branca
5 colheres (sopa) de azeite de oliva
125 g de lentilha marrom
200 g de arroz de grão longo
½ colher (café) de cominho moído
½ colher (café) de tempero quatre-épices (ou pimenta-da-jamaica moída)
Sal e pimenta-do-reino preta moída na hora a gosto

Para servir
Suco de limão-siciliano
Iogurte tipo grego ou iogurte de leite de ovelha

Dal d'urad, raïta de manga e romã ★

Ingredientes

Dal

200 g de lentilha preta (urad dal) sem casca (branca)
1 cebola
1 dente de alho
1 pedaço de gengibre fresco de 2 cm a 4 cm
2 colheres (sopa) de ghee ou de óleo de coco
1 colher (café) de cúrcuma seco moído
250 ml de leite de coco
250 ml de passata de tomate
1 colher (café) de garam masala
1 ponta de faca de pimenta vermelha em pó
½ limão

Raïta

¼ de cebola roxa
1 pimenta tipo tailandesa verde pequena (mais ou menos de acordo com o gosto)
½ manga ou cerca de 150 g de polpa
Sementes de ¼ de romã
6 ramos de coentro fresco
½ colher (café) de sementes de cominho
½ colher (café) de sal
½ colher (café) de masala
250 g de iogurte de leite integral ou iogurte tipo grego

→ Referências técnicas

Preparar alho, p. 29
Cortar cebola em cubos pequenos (corte ciseler), p. 39
Descascar gengibre, p. 29
Preparar manteiga clarificada e ghee, p. 113
Preparar pimentas, p. 23
Preparar romã, p. 134
Preparar manga, p. 136

Para 4 pessoas
Tempo de preparo: 20 minutos
Tempo de cozimento: 40 minutos

Para o dal

Meça o volume dos grãos de urad. Providencie duas vezes seu volume de água quente. Descasque e corte a cebola em cubos pequenos (corte ciseler). Descasque e rale o alho e o gengibre.
Refogue no ghee o alho, a cebola, o gengibre e o cúrcuma por 3 minutos. Acrescente os grãos de urad e cubra de água duas vezes seu volume. Cubra e deixe cozinhar por 25 minutos em fogo brando.
Adicione o leite de coco, a passata de tomate, o garam masala e a pimenta. Tampe e deixe cozinhar em fogo brando por mais 15 minutos. Coloque o sal e acrescente o suco de limão fora do fogo.

Para a raïta

Descasque e fatie a cebola em tiras bem finas. Remova as sementes da pimenta e pique em tiras finas. Descasque e corte a manga em pequenos cubos. Separe as sementes de romã. Pique o coentro fresco.
Triture grosseiramente o cominho com o sal em um pilão. Misture a cebola, a manga, as sementes de romã, o coentro, o masala, o cominho, a pimenta e o iogurte. Sirva a raïta com o dal. Como sugestão de acompanhamento, arroz basmati.

● **Conselho do chef**

O tempo de cozimento das leguminosas varia em função da dureza da água. Utilize de preferência água filtrada e lembre-se de provar regularmente seu prato, para obter a consistência desejada.

● **Bom saber**

O dal é um termo genérico na Índia para designar diferentes leguminosas, tipo lentilhas e ervilhas. Por extensão, esse termo designa igualmente esse prato, cuja consistência é mais ou menos líquida, de acordo com as regiões... e os gostos. Portanto, é possível preparar toor dal (à base de lentilhas amarelas), chana dal (à base de grão-de-bico de casca mais escura), mung dal (à base de feijão mungo), urad dal (feijão urd de cor preta, chamado impropriamente soja ou lentilha preta, que pode ser encontrado com o nome "lentilhas indianas brancas", uma vez descascadas e partidas), masoor dal (à base de lentilha coral...).

Faláfel e tabule ★

Para 4 pessoas

Tempo de preparo: 40 minutos
Tempo de cozimento: 15 minutos
Tempo de descanso: 8 horas + 4 horas

Ingredientes

200 g de grão-de-bico seco
2 dentes de alho
1 cebola pequena (60 g a 80 g)
1 colher (sopa) de coentro fresco picado
1 colher (sopa) de salsa fresca picada
1 colher (sopa) de cominho em pó
1 colher (café) de coentro em pó
1 colher (café) de hortelã seca
½ colher (café) de sal
½ colher (café) de pimenta-do-reino
½ colher (café) de bicarbonato de sódio
1 colher (café) de sementes de gergelim branco
100 mℓ de óleo (girassol, milho...) para fritar

Para o tabule

30 g de triguilho (bulgur) fino
1 cebola
2 a 3 tomates (400 g aproximadamente)
2 a 3 maços de salsa (120 g)
½ maço de hortelã
Suco de 1 limão-siciliano grande
70 mℓ de azeite de oliva
Sal e pimenta-do-reino preta moída na hora a gosto

Utensílio

Liquidificador ou processador de alimentos

Referências técnicas

Preparar molho tarator, p. 125
Preparar cuscuz de couve-flor, p. 20
Preparar ervas finas, p. 38

Para o faláfel

Na véspera, coloque de molho os grãos-de-bico em grande quantidade de água.
Escorra e enxágue os grãos-de-bico cuidadosamente. Descasque e remova o miolo do alho.
Descasque e corte a cebola grosseiramente.
Bata grosseiramente os grãos-de-bico no liquidificador ou no processador de alimentos com a cebola e o alho. Acrescente as ervas e as especiarias, o sal, a pimenta-do-reino, o bicarbonato e o gergelim e bata até obter uma mistura homogênea. Transfira para um prato, cubra com filme plástico e deixe por 4 horas no refrigerador.

Para o tabule

Enxágue o triguilho. Deixe de molho por 15 minutos em 250 mℓ de água quente e, então, escorra bem, tirando o excesso de água. Descasque e pique a cebola. Retire as sementes dos tomates e pique em cubos pequenos. Passe em uma peneira para escorrer o suco. Desfolhe a salsa e a hortelã, picando bem as folhas. Misture em uma tigela o triguilho, a cebola, os tomates escorridos, a salsa, a hortelã, o suco de limão, o azeite de oliva. Coloque sal e pimenta-do-reino e deixe no refrigerador por 1 hora.

Para finalizar o faláfel

Modele os bolinhos com a ajuda de uma colher pequena, firmando bem a massa entre as mãos: você deve obter entre 20 e 25 unidades. Esquente o óleo em uma sauteuse. Doure os bolinhos por 2 minutos de cada lado. Deixe escorrer sobre papel absorvente e reserve no forno preaquecido a 100 °C (t. 3/4) enquanto prepara os demais bolinhos. Sirva o faláfel quente com o molho tarator e o tabule.

● Conselho do chef

Uma vez frito, o faláfel frio pode ser conservado por 2 dias no refrigerador e 2 meses no freezer. Esses bolinhos são servidos também em sanduíches, enrolados em pão pita com repolhos roxo e branco fatiados em tiras finas, rodelas de pepinos, tomates e nabos fermentados. Para uma versão sem glúten, substitua o triguilho por 100 g de cuscuz de couve-flor.

● Bom saber

No Egito, utilizam-se metade de grãos-de-bico e metade de favas sem casca deixadas de molho por 8 horas para fazer a massa do faláfel. Embora o gosto seja menos marcado, a consistência dos bolinhos é facilitada dessa forma.

Chili sem carne com dois feijões ★

Ingredientes
150 g de feijão-vermelho
150 g de feijão-branco ou rosado
2 cebolas grandes ou 200 g
2 cenouras ou 200 g
2 a 3 talos de aipo ou 200 g
2 dentes de alho
1 pimentão vermelho
2 colheres (sopa) de azeite de oliva
1 colher (café) de páprica doce
½ colher (café) de coentro moído
1 colher (café) de cominho
600 ml de passata de tomate
150 ml de caldo de vegetais
1 folha de louro
2 cravos
1 colher (café) de orégano seco
2 pitadas de açúcar
1 pimenta vermelha fresca pequena (mais ou menos de acordo com seu gosto)
1 ponta de faca de pimenta vermelha em pó (caiena, ancho chile...) a gosto
Sal e pimenta-do-reino preta moída na hora a gosto

Para servir
1 bouquet de coriandre fraîche
1 maço de coentro fresco
1,5 l de creme de leite fresco ou de creme de caju
125 g de queijo duro ralado: cheddar, comté...

⟶ Referências técnicas
Cozinhar leguminosas, p. 82
Cortar cebola em cubos pequenos (corte ciseler), p. 39
Preparar alho, p. 29
Preparar caldo de vegetais, p. 31
Preparar pimentão, p. 22
Preparar pimentas, p. 23
Preparar creme de leite vegetal sem cozimento, p. 120

Para 4 a 6 pessoas
Tempo de preparo: 25 minutos
Tempo de cozimento: 2h30
Tempo de descanso: 8 horas

Coloque os feijões de molho por 8 horas. Enxágue-os e cozinhe em água fervente por 1h30. Você pode prepará-los igualmente em uma panela de pressão por 30 minutos. Experimente os feijões: eles devem estar levemente firmes. Escorra e reserve.

Descasque e pique as cebolas. Descasque e pique as cenouras em pedaços grandes. Limpe os talos do aipo e corte em pedaços. Descasque, tire o miolo e pique os dentes de alho. Descasque e corte o pimentão em cubos.

Aqueça o azeite em uma sauteuse. Doure a cebola e o alho por 2 minutos. Acrescente o aipo, as cenouras e o pimentão. Salteie-os por 5 minutos, depois acrescente a páprica, o coentro moído e o cominho. Doure por 1 minuto, depois acrescente a passata de tomate, o caldo, o louro, os cravos, o orégano, o açúcar, o sal e a pimenta-do-reino a gosto.

Coloque para ferver e acrescente os feijões. Deixe cozinhar em fogo brando por 30 a 45 minutos, de acordo com a firmeza dos feijões. Uma parte vai se desmanchar e engrossar o molho.

Desfolhe e pique o coentro. Acrescente metade ao chili fora do fogo. Reserve o restante em uma tigela.

Sirva o chili em pratos fundos, oferecendo à parte tortillas, coentro fresco, creme de leite e queijo ralado.

● Conselho do chef
• Para uma ilusão "com carne", você pode acrescentar a este chili 200 g de seitan picado (ver técnica, p. 69) ou 30 g de proteína de soja texturizada (peso antes da hidratação), a ser hidratada em um caldo. Doure com cebolas e prossiga a receita da mesma maneira.
• Você também pode utilizar 600 g de feijões em conserva já cozidos, bem enxaguados e escorridos.

● Bom saber
O chili, seja ele "com carne" ou como aqui, "sem carne", não tem nada de mexicano... mas tudo de texano! Como o nome indica, a pimenta é um de seus componentes principais. Pode ser encontrada fresca (habanero, serrano ou jalapeño) e seca (ancho chile, chipotle...): para você dosar de acordo com seu gosto!

Bean pie ★

Para 6 pessoas
Tempo de preparo: 20 minutos
Tempo de cozimento: 55 minutos
Tempo de descanso: 1 hora

Para a massa
Misture em uma tigela a farinha e o sal. Faça uma cavidade no meio e acrescente a manteiga. Incorpore com a ponta dos dedos até obter uma textura grosseiramente arenosa esfarelenta (como uma farofa). Acrescente o vinagre de maçã, em seguida, a água, e amasse até obter uma bola de massa. Cubra com filme plástico e acondicione no refrigerador por 1 hora.

Para o recheio
Com os feijões-brancos, faça um purê, utilizando o liquidificador. Acrescente os ovos, o leite evaporado, o açúcar, a manteiga, a farinha, o extrato de baunilha, a canela e a noz-moscada. Bata até obter uma massa homogênea e reserve.

Para finalizar
Preaqueça o forno a 180 °C (t. 6). Na bancada de trabalho polvilhada com farinha, abra a massa em uma espessura de aproximadamente 6 mm. Com ela, forre uma fôrma de torta com 24 cm de diâmetro, previamente untada com manteiga. Sobre a massa, coloque papel-manteiga e por cima os pesinhos de assar tortas. Leve ao forno e asse sem recheio por 15 minutos.
Retire os pesinhos e despeje o preparado de feijão sobre o fundo da torta. Leve ao forno por 40 minutos, até que o recheio fique firme e levemente dourado.

● **Conselho do chef**
Para acertar a massa, a manteiga deve estar bem fria: se o clima estiver quente, não hesite em colocar os pedaços de manteiga por 30 minutos no congelador. Você pode prepará-la em um processador de alimentos com lâmina em "S": bata os ingredientes secos, depois acrescente a manteiga em pedaços e incorpore usando o botão pulse, por fim os líquidos. Desligue o processador assim que ele formar uma bola de massa. Essa massa pode ser preparada com até 2 dias de antecedência e congelada por 2 meses.

● **Bom saber**
A bean pie nasceu nos anos 1930 em Chicago (Estados Unidos), seguindo os preceitos nutricionais de Elijah Muhammad, criador da Nation of Islam, que proibia o consumo de batata-doce – muitas vezes consumida como sobremesa. Ainda hoje é degustada em algumas comunidades.

🥄 **Referências técnicas**
Preparar massa seca para tortas doces, p. 65
Abrir massa, p. 66
Forrar fôrma de torta, p. 67
Assar massa de torta sem recheio, p. 76

Ingredientes
Massa
180 g de farinha + um pouco para abrir a massa
¼ de colher (café) de sal
110 g de manteiga sem sal bem fria, cortada em cubos + um pouco para a fôrma
1 colher (café) de vinagre de maçã
3 colheres (sopa) de água gelada

Recheio
180 g de feijão-branco já cozido
2 ovos
120 ml de leite evaporado sem açúcar
170 g de açúcar demerara
60 g de manteiga sem sal derretida
1 colher (sopa) de farinha (ou seja, 20 g)
2 colheres (café) de extrato de baunilha
1 colher (café) de canela em pó
½ colher (café) de noz-moscada ralada

Utensílios
Fôrma redonda de torta com 24 cm de diâmetro
Liquidificador ou processador de alimentos

Christophe Moret apresenta sua receita, p. 312

Rolinhos primavera com tempeh, p. 315
Ravióli chinês com tofu e cogumelos pretos, p. 316
Repolho roxo salteado com tofu defumado e castanhas, p. 319
Salteado de espinafres e cogumelos chanterelles com tofu, p. 320
Gado-gado com tempeh, p. 323
Chow mein de tofu lactofermentado, p. 324
Lo han chai, p. 327
Bolo de laranja e pistache com tofu macio, p. 328

Soja

Christophe Moret

Depois de se formar com Bruno Cirino no Grand Hôtel de Saint-Jean-de-Luz e de trabalhar no Château Eza, Christophe Moret uniu-se a Jacques Maximin no Théâtre de Nice, em 1989. O encontro com Alain Ducasse em 1990 marcou o início de sua colaboração no Louis-XV e, posteriormente, no 59 Poincaré e no Spoon. Em 2003, tornou-se chef do restaurante 3 estrelas Michelin Plaza Athénée. Em 2010, assumiu a direção do mítico restaurante Lasserre. Lá, criou um menu vegetariano em que valorizava o tofu, a espelta e os legumes, pelos quais desenvolveu especial afeição. Em 2015, passou a ser o chef executivo dos três restaurantes do hotel Shangri-La, em Paris, unindo a gastronomia francesa e a asiática. Propôs vários pratos vegetarianos e veganos em sua carta, trabalhando com produtores locais da região parisiense.

Foi na Ásia que Christophe Moret tornou-se apreciador do tofu, cujo preparo hoje domina. Apresenta um produto irretocável, o que permite a descoberta de seu verdadeiro sabor – muitas vezes desprezado pelos gastrônomos ocidentais. Trabalhado com ervas, o tofu alcança outra dimensão de sabores.

>> Shangri-La Paris
10 avenue d'Iéna, 75116 Paris – França

Para 4 pessoas
Tempo de preparo: 45 minutos
Tempo de repouso: 1 hora
Tempo de marinada: 1 hora

Ingredientes
Tofu
10 g de nigari
100 g de água
325 g de leite de soja
1 colher (sopa) de cada uma das seguintes ervas fatiadas: cerefólio, melissa, coentro, salsa, hortelã

Caldo de ervas
1 chalota
15 g de azeite de oliva
100 mℓ de vinho branco
1 colher (sopa) de vinagre branco
150 mℓ de leite de soja
1 punhado de folhas das seguintes ervas: cerefólio, melissa, coentro, salsa, hortelã

Legumes e frutas
1 beterraba amarela
1 beterraba (chioggia)
1 rabanete vermelho
2 cebolinhas para conserva
2 cenouras amarelas
2 cenouras roxas
2 cenouras laranjas
Azeite de oliva para refogar
Caldo de vegetais suficiente para cobrir os legumes e vegetais
1 endívia
1 endívia roxa
1 coração de alface-romana
1 pera conference ou comice
1 manga tailandesa verde
4 rabanetes com as ramas
2 ervas-doces
1 beterraba crapaudine cozida na brasa de lenha
1 maçã verde (granny smith)

Marinada de picles
100 g de água mineral
60 g de vinagre de álcool
60 g de mel de acácia

O melhor de nossos legumes com tofu com ervas

Para o tofu macio com ervas
Dilua o nigari na água. Esquente o leite de soja a 45 °C. Coloque o nigari diluído no leite, misture com uma espátula pão-duro e acrescente as ervas fatiadas. Distribua a mistura em 4 pratos fundos, formando uma camada de 2 cm de espessura. Reserve no refrigerador por 1 hora no mínimo.

Para os legumes marinados
Com o fatiador, corte as beterrabas cruas, o rabanete vermelho e as cebolinhas em tiras de 2 mm. Misture todos os ingredientes da marinada e coloque para ferver. Derrame quente sobre os legumes e deixe marinar por 1 hora à temperatura ambiente.

Para os outros legumes e frutas
Descasque os legumes e as frutas restantes. Fatie as cenouras no fatiador. Faça-as suar sem dourar em uma sauteuse com azeite, cobrindo com caldo de vegetais. Reserve. Corte as endívias e a alface-romana em tiras. Corte a pera e a manga no fatiador. Corte as lâminas de peras em círculos com um vazador de 2 cm de diâmetro, e a manga em triângulos de 2,5 cm cada lado. Corte os rabanetes restantes e as ervas-doces com o fatiador o mais finamente possível. Para preservar a crocância, reserve-os na água gelada. Corte a beterraba crapaudine com o fatiador e faça rolos de 1 cm.

Para o caldo de ervas
Descasque e corte a chalota. Refogue-a ligeiramente no azeite, deglaceie no vinho branco e reduza a seco. Adicione o vinagre, reduza novamente a seco. Aqueça o leite de soja a 45 °C, adicione as ervas e a chalota. Bata no liquidificador para obter um molho verde untuoso.

Para montar
Escorra os legumes da marinada. Enxugue cuidadosamente os legumes que estavam na água fria. Disponha-os harmoniosamente sobre o tofu. Verta o molho de ervas mornas e deguste sem demora.

Ingredientes
200 g de tempeh
125 g de macarrão de soja (peso seco)
30 g de castanha-de-caju
4 punhados de ervas de sua escolha misturadas: hortelã, coentro, agrião, ciboulette (cebolinha francesa)...
1 dúzia de rabanetes
4 punhados de brotos de espinafre
½ limão
12 discos de folha de arroz

Molho de gergelim
2 colheres (sopa) de maionese
2 colheres (sopa) de vinagre de arroz
1½ colher (sopa) de molho de soja (tamari)
2 colheres (sopa) de tahine (pasta de gergelim)
1 colher (café) de óleo de gergelim torrado
1 colher (café) de mirin
1 colher (café) de açúcar refinado

Rolinhos primavera com tempeh ★

Para 12 rolinhos (4 a 6 pessoas)
Tempo de preparo: 30 minutos

Cozinhe o tempeh a vapor por 10 minutos. Esfarele-o com as mãos e deixe-o esfriar à temperatura ambiente.
Deixe o macarrão de soja de molho por 5 minutos na água fervente. Enxágue-o com água fria e corte-o grosseiramente com uma tesoura. Torre as castanhas-de-caju em uma frigideira e pique-as grosseiramente.
Retire as folhas do caule das ervas e pique-as grosseiramente. Lave bem os rabanetes e corte-os finamente com um fatiador. Enxágue e seque os brotos de espinafre.

Misture os brotos de espinafre, as ervas, os rabanetes, o macarrão de soja, as castanhas-de-caju, o tempeh e o suco de limão. Misture com as mãos.

Umidifique um disco de folha de arroz, colocando na parte de baixo um pequeno punhado da salada preparada. Para preencher o recheio, dobre as laterais do disco e enrole-o firmemente de baixo para cima, fazendo rolos apertados. Recomece com os outros discos até o fim dos ingredientes.

Coloque os rolos no refrigerador por 2 horas no máximo, cobertos com um pano limpo, para evitar que ressequem.

Para o molho
Misture todos os ingredientes em uma tigela e emulsione com um garfo.

● **Conselho do chef**
Você pode substituir os rabanetes por um pouco de pepino cortado em fatias finas, rabanete branco (daïkon) ou preto, cenouras cruas, dependendo do seu gosto e da estação... No lugar do molho de gergelim, você pode utilizar uma veganese (ver p. 89) ou um molho dengaku (p. 266). Por fim, na falta de macarrão de soja, considere o macarrão de arroz!

● **Bom saber**
O recheio pode ser preparado com até 12 horas de antecedência se conservado no refrigerador, em recipiente hermético. Entretanto, para que os rolinhos fiquem frescos, prepare-os no último minuto.

➞ **Referências técnicas**
Cozinhar tempeh, p. 93
Utilizar fatiador de alimentos, p. 40
Utilizar folha de arroz, p. 54

Ravióli chinês com tofu e cogumelos pretos ★★

As receitas — Soja

Para cerca de 40 raviólis
Tempo de preparo: 50 minutos
Tempo de descanso: 30 minutos
Tempo de cozimento: 15 minutos

Para a massa
Ferva a água. A seguir, derrame a água fervente aos poucos sobre a farinha, misturando, de preferência, com um par de hashi. Deixe esfriar por cerca de 15 minutos ou até que você consiga manipular a massa. Amasse-a até que fique lisa, cubra com filme plástico e deixe repousar durante o preparo do recheio.

Para o recheio
Esprema o tofu. Hidrate os cogumelos pretos com água quente. Escorra e pique-os muito bem. Limpe bem o alho-poró antes de fatiá-lo. Salteie-o por 5 minutos em uma frigideira antiaderente para amolecê-lo. Descasque e rale o gengibre. Pique muito bem a ciboulette. Esfarele o tofu. Misture todos os ingredientes e deixe repousar enquanto dobra os raviólis.

Para os raviólis
Na bancada de trabalho polvilhada com fécula, divida a massa em quatro e faça um rolo com cada porção. Corte-os em pequenos pedaços de 3 cm a 4 cm de comprimento e achate-os na palma da mão. Estique-os em disco sobre a bancada de trabalho, sem sobrepô-los.
Com o dedo ou um pincel, passe um pouco de água na volta de cada disco. Disponha de 1 a 2 colheres (café) de recheio no centro e dobre as bordas, retirando o ar e apoiando firmemente. Recomece até o fim dos ingredientes. Coloque os raviólis sobre uma bancada de trabalho enfarinhada.
Aqueça metade do óleo em uma sauteuse. Disponha os raviólis sem sobrepô-los, deixe-os dourar entre 2 e 3 minutos. Coloque 50 mℓ de água, cubra imediatamente e cozinhe por 5 minutos, até que não haja mais água. Recomece com os raviólis restantes.
Prepare o molho, misturando todos os ingredientes em uma tigela. Sirva com os raviólis quentes.

● **Conselho do chef**
Se você não tiver tempo, utilize folhas de ravióli chinês do comércio: embora a massa seja mais fina e contenha ovos, eles são dobrados e cozidos da mesma maneira que os raviólis desta receita.

● **Bom saber**
Estes raviólis podem ser congelados crus e permanecem conservados por até 2 meses. Disponha-os deitados em uma assadeira e deixe-os por uma noite no congelador antes de colocá-los em sacos para congelados ou em um recipiente. Não é necessário descongelá-los no momento do preparo, mas deve-se prolongar o cozimento na frigideira por mais 2 ou 3 minutos.

Ingredientes

Massa
200 mℓ a 220 mℓ de água
300 g de farinha de trigo T45*
Fécula de batata ou amido de milho (para abrir)

Recheio
300 g de tofu firme
20 g de cogumelo preto seco
1 alho-poró (parte branca, cerca de 100 g)
20 g de gengibre fresco
½ maço de ciboulette (cebolinha francesa)
2 colheres (sopa) de molho de soja claro
1 colher (sopa) de fécula de batata ou de amido de milho
1 pitada de açúcar
Sal a gosto

Cozimento
4 colheres (sopa) de óleo de girassol
150 mℓ de água

Recheio
3 colheres (sopa) de vinagre de arroz preto
2 colheres (sopa) de molho de soja claro
1 colher (sopa) de óleo de gergelim
Opcional: pimenta em pasta ou fresca a gosto

→ **Referências técnicas**
Prensar tofu, p. 88
Hidratar cogumelos secos, p. 99
Limpar alho-poró, p. 24
Descascar gengibre, p. 29
Modelar raviólis chineses, p. 70

---

* Tipificação adotada no mercado europeu. No Brasil, corresponde à farinha utilizada na confeitaria. (N. E.)

Ingredientes

½ repolho roxo ou 500 g
2 chalotas
200 g de tofu defumado
1 ramo de alecrim
2 colheres (sopa) de óleo (girassol, colza)
2 colheres (sopa) de vinagre de maçã
1 cravo
200 g de castanha portuguesa cozida e descascada (a vácuo ou congelada)
2 maçãs para cozinhar (reine des reinettes, canada grise ou reinetta)
Tabasco a gosto
Sal e pimenta-do-reino preta moída na hora a gosto

Repolho roxo salteado com tofu defumado e castanhas ★

Para 6 pessoas
Tempo de preparo: 20 minutos
Tempo de cozimento: 30 minutos

Retire o coração do repolho e fatie muito bem. Descasque as chalotas. Fatie-as no comprimento. Corte o tofu defumado em cubos. Corte as maçãs em dois, retire o centro e corte-as em cubos. Retire as folhas do alecrim, junte-as e pique-as o mais finamente possível com uma faca grande.

Aqueça 1 colher (sopa) do azeite em uma frigideira e doure todos os lados do tofu. Reserve em um prato. Doure os cubos de maçã no óleo e reserve-os.

Adicione na frigideira o azeite restante e o repolho. Acrescente sal e deixe saltear em fogo alto por 5 minutos, até que tenha perdido o volume. Adicione o vinagre e o cravo, cubra e cozinhe por 10 minutos.

Adicione as maçãs, as castanhas e as chalotas. Cozinhe sem tampa por cerca de 10 minutos, mexendo frequentemente.

Fora do fogo, retire o cravo. Adicione o tofu, o alecrim e o tabasco, misture e sirva imediatamente.

● **Bom saber**

Embora sejam deliciosas, as castanhas portuguesas com casca levam muito tempo para serem preparadas. Na falta de castanhas congeladas, não tenha receio de usar castanhas sem casca a seco a vácuo, muito saborosas. Evite as castanhas em conserva ao natural, por serem farinhosas demais.

→ **Referência técnica**
Prensar tofu, p. 88

Salteado de espinafres e cogumelos chanterelles com tofu ★

Para 4 pessoas
Tempo de preparo: 15 minutos
Tempo de descanso: 30 minutos
Tempo de cozimento: 15 minutos

Para o tofu

Para a marinada, descasque e rale o gengibre; misture o molho de soja, o açúcar, o azeite e as sementes de gergelim em um prato fundo. Escorra o tofu, corte-o em cubos e coloque-o na marinada, na qual ficará por 30 minutos ou ao menos o tempo de preparo do restante da receita.

Para os legumes

Descasque, retire o miolo e pique o dente de alho. Fatie a cebolinha. Lave muito bem os espinafres e pique-os grosseiramente. Se necessário, limpe os cogumelos chanterelles com um pano seco, fatie-os se forem grandes; caso contrário, mantenha-os inteiros.
Esquente 1 colher (sopa) de azeite. Doure o tofu escorrido da marinada - que você reservará com cuidado. Reserve o tofu em um prato.
Esquente o óleo restante. Coloque os cogumelos, o alho, a cebolinha e um pouco de sal. Salteie tudo por 5 a 8 minutos. Reserve em uma tigela.
Na mesma frigideira, coloque os espinafres com um pouco de sal e reduza-os por 1 a 2 minutos, até que percam o volume. A seguir, adicione os cogumelos, o tofu e a metade da marinada reservada. Salteie em fogo alto por 2 a 3 minutos, prove e adicione a marinada a gosto. Salpique com grãos de gergelim, misture e salteie por mais 1 minuto.

● **Conselho do chef**
Você pode saltear os cogumelos e os espinafres e colocar o tofu para marinar com até 24 horas de antecedência: assim, você só terá que dourá-lo na frigideira antes de misturá-lo aos outros ingredientes, ou seja, este prato fica pronto muito rapidamente.

➤ **Referências técnicas**
Descascar gengibre, p. 29
Refogar cogumelos, p. 98

Ingredientes
1 dente de alho
1 cebolinha (parte verde)
600 g de espinafre fresco
300 g de cogumelo chanterelle
2 colheres (sopa) de azeite de oliva
Sal e pimenta-do-reino preta moída na hora a gosto

Tofu
1 pedaço pequeno de gengibre fresco ou 5 g a 10 g
4 colheres (sopa) de molho de soja
2 colheres (café) de açúcar mascavo ou de xarope (agave, bordo)
1 colher (café) de óleo de gergelim torrado
2 colheres (sopa) de semente de gergelim
200 g de tofu firme

Utensílio
Wok (na falta de uma sauteuse)

Ingredientes
500 g de batata nova
2 chuchus
4 ovos orgânicos
200 g de tempeh
1 colher de óleo de sua escolha (coco, gergelim...)
2 pepinos pequenos
½ acelga (ou couve, coração de repolho verde...)
4 punhados de brotos de feijão-mungo

Molho
120 g de amendoim sem sal
1 dente de alho
½ pimenta vermelha fresca a gosto
30 g de açúcar de palma
2 limões
1 colher (café) de tamarindo
80 ml a 100 ml de leite de coco

Utensílio
Liquidificador ou processador potente

➤ Referências técnicas
Cozinhar a vapor, p. 41
Cozinhar tempeh, p. 93
Preparar pastas de oleaginosas, p. 118
Preparar pimentas, 23
Preparar ovo duro, 104

Gado-gado com tempeh ★

Para 4 pessoas
Tempo de preparo: 30 minutos
Tempo de cozimento: 20 minutos

Para o molho
Torre ligeiramente os amendoins na frigideira, mexendo-os regularmente, ou no forno, a 180 °C (t. 6), sempre verificando.
Descasque o alho. Depois de retirar os grãos da pimenta, corte um pedaço do tamanho que você desejar para um sabor mais ou menos apimentado. Esprema o limão.
Quebre grosseiramente o açúcar de palma. Leve-o ao processador até ser reduzido a um pó grosso; a seguir, adicione o alho, a pimenta e os amendoins. Bata até obter textura de pó. Adicione o suco dos limões verdes, o tamarindo e, progressivamente, o leite de coco, batendo sempre até obter a textura desejada, mais ou menos fluida, conforme seu gosto: talvez você não precise adicionar o leite de coco.

Para o restante
Lave e esfregue as batatas. Descasque os chuchus e corte-os em dois. Cozinhe os chuchus a vapor por 5 minutos, a seguir adicione as batatas e cozinhe tudo novamente por 15 minutos. Verifique o cozimento: você deve conseguir furar facilmente a polpa com uma lâmina.
Cozinhe os ovos por 10 minutos na água fervente.
Corte o tempeh em bastões e doure-os por 2 minutos de cada lado em uma frigideira quente com o óleo de gergelim.
Lave, escorra e corte o pepino e o repolho. Enxágue e escorra os brotos de feijão-mungo.
Distribua nos pratos as batatas, os chuchus, o repolho, o pepino, o ovo e o tempeh. Guarneça com o molho e sirva.

● Conselho do chef
O gado-gado indonésio pode se adaptar a todas as estações e a qualquer latitude em função dos legumes da estação: rabanete, tomate, saladas verdes de sua escolha são bem-vindos também, sempre crus. Você pode incrementar o gado-gado com tofu firme cortado em lâminas, como se faz, às vezes, na Indonésia. O importante é variar o prato. Como "gado" significa "misturar", divirta-se!

● Bom saber
• O molho pode ser conservado por 5 dias no refrigerador em pote de vidro hermeticamente fechado.
• Se você estiver com pressa, é possível substituir os amendoins por manteiga de amendoim sem açúcar, encontrada no comércio.

Chow mein de tofu lactofermentado ★

Para 4 pessoas
Tempo de preparo: 30 minutos
Tempo de descanso: 15 minutos
Tempo de cozimento: 20 minutos

Escorra o tofu, corte-o em cubos. Em uma tigela, misture o molho de ostras, 1 colher de molho de soja, as cinco-especiarias e o molho de pimenta. Coloque o tofu para marinar nesta mistura enquanto prepara os outros ingredientes.

Hidrate os cogumelos pretos por 15 minutos em uma tigela com água quente. Escorra-os e pique-os muito bem. Descasque as cenouras e corte-as em julienne. Corte em tiras a acelga, o aipo e a cebola. Descasque e amasse o alho sem o miolo.

Cozinhe o macarrão na água fervente salgada de acordo com o tempo indicado no pacote. Escorra-o.

Aqueça a metade do óleo em uma wok. Refogue o tofu escorrido da marinada por 2 minutos e reserve-o (assim como a marinada). Adicione o óleo restante e coloque a cebola e o alho. Refogue-os por 2 minutos e adicione a acelga a seguir. Refogue tudo, mexendo por 2 a 3 minutos, depois adicione as cenouras, o aipo e os cogumelos pretos. Cozinhe por 2 a 3 minutos, mexendo sem parar, depois adicione o macarrão, a marinada reservada e o molho de soja restante. Adicione o tofu, salteie por entre 1 e 2 minutos, para que o macarrão fique coberto pelo molho, e reaqueça o tofu.

● Bom saber
O chow mein, corruptela de "chau meing", difundiu-se em todo o mundo com a diáspora chinesa: presente sobretudo nos Estados Unidos e na Inglaterra, possui muitas variações, como a substituição das castanhas-d'água tradicionais pelo aipo. De gado, de frango, de tofu, existem tantas variações quanto restaurantes!

➥ Referências técnicas
Hidratar cogumelos secos, p. 99
Preparar alho, p. 29

Ingredientes
150 g de tofu lactofermentado
1 colher (sopa) de molho de ostra vegetariano
3 colheres (sopa) de molho de soja com cogumelos
1 colher (café) de cinco-especiarias (cinq-épices)
1 colher (café) de molho de pimenta (sriracha) ou mais, conforme o gosto
5 cogumelos pretos
2 cenouras
½ acelga
1 talo de aipo
1 cebola
1 ou 2 dentes de alho
200 g de macarrão chinês de trigo
2 colheres (sopa) de óleo de gergelim

Utensílio
Wok

Ingredientes
6 shiitakes secos
10 g de cogumelo preto
40 g de macarrão de soja
1 folha de pele de tofu seca
50 g de broto de bambu (em conserva)
100 de seitan
8 pedaços de tofu frito
½ acelga ou cerca de 300 g
2 cenouras
2 talos de aipo
2 dentes de alho
1 cebola
1 pedaço de gengibre de cerca de 4 cm
2 colheres (sopa) de óleo de amendoim ou de gergelim
500 g de broto de soja ou de feijão-mungo
2 colheres (sopa) de molho de soja
2 colheres (sopa) de vinho de Shaoxing
1 colher (café) de açúcar

Lo han chai ★★

Para 4 pessoas
Tempo de preparo: 20 minutos
Tempo de cozimento: 10 minutos

Hidrate os shiitakes e os cogumelos pretos em duas tigelas separadas. Mergulhe o macarrão na água fervente e deixe-o inchar por 5 minutos. Hidrate a pele de tofu na água quente por 10 minutos.

Escorra e enxágue os cogumelos pretos, corte-os em tiras. Escorra o macarrão e a pele de tofu. Corte a pele do tofu em tiras. Escorra os shiitakes, conservando sua água do molho, e fatie-os. Escorra e enxágue os brotos de bambu.

Corte o seitan em pedaços e parta em dois os pedaços de tofu frito. Fatie a acelga e o aipo em tiras. Descasque e corte a cenoura em cubos pequenos. Descasque e pique o alho. Descasque e corte a cebola em cubos pequenos. Descasque e rale o gengibre.

Salteie com óleo a cebola, o alho e o gengibre por 1 minuto em fogo alto. Acrescente a acelga, as cenouras e refogue por 3 a 4 minutos.

Adicione o macarrão, o seitan, o tofu frito, a pele de tofu e os brotos de bambu e de soja. Salteie de 2 a 3 minutos, adicione o molho de soja, o vinho, o açúcar e 2 colheres (sopa) de água do molho dos cogumelos.

Deixe cozinhar em fogo brando e sirva imediatamente.

● **Bom saber**
Este prato, sempre vegetariano, é servido tradicionalmente no primeiro dia do Ano-Novo chinês: para os budistas, nenhum animal ou peixe deve ser morto no primeiro dia do ano lunar. Castanhas-d'água, nozes de gingko e sementes de lótus também podem ser acrescentadas: segundo a tradição, este prato contém no mínimo 10 ingredientes diferentes... e às vezes até 35! Conhecido pelo nome "Delícia de Buda", evoluiu com a diáspora chinesa, e sua formulação varia conforme as regiões e as famílias.

Referências técnicas
Hidratar cogumelos secos, p. 99
Descascar gengibre, p. 29
Preparar alho, p. 29

Bolo de laranja e pistache com tofu macio ★

As receitas

Soja

Para 6 pessoas
Tempo de preparo: 20 minutos
Tempo de cozimento: 45 minutos
Tempo de descanso: 2 horas

Preaqueça o forno a 180 °C (t. 6).

Raspe finamente a casca da laranja e do limão. Esprema as laranjas e a metade do limão e reserve o suco: você deve obter cerca de 200 mℓ de líquido.

Torre os pistaches em uma frigideira. Pique-os grosseiramente.

Bata os ovos com o açúcar até que a mistura fique esbranquiçada e dobre de volume. Adicione o tofu sem parar de bater, depois a farinha, o fermento químico e o sal. Adicione as raspas de cítricos e os pistaches.

Unte levemente a fôrma com óleo. Despeje a massa e leve ao forno por 25 a 30 minutos, até que o bolo fique dourado.

Ao retirar do forno, perfure ligeiramente a superfície. Regue com o suco de laranja - você talvez não use tudo, depende da textura mais ou menos úmida que deseja obter - e deixe esfriar na fôrma por 2 horas. Desenforme e sirva em fatias finas.

● Conselho do chef
Não deixe de substituir os pistaches por oleaginosas de sua escolha (avelãs, amêndoas, sementes de abóbora). Este bolo pode ser conservado por 2 dias enrolado em filme plástico.

● Bom saber
Com o uso do tofu macio obtém-se uma textura mais aveludada mesmo sem a utilização de gorduras. Este prato é inspirado em uma receita de Elisabeth Scotto, uma das primeiras autoras culinárias a incluir o tofu nas preparações do dia a dia publicadas nas revistas femininas, no início dos anos 1980.

Ingredientes
2 laranjas orgânicas ou não tratadas
1 limão orgânico ou não tratado
50 g de pistache sem casca
3 ovos
130 g de açúcar mascavo + 20 g para o xarope
160 g de tofu macio
100 g de farinha de trigo (preferencialmente, T65*)
1 colher (café) de fermento químico
2 pitadas de sal

Utensílio
2 fôrmas de bolo de 6 cm × 15 cm

* Tipificação de farinha adotada no mercado europeu. No Brasil, corresponde à farinha para bolo. (N. E.)

Emmanuel Renaut apresenta sua receita, p. 332

Chazuke de espaguete do mar e enoki, p. 334
Tartare de algas, p. 335
Makis veganos e sopa de missô, p. 336
Polenta com cogumelos girolles, damasco e alecrim, p. 339
Kadai de cogumelos, p. 340
Croquetes de alga dulse e salada de aspargos crus, p. 343
Almôndegas de soja à japonesa, salada de wakame e pepino, p. 344
Portobello burgers e chips de kale, p. 347
Pequenos flans de baunilha e pêssego, p. 348

Cogumelos e algas

Emmanuel Renaut

Desde sempre apaixonado pela montanha, Emmanuel Renaut começou sua carreira no hotel de Crillon com Christian Constant, tendo contato com Yves Camdeborde e Éric Frechon. A seguir, trabalhou com Yves Thuriès e, depois, com Marc Veyrat. Dirigiu o mítico Claridge's de Londres antes de se instalar em Megève, em 1997. Parceiro do Tour de France e do Meilleur Ouvirer de France 2004, seu restaurante Flocons de Sel foi coroado com 3 estrelas em 2012.

"Os brotos de pinheiro, os cogumelos, a ulmária, a gentiane: por que procurar longe a inspiração quando tenho tudo isso à disposição? Meu jardim é tudo o que me cerca. A técnica abre espaço para a emoção, os pratos devem parecer naturais e evidentes, sem que se adivinhe o trabalho por detrás. Morchella e zabaione com amaretto, bagas de sabugueiro: tem-se simplesmente a impressão de que são feitos para estarem juntos", gosta de destacar.

Seu restaurante propõe um cardápio vegetariano durante o ano todo. Aqui, apresenta-se um cogumelo recém-colhido, trabalhado cru, com um dos condimentos preferidos de Emmanuel: o surpreendente café, utilizado como uma especiaria que exala aromas.

>> Flocons de Sel
1775 route du Leutaz, 74120 Megève – França

Para 4 pessoas
Tempo de preparo: 30 minutos
Tempo de cozimento: 1 hora

Ingredientes
50 grãos de café
200 ml de óleo de semente de uva
2 berinjelas médias
Um pouco de pó de café, conforme o gosto
2 cepes bem fechados
20 folhas de azedinha pequena
Vinagre balsâmico "tradicional" a gosto
Sal de Maldon a gosto
Sal e pimenta-do-reino preta moída na hora a gosto

Cepes crus, pasta de berinjela e café

Óleo de café
Na véspera, pegue os grãos de café, torre-os na grelha e coloque-os quentes em um pote de vidro com óleo. Deixe tudo macerando.

Caviar de berinjela e café
Lave as berinjelas. Corte-as em dois, enrole cada metade com algumas gotas de óleo de café e 5 grãos de café em uma folha de papel-alumínio. Cozinhe-as no forno por cerca de 1 hora a 130 °C (t. 4/5). No fim do cozimento, retire a polpa com uma colher e passe-a no processador e na peneira, se necessário. Ajuste o tempero de sal e de pimenta e reserve no calor.

Montagem
Em cada recipiente, disponha a pasta de berinjela-café morna, as folhas de azedinhas e corte bem as cepes. Adicione algumas gotas de óleo de café e de vinagre balsâmico, alguns flocos de Maldon e uma pequena quantidade de café em pó. Sirva rapidamente para que as cepes não percam a crocância.

Chazuke de espaguete do mar e enoki ★

Para 4 pessoas
Tempo de preparo: 10 minutos
Tempo de cozimento: 2 minutos

Hidrate o espaguete do mar em grande quantidade de água por 30 minutos a 1 hora. Escorra-os e reserve-os. Corte o pé dos cogumelos enoki.

Reparta o arroz, as algas e os cogumelos em 4 tigelas grandes. Grelhe as algas nori. Aqueça o dashi até 80 °C. Deixe-os em uma infusão de chá por 2 minutos. Filtre.

Despeje nas tigelas, salpique com algas grelhadas e gergelim. Proponha o molho de soja para acompanhar.

● **Bom saber**

O chazuke é um prato tradicional japonês que encerra a refeição: serve-se chá na última tigela de arroz que se come. Esse hábito tornou-se um prato à parte, incrementado muitas vezes com fatias de peixe, de frango, com condimentos variados... A associação apresentada aqui de cogumelos e algas não é tradicional, mas este prato adapta-se muito bem a essa combinação, pois os ingredientes são descobertos de forma saborosa, já que ficam mornos no contato com o líquido quente.

→ **Referências técnicas**

Hidratar algas secas, p. 99
Tostar alga nori, p. 100
Preparar caldo de algas (dashi), p. 97
Preparar arroz para sushi, p. 55

Ingredientes

20 g de alga espaguete do mar seca ou 80 g de alga espaguete do mar fresca

20 g de cogumelo enoki (você não usará tudo)
300 g de arroz redondo japonês, sem tempero
800 ml de dashi de algas
2 folhas de alga nori
1 colher (café) de chá verde torrado (hojicha)
2 colheres (café) de gergelim
Molho de soja para servir

Ingredientes

10 g de alface-do-mar seca ou de 30 g a 40 g para a fresca

10 g de wakame seco ou de 30 g a 40 g para o fresco

5 g de alga dulse seca ou de 25 g a 30 g para a fresca

1 colher (sopa) de alcaparras na salmoura

½ chalota ou cerca de 20 g

4 pepinos em conserva

Um pouco de mostarda

4 colheres (sopa) de azeite de oliva

Pimenta-do-reino preta moída na hora a gosto

Tartare de algas ★

Para 4 pessoas
Tempo de preparo: 15 minutos
Tempo de repouso: 30 minutos (para algas secas)

Hidrate as algas secas. Dessalgue as algas frescas escolhidas. Enxágue as alcaparras por bastante tempo. Descasque a chalota. Escorra cuidadosamente as algas e esprema-as entre as mãos para retirar o máximo possível de água.

Na tigela do processador, coloque todos os ingredientes, exceto o azeite e a mostarda. Bata com o botão pulse até obter uma textura granulosa.

Adicione o azeite e a mostarda, bata de novo para emulsionar o todo. Prove e ajuste o tempero, se necessário.

Coloque em um pote de vidro hermético. Este tartare pode ser conservado no refrigerador por 5 dias.

● Conselho do chef

Se você utiliza alcaparras na salmoura, enxágue-as bem. Você precisará adicionar um pouco de acidez ao seu tartare: neste caso, acrescente um pouco de suco de limão ou de vinagre a gosto.
A maioria das algas adapta-se ao preparo de tartare. Entretanto, evite utilizar kombu, pois a textura é um pouco grossa.

● Bom saber

Este tartare é saboreado no aperitivo somente por cima do pão, mas também pode ser servido com legumes a vapor, misturado com verduras cozidas utilizadas em tortas, como molho dip para deixar as saladas de legumes crus (crudités)...

─● Referências técnicas

Hidratar algas secas, p. 99
Dessalgar algas, p. 97

Makis veganos e sopa de missô ★★

Para 4 pessoas
Tempo de preparo: 45 minutos
Tempo de repouso: 30 minutos
Tempo de cozimento: 30 minutos

Para o arroz
Prepare e tempere o arroz para sushi conforme a técnica da p. 55. Lave o arroz até que a água que passa pela peneira esteja clara. Deixe o arroz secar à temperatura ambiente por ao menos 1 hora.

Coloque o arroz em uma sauteuse de fundo espesso ou panela de ferro esmaltada com a água fria. Tampe e coloque para ferver. Baixe o fogo e deixe cozinhar em fogo brando de 10 a 13 minutos, até que a água seja absorvida. Deixe descansar de 10 a 15 minutos com tampa.

Enquanto isso, prepare o tempero. Misture em uma panela o vinagre, o açúcar e o sal. Esquente até que o açúcar e o sal fiquem diluídos. Coloque o arroz em uma tigela grande, se possível com fundo plano.

Embora o recipiente tradicional seja de madeira, é possível também utilizar vidro ou plástico, mas nunca metal. Derrame sobre toda a superfície o vinagre e misture com uma espátula, levantando o arroz, para evitar que quebre. Deixe esfriar à temperatura ambiente antes de utilizar.

Para os makis
Corte o pepino em bastões. Descasque o abacate, corte-o em lâminas e coloque limão por cima, para evitar que escureçam. Descasque as cenouras e corte-as finamente em julienne com um fatiador. Enrole makis segundo a técnica da p. 56. Adicione um pouco de wasabi sobre o arroz antes de guarnecer e enrolar.

Para a sopa de missô
Hidrate o wakame por 15 minutos. Escorra e corte-o em fatias. Corte o tofu em cubos. Fatie a cebolinha bem fina. Cozinhe em fogo brando o dashi com as fatias de gengibre e o saquê. Dilua o missô em uma tigela com uma concha de dashi, reserve tudo em uma panela fora do fogo e misture até o missô dissolver. Leve ao fogo novamente, adicione o wakame e o tofu e aumente a temperatura para que o caldo cozinhe em fogo brando. Acrescente as cebolinhas e retire do fogo: a sopa de missô não deve ferver. Sirva imediatamente com os makis.

● Conselho do chef
Estes makis podem ser recheados de várias formas:
– raízes assadas e resfriadas (ver receita, p. 226);
– cubos de tofu, pedaços de tempeh assados a vapor (ver técnica, p. 93);
– legumes marinados no picles (ver técnica, p. 35);
– cogumelos à temperatura ambiente refogados, especialmente shiitakes;
– omelete finamente fatiada;
– ervas finas e verduras pequenas (rúcula, machê...);
– pedaços de frutas: morango, manga...

Ingredientes

Makis
500 g de arroz redondo especial para sushi
750 ml de água

Tempero
60 ml de vinagre de arroz
40 g de açúcar
2 colheres (café) de sal

Recheio
1 pepino
2 abacates (tipo avocado) maduros
2 cenouras
1 limão
10 a 12 folhas de nori
Wasabi a gosto

Sopa
5 g de wakame seco
200 g de tofu
3 cebolinhas (parte verde)
800 ml de caldo de algas (dashi)
6 fatias finas de gengibre
2 colheres (sopa) de saquê
60 g de missô branco

Acabamento
Lâminas de gengibre marinadas (gari) a gosto
Wasabi a gosto
Molho de soja a gosto

Utensílio
Tapete para enrolar (makitsu)

⟶ Referências técnicas
Preparar arroz para sushi, p. 55
Fazer maki, p. 56
Preparar caldo de algas (dashi), p. 97
Hidratar algas secas, p. 99
Utilizar fatiador de alimentos, p. 40

Ingredientes

Cogumelos
6 damascos secos
2 cebolinhas (partes verde e branca)
500 g de cogumelo girolle
1 fio de azeite de oliva
2 ramos de alecrim fresco
150 ml de caldo de vegetais ou de cogumelos
100 ml de água quente
Sal e pimenta-do-reino preta moída na hora a gosto

Polenta
800 ml de caldo de vegetais
200 ml de leite integral
½ folha de louro
½ colher (café) de sal
150 g de polenta pré-cozida
30 g de manteiga sem sal
1 colher (sopa) de mascarpone ou de creme de leite tipo nata

Polenta com cogumelos girolles, damasco e alecrim ★

Para 4 pessoas
Tempo de preparo: 25 minutos
Tempo de cozimento: 25 minutos

Para os cogumelos
Deixe os damascos secos de molho na água quente. Escorra e corte-os em tiras. Corte a parte branca da cebolinha em fatias. Reserve as partes verdes. Limpe os cogumelos girolles e corte o talo; mergulhe-os por 1 minuto em uma panela com água fervente salgada, escorra-os cuidadosamente.
Esquente um pouco de azeite em uma frigideira. Adicione a parte branca das cebolinhas fatiadas e deixe dourar por 2 minutos. Adicione os cogumelos, salteie por alguns instantes e adicione os damascos, o ramo de alecrim e o caldo. Tampe e cozinhe por 15 minutos em fogo baixo. Prepare a polenta durante o cozimento dos cogumelos.

Para a polenta
Coloque para ferver o caldo de vegetais, o leite, a folha de louro e o sal. Enquanto polvilha a polenta na panela, não pare de mexer e cozinhe de acordo com o tempo indicado no pacote (em geral, cerca de 5 minutos). Retire o louro e adicione a manteiga e o mascarpone. Bata com vigor para incorporá--los. Prove e tempere se necessário.

Para finalizar
Retire delicadamente o alecrim do prato. Adicione a parte verde da cebolinha fatiada nos cogumelos girolles, coloque sal e pimenta a gosto. Sirva a polenta cremosa em pratos, adicione os girolles e deguste imediatamente.

● **Bom saber**
A combinação girolle-damasco seco, especialmente saborosa, é uma ideia de Régis Marcon, que utiliza esta associação de perfumes em vários de seus pratos.

Referências técnicas
Refogar cogumelos, p. 98
Hidratar frutas secas, p. 143
Cortar cebola em cubos pequenos (corte ciseler), p. 39
Preparar polenta mole, p. 71

As receitas

Cogumelos e algas

Kadai de cogumelos ★

Para 4 pessoas
Tempo de preparo: 20 minutos
Tempo de cozimento: 30 minutos

Doure todos os condimentos em uma frigideira por alguns segundos. Coloque em um prato, passe no moedor de café e reserve o pó obtido.

Corte o talo dos cogumelos-de-paris, limpe-os se necessário e corte-os em lâminas grossas. Retire o pedúnculo dos tomates e pique-os grosseiramente. Retire o pedúnculo do pimentão, descasque-o e corte-o em cubos. Descasque o alho e a cebola. Tire o miolo do alho, fatie a cebola, descasque e rale o gengibre, assim como o alho. Retire as sementes e pique as pimentas muito bem.

Aqueça o ghee em uma sauteuse. Salteie os cogumelos: a água deve evaporar totalmente com o calor, e os cogumelos devem dourar levemente. Reserve.

Na mesma panela, doure 1 cebola por 1 minuto, acrescente o gengibre e o alho e refogue por 1 minuto. Adicione o pimentão, as pimentas e os tomates frescos (ou a passata) e deixe refogar por 5 minutos. Adicione as especiarias e acrescente os cogumelos. Misture, adicione de 50 mℓ a 80 mℓ de água, coloque para ferver, cubra e deixe cozinhar por 10 minutos com tampa.

Prove e, se necessário, prolongue o cozimento por alguns minutos, sem tampa, para reduzir o molho. Sirva com arroz ou chapatis.

● Conselho do chef
Esta receita também pode ser preparada com paneer (ver técnica, p. 110).

● Bom saber
O kadai (também chamado karahi) é o nome do recipiente no qual se prepara este prato. Tipo de panela com alças, seu nome deve-se também aos pratos preparados no kadai.

⚫━ Referências técnicas
Descascar gengibre, p. 29
Preparar alho, p. 29
Cortar cebola em cubos pequenos (corte ciseler), p. 39
Preparar pimentas, p. 23
Preparar manteiga clarificada e ghee, p. 113
Refogar cogumelos, p. 98

Ingredientes
600 g de cogumelo-de-paris
4 tomates frescos ou 150 mℓ de passata de tomates
½ pimentão vermelho
2 dentes de alho
1 cebola
1 pedaço de gengibre fresco de 2 cm a 3 cm de comprimento
1 pimenta vermelha fresca pequena a gosto
1 pimenta tipo tailandesa verde a gosto
2 colheres (sopa) de ghee

Mistura de especiarias
1 colher (café) de sementes de coentro
½ colher (café) de sementes de cominho
1 pedaço de canela
1 cardomomo verde
2 cravos
5 grãos de pimenta-preta
½ colher (café) de sal

Cogumelos e algas

As receitas

Ingredientes

Croquetes

500 g de batata "farinhenta" (bintje)
½ colher (sopa) de sal grosso
100 mℓ de leite
20 g de manteiga sem sal
15 g de alga dulse seca
2 ovos
60 g de farinha
80 g de farinha de rosca
100 mℓ de óleo para fritar
Sal e pimenta-do-reino preta moída na hora a gosto

Salada de aspargos

8 aspargos verdes
Suco de ½ limão-siciliano
1 colher (sopa) de óleo de avelã
1 colher (café) de gersal
1 colher (sopa) de semente de gergelim
Pimenta-do-reino preta moída na hora a gosto

➞ Referências técnicas

Hidratar algas secas, p. 99
Descascar aspargos, p. 36
Empanar à inglesa, p. 77
Preparar gersal, p. 119

Croquetes de alga dulse e salada de aspargos crus ★

Para 4 pessoas

Tempo de preparo: 30 minutos
Tempo de cozimento: 35 minutos
Tempo de repouso: 30 minutos

Para os croquetes

Descasque as batatas, corte-as em pedaços e enxágue-as muito bem. Cubra-as com água fria, adicione o sal grosso. Coloque para ferver e cozinhe por 20 a 25 minutos, até que uma ponta de faca as transpasse facilmente. Escorra-as imediatamente para evitar que fiquem cheias de água. Amasse-as com um espremedor de batata sobre a panela de cozimento. Leve o purê ao fogo baixo, mexendo sem parar.

Enquanto isso, coloque o leite para ferver, adicione-o em fio no purê fora do fogo. Incorpore-o, adicione a manteiga fria cortada em pedaços e alguns giros do moedor de pimenta. Misture tudo energicamente para que a manteiga derreta e se emulsione com o purê; prove e ajuste o tempero, se necessário. Deixe esfriar e hidrate a alga dulse enquanto isso. Escorra, pique grosseiramente e adicione-a ao purê.

Quebre os ovos, separando as claras das gemas. Coloque as claras em um prato fundo e bata-as levemente com um garfo para liquefazer.

Reparta em outros dois pratos a farinha e a farinha de rosca. Com duas colheres, forme discos de batata com a alga dulse. Leve-os por 30 minutos ao congelador, para poder manipulá-los mais facilmente.

Passe-os na farinha, na clara e por fim na farinha de rosca.

Esquente o óleo em uma sauteuse. Doure os croquetes de 3 a 4 minutos de cada lado. Escorra sobre papel absorvente.

Para a salada

Prepare os aspargos cortando a parte mais fibrosa. Descasque-os com um descascador. Uma vez que a polpa aparecer, corte-as no comprimento em lâminas finas com um cortador de legumes.

Tempere-os com suco de limão, óleo de avelã, gersal, gergelim e pimenta-do--reino. Sirva os croquetes.

● **Conselho do chef**

Você também pode servir os croquetes com tartare de algas (ver receita, p. 335).

● **Bom saber**

• Esta receita também pode ser feita com resto de purê.
• Os croquetes podem, igualmente, ser congelados: depois de formar os discos, congele-os por até 3 meses. Você só terá que empaná-los como na receita, mas fritá-los por 8 minutos de cada lado para dourarem e aquecerem por dentro.

As receitas

Cogumelos e algas

Almôndegas de soja à japonesa, salada de wakame e pepino ★★

Ingredientes

Salada

50 g de wakame fresco no sal (ou 10 g de wakame seco)
1 pepino
1 colher (sopa) de vinagre de arroz
1 colher (café) de óleo de gergelim
1 colher (café) de molho de soja (tamari)
1 colher (café) de açúcar
Sementes de gergelim a gosto
Sal a gosto

Almôndegas

250 g de tofu firme
40 g de legumes: cenouras, vagens...
Alguns ramos de ciboulette (cebolinha francesa)
1 colher (sopa) de saquê
1 colher (café) de molho de soja
1 ovo
1 colher (café) de gengibre ralado
Óleo para cozimento

Para 4 pessoas
Tempo de preparo: 30 minutos
Tempo de cozimento: 10 minutos
Tempo de repouso: 30 minutos

Para a salada

Dessalgue o wakame ou hidrate-o. Lave e seque o pepino. Corte-o em fatias finas com um fatiador. Coloque-as em um coador, salpique-as com sal e deixe-as marinar por 5 minutos. Enxágue-as apertando com as mãos e seque-as cuidadosamente. Corte em fatias o wakame, conforme o tamanho dos pedaços hidratados.
Em uma tigela, misture o vinagre de arroz, o óleo de gergelim, o molho de soja, o açúcar e o gergelim. Adicione o pepino e o wakame, misture e deixe em local fresco por ao menos 30 minutos enquanto prepara as almôndegas.

Para as almôndegas

Esprema o tofu entre duas tábuas para retirar parte da água. Corte as cenouras em cubinhos e fatie as vagens, sem as pontas, em rodelas finas. Mergulhe-as na água fervente salgada por 1 minuto, esfrie-as e seque-as com cuidado. Lave, seque e corte a ciboulette em tiras bem finas.
Bata com o mixer o tofu, o saquê, o molho de soja, o ovo e o gengibre. Adicione os legumes e a ciboulette, misture. Passe um pouco de óleo nas mãos. Pegue o equivalente a 2 colheres da preparação e faça uma almôndega pressionando com as mãos. Recomece até que a massa termine.
Esquente 2 cm de óleo em uma sauteuse. Disponha delicadamente as almôndegas e doure cada lado por 2 a 3 minutos.

Sirva as almôndegas com salada.

● Bom saber

A preparação de tofu pode ser feita com antecedência e ser moldada e cozida na hora. Se ela parecer muito mole para ser moldada em almôndega, adicione 1 colher (sopa) de fécula de sua escolha.

Referências técnicas

Prensar tofu, p. 88
Dessalgar algas, p. 97
Hidratar algas secas, p. 99
Cozinhar à inglesa (branquear), p. 41

Ingredientes

4 cogumelos portobello
1 colher (sopa) de molho de soja (tamari)
1 colher (sopa) de vinagre balsâmico
1 colher (sopa) de azeite de oliva
Suco de ½ limão
1 pitada de sal

Maionese de tofu
100 g de tofu macio
½ dente de alho
½ colher (café) de cúrcuma
1 colher (café) de mostarda
1 colher (sopa) de azeite de oliva
½ colher (café) de vinagre de maçã
Sal e pimenta-do-reino preta moída na hora a gosto

Guarnição
1 rabanete
2 ramos de coentro fresco

Galettes (hamburguinhos)
2 colheres (sopa) de semente de linhaça
6 colheres (sopa) de água
½ dente de alho
¼ de cebola roxa
8 ramos de coentro fresco
160 g de feijão-branco cozido
100 g de quinoa cozida
2 colheres (café) de azeite de oliva
1 colher (sopa) de extrato de tomate
2 pitadas de cominho
2 pitadas de pimenta seca de sua preferência (jamaica, espetelle...)
Sal e pimenta-do-reino preta moída na hora a gosto

Chips de kale
6 folhas grandes de couve kale
2 colheres (sopa) de azeite de oliva
1 colher (café) de especiarias de sua escolha: curry, páprica doce, páprica defumada, garam masala...

➤ **Referências técnicas**
Utilizar fatiador de alimentos, p. 40
Preparar chips de couve kale, p. 33
Preparar maionese de tofu (veganese), p. 89
Cozinhar quinoa, p. 75
Cozinhar leguminosas, p. 82
Preparar gel de sementes de linhaça, p. 124

Portobello burgers e chips de kale ★★

Para 2 pessoas
Tempo de preparo: 40 minutos
Tempo de cozimento: 45 minutos
Tempo de repouso: 30 minutos

Para os chips de kale
Prepare os chips de couve kale (ver técnica, p. 33).

Para a maionese de tofu
Prepare a maionese (ver técnica, p. 89).

Para o complemento
Descasque o rabanete, corte-o em fatias finas e reserve-o em uma tigela com água gelada, para que continue crocante.

Para as galettes (hamburguinhos)
Misture as sementes de linhaça. Adicione a água e deixe descansar por 10 minutos, para que gelifiquem. Leve ao processador o alho, a cebola e as folhas de coentro. Adicione os feijões-brancos e misture grosseiramente. Incorpore sem bater a quinoa cozida, o azeite, as especiarias, o extrato de tomate e o gel de semente de linhaça. Adicione o sal e a pimenta-do-reino a gosto. Com um círculo ou uma fôrma tartelette, forme 2 galettes. Coloque-as em uma assadeira e leve-as ao forno por 15 minutos.

Para os cogumelos
Preaqueça o forno a 160 °C (t. 5/6). Enquanto isso, prepare os cogumelos. Retire os pés e reserve-os para fazer um caldo (ver técnica, p. 96). Quadricule a superfície com uma faca afiada.
Misture todos os ingredientes da marinada em um prato fundo com capacidade apenas para os cogumelos. Coloque os cogumelos com o lado quadriculado em contato com o fundo do prato e deixe marinar por 15 minutos. A seguir, vire-os e deixe-os marinar mais 15 minutos.
Escorra-os, coloque-os em um prato e leve ao forno por 10 minutos. Vire-os, regue-os com a marinada e deixe cozinhar por mais 10 minutos.

Para finalizar
Disponha a parte do chapéu de 1 cogumelo em contato com um prato. Adicione 2 colheres (café) de molho, coloque 1 galette e fatias de rabanete por cima. Adicione novamente mais molho, se desejar, e coloque sobre 1 cogumelo assado. Sirva com os chips de kale.

● **Bom saber**
Utilizar cogumelo no lugar do pão deixa a receita mais leve! Porém, você também pode utilizar os cogumelos como acompanhamento do burguer vegetariano mais tradicional preparado com pão para hambúrguer.

Pequenos flans de baunilha e pêssego ★

Para 4 pessoas
Tempo de preparo: 10 minutos
Tempo de cozimento: 3 minutos
Tempo de repouso: 3 horas

Para os flans
Abra a fava de baunilha em duas. Raspe o interior para retirar os grãos. Em uma panela, misture o leite vegetal escolhido, o açúcar ou o xarope e os grãos de baunilha. Salpique ágar-ágar, bata e coloque tudo para ferver. Mantenha em fogo brando por 2 minutos, depois derrame a mistura em fôrmas para flan ou em ramequins. Deixe esfriar e leve ao refrigerador por pelo menos 3 horas, para que a preparação fique firme.

Para o acompanhamento (coulis)
Descasque os pêssegos depois de mergulhá-los por 10 segundos na água fervente. Retire o caroço, corte os pêssegos em pedaços e bata-os no mixer com o licor e o suco de limão. Desenforme os flans, cubra-os com o coulis e sirva.

● **Conselho do chef**
- *Varie os coulis conforme as estações: assim, os sabores poderão abranger desde morangos, damascos, nectarinas e framboesas a mangas, maracujás ou abacaxis.*
- *Você também pode cobrir os flans com um fio de xarope ou mel, polvilhar açúcar mascavo ou servir com salada de frutas.*

● **Bom saber**
- *As preparações com ágar-ágar podem produzir água: consuma-as nas 24 horas após o preparo. Não as congele.*
- *Sem ovo nem gelatina, esses flans 100% vegetais são especialmente fáceis de digerir e constituem uma base de sobremesa muito versátil.*

→ **Referências técnicas**
Gelificar com ágar-ágar, p. 101
Descascar frutas "macias", p. 139

Ingredientes
1 fava de baunilha
500 mℓ de leite de amêndoa, de soja ou de arroz
60 g de açúcar ou de xarope de arroz ou de agave
2 g de ágar-ágar em pó ou 1 colher (café) rasa

Coulis
2 a 3 pêssegos pequenos ou cerca de 300 g (peso líquido)
50 mℓ de licor de pêssego
Algumas gotas de suco de limão

Edouard Loubet apresenta sua receita, p. 352

Sopa iraniana de iogurte e ervas (ashe mast), p. 354
Saganaki e salada grega, p. 355
Dan bing (pequenos crepes de ovos e cebolinhas à chinesa), p. 356
Chakchouka, p. 359
Palaak paneer, p. 360
Bouillabaisse caolha, p. 363
Tortilla de erva-doce, p. 364
Popovers de queijo fresco com ervas, p. 367

Ovos e produtos à base de leite

Edouard Loubet

Originário da Savoia, Edouard Loubet foi "Melhor aprendiz" na França e iniciou seu aprendizado em Chicago (Estados Unidos) e em Quebec (Canadá). De volta à França, formou-se com Alain Chapel e Marc Veyrat. Em 1992, assumiu o Moulin de Lourmarin e tornou-se aos 24 anos o mais jovem chef premiado com estrela da França. Em 2007, mudou-se para o Bastide de Capelongue, em Bonnieux, no Luberon, onde cultiva sua horta, com particular ênfase em ervas e legumes em todas as suas formas. "Ouvir a natureza é algo espontâneo, uma verdadeira harmonia", diz o chef duplamente premiado em 2011 pelo *Gault et Millau*. Extremamente ligado à sua região de adoção, Edouard Loubet acompanha fielmente os produtores locais e elabora sua carta ao ritmo das estações do Luberon, que, segundo ele, contam "um inverno e um verão, mas duas primaveras e dois outonos".

O crespeou, torta de omelete provençal oriunda da fazenda e da colheita, adapta-se às riquezas da natureza em todas as estações.

>> La Bastide de Capelongue
Les Claparèdes
Chemin des Cabanes, 84480 Bonnieux – França

Para 4 pessoas
Tempo de preparo: 15 minutos
Tempo de cozimento: 10 minutos

Ingredientes
Crespeou
1 maço de salsa
1 maço de ciboulette (cebolinha francesa)
1 cebola
1 batata grande
1 pimentão vermelho
1 pimentão amarelo
1 abobrinha
12 ovos
1 pitada de sal
1 pitada de pimenta-do-reino branca

Gaspacho de tomate
300 g de tomate bem vermelho e maduro
50 folhas de manjericão
25 ml de azeite de oliva
1 colher (café) de extrato de tomate
1 colher (café) de sal
Algumas folhas de aipo-rábano

Crespeou provençal

Torta de omeletes, ervas ou legumes, o crespeou varia as cores conforme os sabores e as regiões da Provença (o verde das acelgas de Nice, o preto das azeitonas ou o vermelho dos pimentões no Comtat Venaissin).

Para o crespeou
Corte cada um dos legumes em brunoise. Cozinhe-os separadamente. Em 4 tigelas de metal, prepare por vez 3 ovos batidos temperados com sal e pimenta moída na hora. Prepare as 4 omeletes com os legumes e empilhe-as como uma torta. Comece pela omelete de salsa e ciboulette, depois a de cebola e batatas, depois a de pimentões e termine com a de abobrinha. Reserve em local fresco.

Para o gaspacho de tomate
Com o mixer, bata os tomates, o manjericão, o azeite, o tempero e as folhas de aipo-rábano. Coloque para ferver. Deixe cozinhar por 5 minutos. Passe tudo em uma peneira grande. Ajuste o tempero. Coloque no refrigerador. Sirva gelado, adicionando na hora de servir um fio de azeite à superfície, bem como uma linda folha de manjericão.

Para finalizar
Em cada prato, coloque um pedaço de crespeou com uma generosa colherada de gaspacho de tomate. Decore o prato com um galho de manjericão.

● Conselho do chef
O crespeou pode ser consumido quente ou frio. Também pode ser apreciado com salada de folhas verdes.

Ingredientes
1 cebola grande
2 dentes de alho
30 g de manteiga sem sal
2 colheres (café) de hortelã seca
1 romã
½ maço de coentro
½ maço de endro
1 colher (sopa) de amido de milho
500 g de iogurte de leite integral (de vaca ou de ovelha)
600 mℓ de caldo de vegetais
1 colher (café) de sal
1 ovo grande
220 g de grão-de-bico cozido
100 g de arroz integral cozido
Sal e pimenta-do-reino preta moída na hora a gosto

Sopa iraniana de iogurte e ervas (ashe mast) ★★

Para 4 pessoas
Tempo de preparo: 10 minutos
Tempo de cozimento: 10 minutos

Descasque e corte finamente a cebola e o alho. Deixe-os dourar por 10 minutos na manteiga, adicione a hortelã seca e reserve. Descasque a romã e reserve metade das sementes (use as sementes restantes em uma salada de frutas ou outra preparação).

Retire as folhas de coentro e de endro e pique-as com a cebola. Misture o amido de milho com 2 colheres (sopa) de iogurte. Despeje o iogurte restante, o caldo de vegetais, 1 colher (café) de sal, o amido misturado com o iogurte e o ovo batido em uma panela. Aqueça até ficar morno sem parar de mexer e sem deixar ferver. Quando a mistura estiver lisa, adicione o grão-de-bico e o arroz.

Aqueça sem ferver em fogo muito baixo, mexendo constantemente, até que a sopa fique bem quente e ligeiramente espessa. Coloque pimenta e adicione fora do fogo as ervas picadas.

Despeje em pratos, decore com sementes de romã e a mistura alho-cebola--hortelã dourada na manteiga.

● **Conselho do chef**
Esta receita é muito versátil, pois contém os restos de cereais e leguminosas de sua escolha. Não deixe de substituir o arroz pela cevada ou pela espelta, e o grão-de-bico, por lentilhas ou vagens.

● **Bom saber**
• *De origem iraniana, o ashe mast é preparado com almôndegas de carne. No entanto, sua interpretação vegetariana é igualmente deliciosa.*
• *Tenha cuidado para não ferver a sopa, para que permaneça lisa e cremosa: prossiga com fogo baixo e não pare de mexer.*

→ **Referências técnicas**
Cortar cebola em cubos pequenos (corte ciseler), p. 39
Preparar ervas finas, p. 38
Cozinhar leguminosas, p. 82
Preparar arroz em panela de arroz, p. 59
Preparar romã, p. 134

Ingredientes
200 g de queijo kefalotyri em fatias de cerca de 2,5 cm
50 g de farinha de trigo
100 ml de azeite de oliva
1 limão-siciliano

Salada grega
1 pepino comum ou holandês
500 g de tomate bem maduro
1 cebola roxa pequena
1 colher (sopa) de vinagre de vinho tinto
2 colheres (sopa) de azeite de oliva
1 colher (café) de orégano seco
Cerca de 10 azeitonas pretas de Kalamata
100 g de feta
Sal e pimenta-do-reino preta moída na hora a gosto

Saganaki e salada grega ★

Para 4 pessoas
Tempo de preparo: 15 minutos
Tempo de cozimento: 20 minutos

Para a salada
Descasque o pepino e corte-o em cubos. Enxágue e seque os tomates. Corte-os em quatro. Descasque a cebola e fatie-as em rodelas finas. Misture em uma tigela o vinagre, o azeite, o orégano seco, sal e pimenta-do-reino. Adicione os legumes e as azeitonas. Misture e coloque o feta por cima, para que cada convidado possa se servir à vontade. Reserve em local fresco enquanto prepara o saganaki.

Para o saganaki
Corte cada fatia de queijo em duas. Coloque o queijo debaixo da água da torneira para dessalgá-lo levemente e umidificá-lo. Passe-o na farinha, batendo para retirar o excesso. Esquente o azeite em uma frigideira antiaderente. Doure o queijo por 1 minuto e meio. Vire-o com uma espátula grande e doure-o por 1 minuto do outro lado: ele deve estar quente, mas não pode derreter ainda. Absorva o excesso de gordura com papel absorvente.

Corte o limão em quartos.

Sirva o saganaki imediatamente com o limão, para que os convidados o adicionem no último minuto com a salada grega.

● **Conselho do chef**
• O saganaki é sempre feito com queijo duro.
• Como pode ser difícil encontrar o queijo kefalotyri, é possível substituí-lo por pecorino. Também se usa kaseri, que pode ser substituído por emmental, ou metsovone, primo do provolone italiano.

● **Bom saber**
Saganaki é, na verdade, o nome do prato – frigideira pequena com duas alças – no qual o queijo é cozido. Ele também designa muitas outras preparações.

Ovos e produtos à base de leite · As receitas

Dan bing (pequenos crepes de ovos e cebolinhas à chinesa) ★

Para 6 crepes
Tempo de preparo: 15 minutos
Tempo de repouso: 10 minutos
Tempo de cozimento: 15 minutos

Misture a farinha de trigo, o amido ou a fécula, o sal e a água até obter uma massa lisa. Você também pode utilizar o liquidificador ou o mixer para bater a mistura. Deixe repousar por 10 minutos.

Enquanto isso, fatie finamente as cebolinhas (partes verde e branca). Bata os ovos com o óleo de gergelim e a água.

Aqueça em fogo alto uma frigideira para crepe de 20 cm de diâmetro, ligeiramente untada. Despeje uma pequena concha de massa e espalhe-a inclinando a panela para formar um crepe. Cozinhe por 1 minuto e vire-o.

Despeje cuidadosamente 1/6 da mistura de ovos, cuidando para que seja uma quantidade um pouco menor que o diâmetro do crepe. Cozinhe por alguns instantes até que a superfície do ovo fique opaca. Reserve e comece novamente até obter 6 crepes.

Misture todos os ingredientes do molho em uma tigela.

Enrole os crepes, corte-os em fatias grossas, coloque-as em um prato quente e regue-as com um fio de molho. Sirva como aperitivo ou como prato leve com uma tigela de arroz.

● Conselho do chef
• *O molho de ostras vegetariano, como o próprio nome indica, é um substituto sem produtos de origem animal para o molho de ostras tradicional.*
• *É facilmente encontrado em mercearias asiáticas.*
• *Na falta de óleo de gergelim torrado, use óleo de amendoim e adicione 1 colher (café) de sementes de gergelim nos ovos batidos.*
• *Se você não tem cebolinhas, use bastante ciboulette (cebolinha francesa).*

● Bom saber
De origem chinesa, estes crepes são consumidos em Taiwan no café da manhã... e a qualquer hora do dia em caso de pouca fome.

➥ Referência técnica
Preparar ervas finas, p. 38

Ingredientes
140 g de farinha de trigo
60 g de amido de milho ou de fécula de batata
1 pitada de sal
330 ml de água
3 cebolinhas (partes verde e branca)
6 ovos
1 colher (sopa) de óleo de gergelim torrado
2 colheres (sopa) de água

Molho
1 colher (sopa) de molho de ostras vegetariano
2 colheres (sopa) de molho de soja
2 colheres (café) de vinagre de arroz preto
1 colher (sopa) de mel
1 colher (café) de óleo de gergelim torrado
1 pouco de molho de pimenta

Utensílio
Frigideira para crepe antiaderente

Ingredientes
1 cebola ou cerca de 150 g a 220 g
1 dente de alho
3 pimentões vermelhos ou cerca de 500 g
3 pimentões verdes ou cerca de 500 g
6 tomates maduros ou cerca de 800 g
1½ colher (café) de semente de cominho
4 colheres (sopa) de azeite de oliva
2 colheres (café) de açúcar mascavo
1 folha de louro
2 ramos de tomilho
1 colher (café) de páprica
½ colher (café) de harissa
4 a 8 ovos orgânicos
8 ou 10 ramos de salsa

Chakchouka ★

Para 4 pessoas
Tempo de preparo: 30 minutos
Tempo de cozimento: 40 minutos

Descasque e pique finamente a cebola. Descasque e esmague o alho grosseiramente. Remova as sementes dos pimentões e corte-os em fatias. Corte de novo as fatias em mais 3 pedaços. Remova o pedúnculo dos tomates e corte-os em pedaços.

Toste as sementes de cominho em uma sauteuse grande. Coloque o azeite, adicione o alho e a cebola e doure por 2 minutos em fogo alto.

Adicione os pimentões, o açúcar, o louro, o tomilho e um pouco de sal. Refogue por 5 minutos, adicione os tomates, a páprica e a harissa. Cubra e deixe cozinhar em fogo baixo por 30 minutos: se os tomates formarem pouca água, adicione um pouco de água para evitar que o chakchouka grude.

Com a parte de trás de uma colher, faça 4 cavidades no chakchouka. Dependendo do apetite dos convidados, quebre 1 ou 2 ovos em cada um. Cozinhe em fogo baixo por cerca de 8 minutos, até que a clara esteja cozida, mas a gema mole.

Tempere com sal e pimenta, decore com algumas folhas de salsa e sirva com pão fresco.

● Conselho do chef
Se você não possui harissa, substitua-a por alguns pedaços de pimenta-de--caiena para ajustar ao seu gosto. Fora de temporada, use tomates pelados em cubos. Por fim, algumas pessoas adicionam pequena quantidade de canela na mistura de especiarias, outras substituem a salsa pelo coentro fresco: questão de gosto... e do mercado!

● Bom saber
Originário da Tunísia, este prato rico em pimentões e especiarias tem muitas semelhanças com os "menemen" turcos, no qual os ovos são cozidos, e com os "huevos rancheros" mexicanos, que tradicionalmente são consumidos no café da manhã.

➙ Referências técnicas
Cortar cebola em cubos pequenos (corte ciseler), p. 39
Preparar pimentão, p. 22
Preparar alho, p. 29

Palaak paneer ★

Para 4 pessoas
Tempo de preparo: 10 minutos
Tempo de cozimento: 10 minutos

Branqueie os espinafres por 10 segundos com bastante água fervente salgada. Escorra-os e aperte-os firmemente com as mãos. Pique-os e reserve-os à temperatura ambiente. Descasque e fatie a cebola finamente. Retire as sementes da pimenta e corte-a em fatias finas. Descasque e retire o miolo do alho. Descasque o gengibre e o cúrcuma. Rale o alho, o gengibre e o cúrcuma. Corte o paneer em cubos.

Aqueça o ghee em uma panela sauteuse. Doure os cubos do paneer de 2 a 3 minutos, até ficarem levemente crocantes. Coloque um pouco de sal e reserve à temperatura ambiente.

Em uma sauteuse, coloque a cebola, o alho, o gengibre e a pimenta. Adicione o garam masala e doure tudo de 2 a 3 minutos, misturando regularmente.

Adicione os espinafres, misture e refogue por 1 minuto. Incorpore o paneer e cozinhe por mais 2 minutos. Sirva com arroz puro, chapatis ou naans.

● Conselho do chef
Na ausência de cúrcuma fresco, use ½ colher (café) de cúrcuma moído.

● Bom saber
O palaak paneer torna-se saag paneer quando o espinafre é substituído por várias verduras, como brotos de nabo, de repolho e de mostarda...

⟶ Referências técnicas
Cozinhar à inglesa (branquear), p. 41
Preparar manteiga clarificada e ghee, p. 113
Fazer coalhada fresca e paneer, p. 110
Preparar pimentas, 23
Descascar gengibre, p. 29
Preparar alho, p. 29

Ingredientes
800 g de espinafre fresco
½ colher (café) de sal
1 cebola grande
1 pimenta tipo tailandesa verde pequena
3 dentes de alho
4 cm de gengibre fresco
2 cm de cúrcuma fresco
300 g de paneer
3 colheres (sopa) de ghee
Opcional: 2 a 3 colheres (café) de garam masala

Ingredientes

1 alho-poró
1 cebola amarela grande
2 dentes de alho
3 tomates bem maduros ou 20 ml de passata de tomates
1 laranja orgânica ou não tratada
1 kg de batatas com polpa firme
2 colheres (sopa) de azeite de oliva
100 ml de vinho branco
1 folha de louro seco
3 ramos de erva-doce secos
1 dose de açafrão (1 g) em pistilo, preferencialmente
4 ovos orgânicos grandes
4 fatias de pão de campanha
Sal e pimenta-do-reino preta moída na hora a gosto

Utensílio

Panela de ferro fundido

Bouillabaisse caolha ★★

Para 4 pessoas
Tempo de preparo: 30 minutos
Tempo de cozimento: 35 minutos

Limpe bem o alho-poró e corte-o em fatias finas. Descasque a cebola e corte-a em tiras. Descasque e corte os dentes de alho. Remova o pedúnculo dos tomates, corte-os grosseiramente com uma faca. Raspe a casca da laranja. Descasque as batatas e corte-as em fatias.

Aqueça o azeite em uma panela. Doure o alho-poró e a cebola. Adicione os tomates, o alho picado, o vinho branco, a folha de louro, a erva-doce e as raspas de casca de laranja. Adicione sal e pimenta. Coloque as batatas e despeje de 1 ℓ a 1,5 ℓ de água quente: as batatas devem ficar cobertas. Deixe ferver, baixe o fogo e cozinhe em fogo brando por 20 a 25 minutos, até que as batatas fiquem macias.

Adicione açafrão ao caldo. Quebre os ovos um a um em uma xícara e faça-os boiar delicadamente na superfície do caldo: conte de 2 a 3 minutos de cozimento para que a gema continue mole.

Coloque o pão de campanha no fundo de 4 pratos fundos. Coloque sobre o pão de 1 a 2 conchas de caldo por convidado: sirva-o como entrada.

Em seguida, sirva as batatas acompanhadas pelos ovos pochés, temperados diretamente no prato com um pouco de sal e azeite.

● Conselho do chef

Para fazer ovos pochés sem dificuldade, é melhor usar pouco sal nesta sopa. O sal prejudica a boa coagulação da clara de ovo.

● Bom saber

Originário da Provença, este prato é inspirado na bouillabaisse de peixe, da qual mantém o tempero típico de açafrão, tomilho e raspas de casca de laranja... Também é conhecido como "bouillabaisse de pobre".

⟿ Referências técnicas
Limpar alho-poró, p. 24
Preparar ovo poché, p. 108

Tortilla de erva-doce ★

Para 4 a 6 pessoas
Tempo de preparo: 20 minutos
Tempo de cozimento: 20 minutos + 40 minutos

Preaqueça o forno a 180 °C (t. 6).

Descasque e corte as batatas em cubos. Pré-cozinhe-as por 20 minutos em água salgada e fervente e, em seguida, escorra-as. Descasque e fatie bem a cebola com um fatiador. Descasque e pique o alho. Refogue-o em fogo alto na metade do azeite. Reserve. Remova as primeiras folhas da erva-doce – você vai usá-las em uma sopa ou um extrator de suco – e corte-as em fatias finas com o fatiador. Retire o pedúnculo e as sementes dos pimentões e corte-os em fatias finas com o fatiador.

Bata os ovos com o fromage blanc, a páprica, o sal e a pimenta-do-reino. Adicione as batatas, a cebola e o alho refogado, assim como as fatias de pimentão e erva-doce.

Unte generosamente a fôrma com azeite e despeje a mistura. Asse por 30 a 40 minutos, até que a tortilla fique bem dourada. Deguste morna ou fria.

● Conselho do chef
• A tortilla é tradicionalmente preparada com batatas salteadas. Aqui, é o pré-cozimento que mantém toda a suavidade das batatas.
• O cozimento no forno é mais fácil de monitorar que o cozimento na frigideira: uma tortilla de sucesso com certeza!

● Bom saber
A textura de sua tortilla depende do tipo de batatas usadas: se você escolher batatas "farinhentas" (bintje, BF15), elas desmancharão durante o cozimento e darão textura mais macia à tortilla. Se escolher batatas "cerosas" (roseval, manon, charlotte…), os pedaços permanecerão inteiros… e a tortilla terá textura mais densa.

⚙ Referências técnicas
Cortar cebola em cubos pequenos (corte ciseler), p. 39
Preparar pimentão, p. 22
Preparar erva-doce, p. 16
Preparar alho, p. 29
Utilizar fatiador de alimentos, p. 40

Ingredientes
700 g de batata
1 cebola amarela
1 dente de alho
2 colheres (sopa) de azeite de oliva
1 bulbo de erva-doce
1 pimentão vermelho pequeno
1 pimentão verde pequeno
8 ovos
1 colher (sopa) de fromage blanc (vaca ou ovelha)
1 colher (café) de páprica doce ou defumada a gosto
Sal e pimenta-do-reino preta moída na hora a gosto

Utensílios
Fatiador
Fôrma de 24 cm de diâmetro

Ingredientes

2 ovos
120 g de farinha de trigo
160 mℓ de leite (vaca, soja, arroz)
2 pitadas de sal

Queijo fresco

10 ramos de salsa
10 ramos de cerefólio
10 ramos de coentro
¼ de cebola roxa
250 g de queijo fresco (ricota, queijo
fresco de cabra...)
2 colheres (café) de azeite de oliva
Raspas de ½ limão
Sal e pimenta-do-reino preta moída
na hora a gosto

Utensílios

Fôrma para muffins
Pincel

Popovers de queijo fresco com ervas ★

Para 6 pessoas
Tempo de preparo: 20 minutos
Tempo de cozimento: 40 minutos

Com um pincel, unte com óleo as cavidades da fôrma de muffin. Coloque-a no forno e preaqueça-o a 220 °C (t. 7/8).

Para os popovers

Com um mixer, bata todos os ingredientes em um recipiente com bico dosador. Despeje esta mistura até preencher ¾ da fôrma e asse por 20 minutos. Baixe a temperatura para 175 °C (t. 6), mas resista à tentação de abrir a porta. Deixe por mais 15 a 20 minutos ou até que os popovers fiquem dourados.

Para o queijo fresco

Higienize as ervas, escorra-as e corte-as finamente. Descasque e corte a cebola em cubos pequenos. Misture o queijo, as ervas, a cebola, o azeite, as raspas de casca de limão. Prove, adicione sal e pimenta a gosto. Sirva os popovers quentes, passando queijo fresco por cima.

● **Conselho do chef**

Nunca abra a porta do forno durante o cozimento dos popovers; caso contrário, eles murcharão.

● **Bom saber**

• *Primos norte-americanos dos pudins de Yorkshire, estes pequenos suflês evocam tanto o gougère quanto o petit pain.*
• *Tradicionalmente servidos com carnes assadas, são deliciosos apresentados com queijos ou uma boa salada.*

➞ **Referências técnicas**

Fazer coalhada fresca e paneer, p. 110
Preparar ervas finas, p. 38

As receitas

Ovos e produtos à base de leite

Amandine Chaignot apresenta sua receita, p. 370

Ajo blanco, p. 372
Torta de amêndoas, pasta de azeitona e legumes, p. 375
Panisses com pesto de sementes de cânhamo e abóbora, p. 376
Muhammara e chips de pita, p. 379
Trancam indonésio, p. 380
Pudding de chia e smoothie verde, p. 383
Torta de mendiants e xarope de bordo, p. 384
Sablés crocantes de gergelim, p. 386
Bolinhos de papoula (mohn torte), p. 387

Sementes e oleaginosas

Amandine Chaignot

Depois de ter estudado farmácia, Amandine Chaignot decidiu mudar de carreira em 1998, seguindo sua paixão pela cozinha.

Formada pela escola Ferrandi, trabalhou com Bernard Leprince, na Maison Prunier, Jean-Francois Piège, no Plaza Athénée, Éric Frechon, em Bristol, Yannick Alléno, no Meurice, e Christopher Hache, no Crillon, antes de se tornar chef do Raphaël, em 2012, no qual elaborou uma culinária elegante e refinada, que atualizava os clássicos. Mais tarde, partiu para Londres, onde desde janeiro de 2015 é chef executiva dos restaurantes do Rosewood London. Todos os domingos, o pátio desse hotel abriga um mercado de slow-food com produtos locais, fonte de inspiração para a chef. Em uma cidade tão cosmopolita e aberta ao mundo, a cozinha de Amandine Chaignot floresce com influências de outros lugares, oferecendo diversas opções vegetarianas em seu cardápio.

É o caldeirão de Londres e a influência do Oriente Médio que encontramos aqui com a combinação de tahine, romã e limão confitado que valoriza surpreendentemente a couve-flor trabalhada em sua espessura.

>> Rosewood London
252 High Holborn
Londres WC1V 7EN – Reino Unido

Para 4 pessoas
Tempo de preparo: 30 minutos
Tempo de repouso: 24 horas
Tempo de cozimento: 7h15

Ingredientes
Limão confitado
1 limão-siciliano orgânico
300 g de sal
1 ℓ de água
200 g de açúcar

Tahine vermelho
2 tomates
40 mℓ de azeite de oliva
Tomilho a gosto
120 g de tahine
Sal a gosto

Couve-flor e guarnição
1 couve-flor grande
60 mℓ de azeite de oliva
1 dente de alho
1 romã
1 cacho de uva verde
1 cebola roxa
1 punhado de broto de rúcula

Couve-flor assada, tahine vermelho e limão confitado

Para o limão confitado
Lave o limão cuidadosamente. Perfure-o a cada centímetro com um palito de dente ou uma agulha. Cubra-o por completo com sal e deixe descansar por 24 horas. Prepare um xarope, colocando para ferver o açúcar e a água. Mergulhe o limão e coloque sobre ele uma grelha ou um prato virado, para que fique completamente imerso no xarope. Coloque para ferver e, a seguir, baixe o fogo ao mínimo, sem ferver. Cozinhe por cerca de 5 horas até o limão ficar translúcido. Na falta de xarope, não hesite em adicionar um pouco de água durante o cozimento. Deixe esfriar em seu suco, escorra-o e corte-o pela metade. Remova cuidadosamente as sementes, guarde a polpa e o suco para fazer uma base para um molho. Corte a casca confitada em cubos pequenos, reserve.

Para o tahine vermelho
Retire a pele dos tomates imergindo-os por 10 segundos em água fervente e depois na água gelada. Corte-os em quatro, remova as sementes, coloque-os em uma travessa vazia. Cubra-os com azeite, salpique com tomilho e sal. Deixe-os confitar por 2 horas em forno a 100 °C (t. 3/4). Leve-os ao mixer com o tahine, reserve.

Para a couve-flor
Preaqueça o forno a 170 °C (t. 5/6). Retire as folhas verdes da couve-flor e corte-a em 4 tiras grossas, conservando sua forma. Coloque-as em uma assadeira, tempere-as com azeite e sal. Adicione 1 dente inteiro de alho e salpique com tomilho. Asse por 15 minutos no forno e reserve à temperatura ambiente.

Para as guarnições
Descasque a romã e retire as sementes. Corte as uvas em quartos e retire as sementes. Descasque a cebola em tiras. Lave e escorra a rúcula.

Para finalizar
Coloque em cada prato uma fatia de couve-flor morna, adicione 3 quenelles de tahine vermelho, salpique com limão confitado, uvas, sementes de romã e cebolas roxas. Adicione a rúcula e tempere levemente com o azeite.

Ajo blanco ★

Para 4 pessoas
Tempo de preparo: 15 minutos
Tempo de repouso: 1 noite
Tempo no refrigerador: 1 hora

Descasque e retire o miolo do alho. Pique grosseiramente as amêndoas e o alho com uma faca na tábua de cortar. Coloque-os em uma tigela. Esfarele o pão amanhecido por cima, verta o vinagre e os 100 mℓ de água. Coloque sal, pimenta-do-reino, cubra o recipiente e deixe-o no refrigerador por toda a noite.

No dia seguinte, coloque o conteúdo da tigela em um liquidificador. Adicione 400 mℓ de água com o azeite. Bata, prove e, se necessário, ajuste o sal e a pimenta. Se você achar a textura muito grossa, adicione um pouco de água.

Coloque no refrigerador por 1 hora antes de degustar com as uvas.

● **Conselho do chef**
Se você tiver um extrator de suco, faça um suco fresco de uva, que poderá ser adicionado diretamente no ajo blanco no lugar de boa parte da água.

● **Bom saber**
A versão original desta sopa andaluza leva mais alho: não hesite em adicionar até 2 dentes a mais se você se entusiasma com esse sabor.

→ **Referências técnicas**
Preparar alho, p. 29
Retirar a pele de amêndoas, p. 117

Ingredientes
1 dente de alho (ou mais, conforme o gosto)
120 g de amêndoa sem pele
40 g de pão de campanha (pão rústico francês) amanhecido ou 1 fatia grande
4 colheres (sopa) de vinagre de jerez
500 mℓ a 600 mℓ de água
2 colheres (sopa) de azeite de oliva
¾ de colher (café) de sal
Sal e pimenta-do-reino preta moída na hora a gosto
1 cacho de uva verde

Utensílio
Liquidificador

Ingredientes

Massa

100 g de farinha T45*
80 g de amêndoa em pó
40 g de parmesão ralado
5 g de sal ou cerca de ½ colher (café)
160 g de manteiga sem sal amolecida
2 gemas de ovo ou 40 g

Cobertura

1 limão orgânico
6 minialcachofras
1 abobrinha amarela
1 abobrinha verde
2 cebolinhas (partes verde e branca)
2 ramos de tomilho fresco
1 a 2 colheres (sopa) de azeite de oliva
100 g de pasta de azeitona (ver p. 125)
120 g de queijo fresco do tipo brousse ou ricota
Flor de sal e pimenta-do-reino preta moída na hora a gosto

Referências técnicas

Abrir massa, p. 66
Preparar alcachofra, p. 14
Utilizar fatiador de alimentos, p. 40
Preparar pasta de azeitonas, p. 125

Torta de amêndoas, pasta de azeitona e legumes ★★★

Para 6 pessoas

Tempo de preparo: 40 minutos
Tempo de cozimento: 15 minutos
Tempo de repouso: 1 hora

Para a massa

Misture a farinha, a amêndoa em pó, o parmesão, o sal e alguns giros de moedor de pimenta-do-reino. Incorpore com os dedos a manteiga amolecida cortada em pedaços, até a obtenção de uma textura arenosa. Você também pode utilizar um processador. Adicione as gemas de ovo e sove levemente até obter uma bola de massa. Cubra-a com filme plástico e coloque-a no refrigerador por 1 hora.

Preaqueça o forno a 160 °C (t. 5/6).

Abra essa massa entre duas folhas de papel vegetal com espessura de 5 mm a 6 mm. Corte-a em 6 quadrados de cerca de 10 cm × 10 cm. Fure-as com um garfo. Coloque a folha coberta de quadrados de massa em uma assadeira e asse por 15 minutos: a massa deve dourar levemente. Deixe esfriar.

Para a cobertura

Esprema ½ limão em uma tigela cheia de água. Descasque as alcachofras, retire os espinhos (feno), se necessário, e corte o coração em lâminas. Mergulhe-as na água com limão, para que não escureçam. Corte as extremidades das abobrinhas. Corte-as em fatias bem finas com um fatiador. Descasque as cebolinhas. Corte-as em fatias bem finas. Misture em uma tigela as raspas de casca e o suco da metade do limão restante. Retire as folhas do tomilho, adicione o azeite e misture.

Passe a pasta de azeitona nos quadrados. Disponha por cima rodelas de abobrinha, alcachofras cruas e cebolas fatiadas. Adicione pedaços pequenos de queijo fresco e verta um fio de azeite de limão. Polvilhe com flor de sal e tomilho, sirva imediatamente.

● **Conselho do chef**

Se sobrar massa, asse-a em pequenas porções salpicadas com sementes de gergelim para obter biscoitos salgados para o aperitivo.

● **Bom saber**

Esta receita se adapta a várias opções! As massas de torta podem ser cobertas com queijo fresco com ervas ou homus (ver técnica, p. 81) ou com todos os vegetais de sua escolha: pimentões assados, alcachofras marinadas, ervilhas branqueadas...

As receitas

Sementes e oleaginosas

* No Brasil, corresponde à farinha utilizada na confeitaria. (N. E.)

Panisses com pesto de sementes de cânhamo e abóbora ★

Para 4 pessoas
Tempo de preparo: 20 minutos
Tempo de cozimento: 20 minutos
Tempo de repouso: 1 noite

Para os panisses
Misture a farinha de grão-de-bico, o sal e o bicarbonato. Adicione a água fria, como para uma massa de crepe. Caso se formem grumos, bata a mistura com um mixer portátil ou em um liquidificador. Coloque a massa para ferver em fogo médio, mexendo sem parar com uma espátula macia. Cozinhe por 5 a 8 minutos, misturando sem parar: a massa deve engrossar e ter a consistência de uma massa choux (massa cozida como a de bomba e carolinas). Despeje em uma fôrma de bolo untada, alise a superfície, cubra com filme plástico e coloque no refrigerador por toda a noite. Desenforme o panisse e corte-o em fatias grossas de 1,5 cm. Corte em bastões, como para batatas fritas. Utilize papel absorvente para enxugar os panisses. Esquente a metade do óleo em uma frigideira e doure os panisses por 4 a 5 minutos de cada lado. Adicione o óleo restante e doure os demais panisses. Salpique com flor de sal e reserve no forno preaquecido a 100 °C (t. 3/4) enquanto prepara o pesto.

Para o pesto
Descasque e retire o miolo do alho. Retire as folha do cerefólio, do coentro e do manjericão. Bata grosseiramente o alho, as ervas e as sementes de abóbora com um mixer. Adicione o iogurte, as sementes de cânhamo, o azeite e o suco de limão, misturando com o botão pulse para manter uma textura grossa. Adicione sal e pimenta-do-reino a gosto, adicione um pouco de iogurte, se necessário, para obter textura de cobertura. Sirva com os panisses.

● **Conselho do chef**
No bairro Estaque, em Marselha, onde se encontram banquinhas que vendem panisses fritos, os panisses têm a forma de cilindro, sendo depois cortados em rodelas. Para fazer o mesmo, você pode utilizar vidros de conserva vazios, limpos e secos, ou moldar a massa morna com filme plástico.

● **Bom saber**
• O panisse pode ser conservado por 2 dias em uma tigela no refrigerador, coberto com filme plástico. Quanto ao pesto, você pode conservá-lo no refrigerador em recipiente de vidro hermeticamente fechado.
• Você pode utilizar para rechear um sanduíche, acompanhar saladas cruas...

→ **Referência técnica**
Preparar alho, p. 29

Ingredientes
Panisses
150 g de farinha de grão-de-bico
½ colher (café) de sal
1 colher rasa (café) de bicarbonato de sódio (5 g)
300 ml de água fria
200 ml de óleo para fritar
Flor de sal

Pesto
1 dente de alho pequeno
10 ramos de cerefólio
10 ramos de coentro
5 ramos de manjericão
3 colheres (sopa) de semente de abóbora
3 a 4 colheres (sopa) de iogurte de soja
3 colheres (sopa) de semente de cânhamo
1 colher (sopa) de azeite de oliva
Algumas gotas de suco de limão
Sal e pimenta-do-reino preta moída na hora a gosto

Utensílio
Fôrma de bolo de 22 cm a 24 cm de comprimento

Ingredientes

Muhammara

3 pimentões vermelhos
1 colher (café) de sementes de cominho
1 dente de alho
125 g de noz de Grenoble
2 colheres (sopa) de farinha de rosca
2 colheres (sopa) de melaço de romã
½ limão
3 colheres (sopa) de azeite de oliva
1 colher (café) de páprica (ou outra pimenta-doce)
¼ de colher (café) de páprica defumada ou outra pimenta defumada de sua escolha
Sal e pimenta-do-reino preta moída na hora a gosto

Chips de pita

4 pães pita levemente amanhecidos, preferencialmente
2 colheres (sopa) de azeite de oliva
3 pitadas de flor de sal
2 colheres (café) de orégano seco
½ colher (café) de flocos de pimenta de sua escolha (Espelette, páprica defumada...)

Utensílio

Liquidificador ou processador

Muhammara e chips de pita ★

Para 4 pessoas
Tempo de preparo: 30 minutos
Tempo de repouso: 1 noite
Tempo no refrigerador: 1 hora

Preaqueça o forno a 200 °C (t. 6/7).

Para os chips de pita

Corte os pães pita em triângulos com uma tesoura. Disponha-os em uma assadeira baixa em uma só camada. Misture em uma tigela o azeite, a flor de sal, o orégano e a pimenta. Derrame esta preparação em fio sobre os pitas cortados e, com as mãos, faça com que fiquem impregnados.
Coloque no forno por 5 a 8 minutos, mexendo-os uma vez e observando com atenção sua cor: os chips devem dourar e ficar crocantes. Reserve em uma tigela.

Para a muhammara

Lave os pimentões e asse-os na grelha do forno até que a casca escureça e a polpa fique macia. Coloque-os em uma tigela, cubra-os por 15 minutos, descasque-os e retire as sementes. Toste em uma frigideira seca as sementes de cominho. Descasque e retire o miolo do alho.
Bata no mixer a polpa dos pimentões com o alho, as nozes, a farinha de rosca, o melaço de romã, o suco de limão, o azeite, o sal, os temperos. Prove e ajuste o sal e a pimenta-do-reino, se necessário. Se você achar a textura grossa demais, adicione um pouco do suco de limão ou do azeite. Deixe por 1 hora no refrigerador antes de consumir com os chips de pita.

● **Conselho do chef**

A muhammara fica ainda mais deliciosa quando os pimentões são assados na churrasqueira: não perca essa chance se tiver a oportunidade! Caso contrário, para dar um gosto deliciosamente defumado a essa preparação, utilize sal defumado (sal defumado de Anglesey ou sal de Maldon defumado) ou páprica espanhola (pimenton de la Vera).
Você também pode passar os diferentes ingredientes em um extrator para obter uma pasta mais grossa. Esta preparação pode, ainda, ser congelada e conservada por cerca de 2 meses.

● **Bom saber**

Originária da Síria, a muhammara foi amplamente incorporada no Oriente Médio. É encontrada de diferentes formas no Líbano e na Turquia, com o nome acuka.

→ **Referências técnicas**

Preparar alho, p. 29
Descascar pimentão, p. 45

Trancam indonésio ★★

Para 4 pessoas
Tempo de preparo: 20 minutos
Tempo de cozimento: 20 minutos

Para a pasta de coco picante (sambal)
Descasque o alho. Esprema o limão verde. Prepare a pimenta, retirando o pedúnculo e as sementes. Corte o coco em pedaços. Descasque a galanga. Em um processador potente, pique o alho, a pimenta, o açúcar de palma grosseiramente quebrado. Adicione o suco de limão, a galanga e as folhas de limão kaffir. Bata até a obtenção de uma pasta. Adicione o coco e bata com o botão pulse até obter textura de farinha de rosca. Prove e ponha sal a gosto.

Para a salada
Retire as pontas das vagens do feijão. Cozinhe-as por 5 minutos em água fervente salgada e depois esfrie com água gelada. Corte em pedacinhos de cerca de 3 mm a 5 mm. Fatie bem o pepino. Lave e seque cuidadosamente os brotos de soja. Enxágue e seque o manjericão tailandês. Misture todos os legumes com as folhas de manjericão.

Para terminar, refogue a pasta de coco por 1 a 2 minutos em uma frigideira bem quente. Cubra a salada com a pasta de coco, misture e sirva bem fresco.

● **Conselho do chef**
O sambal de coco é preparado tradicionalmente com a pasta de curry vermelho no lugar da pimenta fresca utilizada aqui. Ela contém, na maioria das vezes, camarão seco: verifique com cuidado no rótulo.

● **Bom saber**
Típico do centro da ilha de Java, o trancam é uma salada fresca mista que pode conter repolho esfarelado, banana... É o tempero, uma pasta de coco picante, que faz todo o charme.

→ **Referências técnicas**
Cozinhar à inglesa (branquear), p. 41
Abrir coco seco, p. 129
Preparar pimentas, p. 23
Descascar gengibre, p. 29

Ingredientes
250 g de feijão-verde fresco (também chamado feijão-chicote ou feijão-de-metro), na falta de vagem macarrão fresca

1 pepino pequeno (cerca de 150 g)
4 punhados de broto de soja
1 maço de manjericão tailandês
1 limão verde

Para a pasta de coco picante (sambal)
1 dente de alho
1 limão
1 pimenta vermelha pequena fresca
100 g de coco seco (polpa retirada na hora)
1 pedaço de galanga (cerca de 20 g)
20 g de açúcar de palma
2 folhas de limão kaffir
Sal a gosto

Utensílio
Processador ou liquidificador

Ingredientes

Pudding

12 morangos

1 kiwi

4 a 6 colheres (sopa) de semente de chia, conforme a textura desejada

450 ml de leite vegetal de sua escolha (soja, amêndoa, arroz, coco)

1 colher (sopa) de frutas secas de sua escolha (uva-passa, bagas de goji, cranberries…)

Smoothie verde

1 pera madura

½ banana

330 ml de leite de amêndoas

1 punhado de alface de sua escolha (romana, mache…), cerca de 20 g

1 punhado de repolho fatiado de sua escolha (kale, couve verde, acelga), cerca de 20 g

1 punhado de espinafres frescos, cerca de 20 g

4 gelos

1 pedaço pequeno de gengibre fresco descascado

Utensílio

Liquidificador

Pudding de chia e smoothie verde ★

Para 2 pessoas
Tempo de preparo: 15 minutos
Tempo de repouso: pelo menos 20 minutos até 1 noite (haverá mudança na textura)

Para o pudding de chia
Tire o caule dos morangos e corte-os em fatias. Descasque o kiwi e corte-o em rodelas. Despeje em um pote de vidro as sementes de chia. Cubra com leite, feche a tampa e agite para misturar uniformemente.
Deixe descansar por 20 minutos, se você apreciar uma textura mais crocante, ou a noite inteira no refrigerador, se desejar uma textura untuosa, como a da tapioca. No momento de degustar, divida o pudding em duas tigelas, cubra com morangos, kiwi e frutas secas.

Para o smoothie
Descasque a pera e a banana. Corte-as em pedaços grandes. Coloque o leite de amêndoa no liquidificador. Adicione a alface, o repolho e os espinafres. Bata até obter uma mistura sem pedaços. Adicione os gelos, a pera, a banana e o gengibre. Bata até obter uma preparação espumante.

● Conselho do chef

• Este pudding é adoçado somente pelas frutas e pelas frutas secas. Porém, você pode adoçá-lo com um pouco de xarope de arroz ou de bordo, conforme o gosto. Ele pode ser conservado por até 3 dias no refrigerador em recipiente hermético.
• Varie as frutas do smoothie verde a gosto: manga, abacaxi…
• Se você utilizar pedaços de frutas congeladas, não acrescente gelo.

● Bom saber

*As sementes de chia são muito ricas em fibras e ácidos graxos ômega 3, o que explica seu sucesso recente. Mergulhadas em líquido, desenvolvem mucilagem e adquirem textura mais macia, podendo ser degustadas em um mingau no café da manhã.
Saciam bastante a fome e são ricas em proteínas.*

→ **Referências técnicas**
Fazer leite de amêndoas, p. 122
Descascar gengibre, p. 29

Torta de mendiants
e xarope de bordo ★★

Para 6 pessoas

Tempo de preparo: 40 minutos
Tempo de cozimento: 45 minutos
Tempo de repouso: 1 hora

Para a massa

Misture em um processador com lâmina em "S" a farinha, o açúcar, o chocolate e o sal. Bata por alguns instantes para que o chocolate fique reduzido em pedaços pequenos e adicione a manteiga em pedaços. Bata brevemente para obter uma textura arenosa, adicione água gelada pelo bocal do processador, acionando-o com o botão pulse, para incorporá-la. Pare assim que a massa se desprender das bordas da tigela. Embale-a em filme plástico e leve ao refrigerador por 1 hora. Preaqueça o forno a 160 °C (t. 5/6).
Forre uma fôrma para torta untada com a massa. Pré-asse por 30 a 35 minutos: ela deve ficar perfeitamente cozida. Deixe esfriar fora do forno.

Para o recheio

Coloque as nozes em uma assadeira e toste-as no forno ainda quente por 10 minutos, tomando cuidado e mexendo regularmente. Deixe amornar e pique grosseiramente. Reserve.
Derreta a manteiga em fogo brando em uma panela grande. Adicione a farinha, misture e verta o xarope de bordo e a água. Coloque para ferver e deixe cozinhar em fogo brando por 10 a 15 minutos, misturando regularmente: você deve obter uma consistência de cobertura leve (ponto nappé).

Desenforme o fundo da torta em um prato. Despeje o creme de bordo e salpique generosamente com nozes torradas e picadas. Deixe descansar por 1 a 2 horas à temperatura ambiente antes de servir, enquanto o creme endurece. Salpique com flor de sal no momento de servir.

● Conselho do chef

Como a massa de cevada e chocolate é um tanto característica e encorpada, você pode substituí-la por uma massa sablée tradicional se preferir sabores mais suaves.

● Bom saber

• A massa pode ser conservada por 3 dias no refrigerador em filme plástico. Também pode ser congelada por 2 meses.
• Na falta de manteiga semissalgada, adicione 3 pitadas de sal no creme de bordo.

●— Referências técnicas

Abrir massa, p. 66
Preparar massa seca para tortas doces, p. 65
Forrar fôrma de torta, p. 67
Assar massa de torta sem recheio, p. 76

Ingredientes

Massa

220 g de farinha de centeio
20 g de açúcar
60 g de chocolate amargo com 70% de cacau
1 pitada de sal
110 g de manteiga sem sal + um pouco para a fôrma
100 mℓ de água gelada

Cobertura

100 g de noz misturada conforme seu gosto: avelã, amêndoa, macadâmia, castanha-de-caju...
75 g de manteiga semissalgada
75 g de farinha
220 g de xarope de bordo
300 mℓ de água
2 pitadas de flor de sal

Utensílios

Fôrma de torta de 24 cm de diâmetro ou 6 fôrmas tartelette
Mixer

As receitas — Sementes e oleaginosas

Ingredientes
110 g de manteiga sem sal amolecida
100 g de açúcar demerara
1 colher (café) de extrato de baunilha
110 g de tahine
160 g de farinha de trigo T110*
½ colher (café) de fermento químico
¼ de colher (café) de sal
30 g de sementes de gergelim com casca

Sablés crocantes de gergelim ★

Para cerca de 25 biscoitos pequenos
Tempo de preparo: 15 minutos
Tempo de repouso: 2 horas
Tempo de cozimento: 12 a 15 minutos por fornada

Bata a manteiga, o açúcar e o extrato de baunilha com um batedor elétrico, até a obtenção de uma mistura cremosa. Adicione o tahine sem parar de bater, até que seja completamente incorporado.

Misture a farinha, o fermento químico e o sal em uma tigela. Adicione progressivamente essa mistura à massa, incorporando-a com uma espátula mole. Forme uma bola, amasse-a para formar um disco e embale-a com filme plástico. Deixe-a por ao menos 2 horas no refrigerador: você também pode prepará-la na véspera.

Preaqueça o forno a 180 °C (t. 6).
Despeje os grãos de gergelim em uma tigela. Retire 2 colheres (café) da massa e enrole-as entre as mãos. Passe-as uma a uma nas sementes de gergelim, pressionando levemente para que fiquem cobertas.

Disponha-as bem espaçadas em duas assadeiras cobertas por papel vegetal. Leve ao forno por 12 a 15 minutos, até que os biscoitos craquelem levemente na superfície.

Deixe esfriar por 30 minutos antes de manipulá-los, pois eles ficam quebradiços quando estão quentes.

● **Conselho do chef**
• *Estes biscoitos acompanham perfeitamente um sorbet... ou uma xícara de chá.*
• *Podem ser conservados por até 1 semana em recipiente hermético.*

● **Bom saber**
A massa crua pode ser congelada por até 2 meses. Basta descongelá-la no refrigerador antes de enrolá-la no gergelim e assar como descrito anteriormente.

---

* Tipificação adotada no mercado europeu. Equivale a uma farinha semi-integral. (N. E.)

Bolinhos de papoula (mohn torte) ★

Para 6 pessoas
Tempo de preparo: 20 minutos
Tempo de cozimento: 20 minutos

Preaqueça o forno a 180 °C (t. 6).

Separe as claras das gemas de ovo. Derreta a manteiga em fogo brando. Leve ao mixer potente as sementes de papoula ou a um moedor de café, sem que aqueçam: elas não podem se transformar em pasta, mas devem ser quebradas grosseiramente e se aglomerarem de leve.

Bata as gemas com o açúcar durante cerca de 10 minutos, até a mistura dobrar de volume, ficar esbranquiçada e bem cremosa. Adicione a seguir a manteiga derretida em fio e, depois, a fécula.

Retire as raspas da casca de limão, adicione-as na massa. Esprema o limão e adicione-o também.

Bata as claras em neve bem firme. Adicione 3 das claras na massa, misturando com vigor. Incorpore os l restantes com uma espátula mole, mexendo delicadamente a preparação para não quebrá-la.

Unte com manteiga os ramequins ou os vincos de fôrmas para muffins, preencha-as com l com a massa. Leve ao forno por 20 minutos. Deguste morna ou fria.

● **Conselho do chef**
• *É mais simples preservar a textura macia desses bolos individuais que em uma fôrma para bolo.*
• *Depois do cozimento, podem ser congelados por 2 meses.*

● **Bom saber**
O bolo de papoulas é uma grande especialidade alemã, assim como em vários outros países do Leste. Rica em óleo, a papoula permite obter um bolo bem tenro, com textura macia, que se conserva bem... e não contém farinha! Há tantas versões quanto famílias.

Ingredientes
4 ovos

100 g de manteiga sem sal + um pouco para as fôrmas

200 g de sementes de papoula

100 g de açúcar demerara

20 g de fécula de batata ou de farinha de arroz pré-cozida

1 limão orgânico

Utensílio
6 ramequins ou fôrmas para muffins

Claire Heitzler apresenta sua receita, p. 390

Torta escocesa de cebola e maçã, p. 393
Salada de tomates com frutas vermelhas e vinagre balsâmico, p. 394
Abacaxi com melaço e limão, creme de iogurte e chocolate branco, p. 396
Peras ao vinho branco e louro, p. 397
Pavlova acidulada de maracujá e romã, p. 399
Flognarde de damascos secos, p. 400
Kaiserschmarrn de frutas vermelhas e chantili de coco, p. 403
Tapioca de coco, framboesas e verbena, p. 404
Parfait gelado de ruibarbo, groselha e gengibre, p. 407

Frutas

Claire Heitzler

Originária da Alsácia, Claire fez sua formação com Thierry Mulhaupt, em Strasbourg, onde se tornou "Melhor aprendiz" da Alsácia. Depois de uma passagem pela Maison Troisgros, em Roanne, sob o comando de Sébastien Dégardin, foi para Tóquio, no restaurante Beige, de Alain Ducasse, para uma experiência de três anos. Passou também pelo Park Hyatt, em Dubai, onde ficou de 2007 a 2010, antes de voltar para a França, no chez Lasserre, em Paris.

Eleita "Pâtissière do ano" em 2012 e 2013 pela *Le chef* e pelo *Gault et Millau*, criou em 2014 a "Sequência doce", menu dedicado às suas criações de confeitaria, e recebeu o prêmio de excelência Relais Desserts no mesmo ano.

Amante das sobremesas pouco adoçadas e particularmente inspirada pelos aromas frutados, Claire Heitzler sempre fundamenta suas criações com base nas características do alimento e o adapta a texturas diversas antes de fazer um acordo de sabores simples e elegante, que lhe permite encontrar o equilíbrio que procura. Seu menu é elaborado conforme as estações e o que cada uma inspira.

Aqui, a união do abacate com a toranja acidulada contrabalança a suavidade do coco para uma sobremesa supreendente, preparada com frutas muito utilizadas na cozinha e que se transformam em uma magnífica produção.

Duvet de coco com toranja e creme de abacate

Para 20 porções
Tempo de preparo: 1h30
Tempo de congelamento: 3 horas
Tempo de cozimento: 15 minutos

Utensílios
2 fôrmas secas de silicone em semicírculo de 2 tamanhos diferentes recheadas até ¾ da altura, para a modelagem ter formatos semelhantes e tamanhos diferentes (como na montagem da foto)

Ingredientes
Pasta de abacate
500 g de polpa de abacate (avocado) bem maduro
30 g de suco de limão-siciliano
1 fio de azeite de oliva

Marmelada de toranja
500 g de toranja rubi
200 g de açúcar
1 fava de baunilha

Musse de coco
Merengue italiano
150 g de clara de ovo
300 g de açúcar
100 g de água

Musse
300 g de creme de leite fresco (30% a 36% de gordura)
13 g de folhas de gelatina (200 Bloom)
500 g de pasta de coco
60 g de merengue
Coco ralado fino (o suficiente para envolver as musses congeladas)

Toranjas
100 g de casca de toranja confitada
7 toranjas rubi
15 g de açúcar de confeiteiro

Raspas de casca de laranja
2 laranjas
100 g de açúcar
200 g de água

Lascas de coco
1 coco seco

Sorbet de coco
250 g de leite de coco
40 g de açúcar invertido
40 g de açúcar
4 g de emulsificante (superneutrose)
7 g de dextrose
500 g de pasta de coco

Caviar de toranja
¼ de toranja

Para a pasta de abacate
Retire a polpa dos abacates e passe-a na peneira. Adicione o suco de limão e refogue rapidamente essa mistura em uma frigideira com o azeite para fixar a cor. Leve ao mixer e estique em uma camada fina sobre um tapete de silicone. Congele e corte em 20 retângulos de 4 cm × 15 cm. Reserve no congelador. Coloque o restante de pasta de abacate em um saco de confeitar e reserve.

Para a marmelada de toranja
Enxágue as toranjas e fatie-as bem com a casca. Leve ao fogo baixo e deixe cozinhar lentamente com a fava de baunilha e o açúcar, até cristalizar. Deixe esfriar e pique muito bem essa marmelada. Reserve.

Para a musse de coco
Prepare o merengue. Prepare o xarope com o açúcar e a água e aqueça-os a 121 °C. Despeje-o por cima das claras de ovo batidas em neve em um processador e bata até que o merengue fique firme, brilhante e morno. Bata o creme de leite fresco até obter uma textura espumosa. Derreta a gelatina (previamente hidratada e escorrida) em pequena quantidade de pasta de coco. Adicione o restante da pasta. Coloque o merengue italiano com a mistura de pasta de coco/gelatina, depois incorpore o creme espumoso. Enforme até ¾ da altura das fôrmas siliconadas. Coloque-as no congelador, desenforme e depois junte duas a duas para obter "almofadinhas" de dois tamanhos diferentes. Deixe descongelar, esvazie o centro das almofadinhas com um cortador de 1 cm de diâmetro e passe-as no coco ralado fino.

Para as toranjas
Corte as toranjas confitadas com um cortador de 1,5 cm de diâmetro. Para as toranjas frescas, descasque-as e retire os gomos. Reserve 20 gomos inteiros e corte os outros 20 em dois. Coloque-os em uma assadeira antiaderente e salpique-os com açúcar de confeiteiro. Leve ao forno a 180 °C (t. 6) por 2 minutos, deixe esfriar e reserve.

Para raspas de casca de laranja
Descasque as laranjas e fatie as cascas finamente em julienne. Branqueie-as três vezes. Coloque para ferver o açúcar e a água, mergulhe a julienne de laranjas e cozinhe em fogo brando até que as raspas estejam translúcidas.

Para as lascas de coco
Abra o coco, corte parte da polpa em cubos e com o restante da polpa faça as lascas com um fatiador.

Para o sorbet de coco
Esquente o leite de coco com o açúcar invertido. A 40 °C, incorpore o açúcar, polvilhando-o, assim como o emulsificante e a dextrose previamente misturados. Ferva e adicione a pasta de coco. Deixe maturar e depois bata a massa em uma máquina de sorvete.

Para o caviar de toranja
Separe a polpa da toranja e conserve-a no congelador.

Para a montagem
Disponha no fundo de um prato um retângulo de pasta de abacate congelada. Acomode 3 discos bem finos de marmelada de toranja e, por cima de cada um deles, coloque uma almofadinha de musse de coco (uma maior no centro e duas menores nos lados). Preencha o centro da almofada maior com a pasta de abacate (reservada no saco de confeitar) e coloque sobre as 2 almofadas pequenas um disco de toranja cristalizada. Coloque 2 gomos de toranja assados sobre o retângulo da pasta de abacate e, por cima, 2 gomos de toranja fresca.
Disponha as raspas de casca de laranja, os cubos e as lascas de coco. Termine adicionando uma quenelle de sorbet de coco sobre a almofadinha maior e o caviar de toranja sobre a pasta de abacate.

Ingredientes

600 g de cebola pérola

500 g de maçã para cozinhar (gala, por exemplo)

40 g de manteiga sem sal

1 folha de louro

3 ramos de tomilho seco

2 colheres (sopa) de xarope de bordo

1 colher (sopa) de vinagre de maçã

1 colher (sopa) de uísque ou de bourbon

1 colher (café) de páprica doce defumada

¼ de colher (café) de pimenta defumada do tipo chipotle

¼ de colher (café) de noz-moscada ralada

Massa

250 g de farinha de trigo T80*

½ colher (café) de sal

130 g de manteiga sem sal gelada

1 gema de ovo

1 colher (café) de vinagre de vinho branco

1 a 2 colheres (sopa) de água gelada

Torta escocesa de cebola e maçã ★

Para 4 a 6 pessoas
Tempo de preparo: 30 minutos
Tempo de cozimento: 1h15

Para a massa

Misture a farinha com o sal. Faça um monte e adicione a manteiga gelada cortada em pedaços. Trabalhe a massa com a ponta dos dedos ou com um processador com lâmina em "S". Não tente incorporar perfeitamente a manteiga; você deve ver seus traços. Adicione a gema de ovo, o vinagre, a água fria e misture rapidamente até obter uma bola de massa.

Enrole em filme plástico e coloque no refrigerador até a utilização.

Para o recheio

Descasque as cebolas e corte-as em tiras finas. Descasque as maçãs, retire o miolo e as sementes e corte-as em cubos. Derreta a manteiga em uma sauteuse e salteie rapidamente as maçãs até que fiquem douradas. Reserve. Adicione as cebolas, o louro e o tomilho. Cubra e deixe confitar por 30 minutos, mexendo regularmente, até que as cebolas fiquem macias. Adicione o xarope de bordo, o vinagre, o uísque, as maçãs e as especiarias. Misture e cozinhe por 15 minutos, até que o líquido evapore e as cebolas caramelizem. Prove e ajuste o tempero.

Para finalizar

Preaqueça o forno a 180 °C (t. 6).

Reparta a compota de maçãs em uma fôrma retangular (prato para gratinado, fôrma para torta). Estique a massa entre duas folhas de papel vegetal com espessura de 8 mm.

Disponha a massa sobre a torta, faça uma incisão em cruz na parte de cima. Enrole um pedaço de papelão e coloque-o no centro da cruz para que ela não feche.

Leve ao forno por 30 minutos até que a massa fique dourada e crocante. Sirva quente.

● Bom saber

Durante a Quaresma, essa associação entre maçã-cebola era frequente nos países anglo-saxões. Há vestígios desse tipo de preparo desde o século XVI.

⬥ Referências técnicas

Cortar cebola em cubos pequenos (corte ciseler), p. 39

Preparar massa seca para tortas doces, p. 65

Abrir massa, p. 66

*Farinha semi-integral, de acordo com a tipificação adotada no mercado europeu. (N. E.)

Salada de tomates com frutas vermelhas e vinagre balsâmico ★

Para 4 pessoas
Tempo de preparo: 15 minutos

Enxágue os tomates, os morangos, as framboesas e as groselhas. Corte os tomates em dois ou quatro, conforme o tamanho. Retire o pedúnculo dos morangos, corte-os em dois ou quatro, conforme o tamanho. Tire as groselhas do cacho. Enxágue e seque a azedinha e o manjericão. Enrole-os e corte-os em tiras.

Misture em uma tigela 2 pitadas de flor de sal, alguns giros do moedor de pimenta-do-reino, o azeite e o vinagre balsâmico.

Adicione todas as frutas, as amêndoas, a azedinha e o manjericão. Misture e sirva imediatamente.

● Conselho do chef
- *Na falta de amêndoas frescas, deixe amêndoas secas de molho na água quente por 1 hora.*
- *Varie as frutas vermelhas conforme a estação e a vontade: cerejas, amoras, groselhas também são bem-vindas.*

● Bom saber
- *Como entrada de uma refeição, esta salada sempre encontra seu lugar em dias quentes e para aqueles que apreciam o sabor agridoce.*
- *Não hesite em degustá-la com queijo de cabra.*

Ingredientes
250 g de tomate-cereja
125 g de morango
125 g de framboesa
75 g de groselha
½ maço de azedinha (cerca de 10 folhas)
10 folhas de manjericão
3 colheres (sopa) de azeite de oliva
2 colheres (sopa) de vinagre balsâmico de Módena (8 anos de idade)
1 punhado de amêndoas frescas
Flor de sal e pimenta-do-reino preta moída na hora a gosto

Abacaxi com melaço e limão, creme de iogurte e chocolate branco ★

Para 4 pessoas
Tempo de preparo: 15 minutos
Tempo de cozimento: 5 minutos
Tempo de repouso: 2 horas

Para o creme
Retire o iogurte do refrigerador 15 minutos antes. Pique o chocolate grosseiramente. Derreta-o em banho-maria até que fique perfeitamente liso. Deixe amornar por 10 minutos, mexendo regularmente. Misture o iogurte, o chocolate branco, despeje em taças ou em uma travessa e reserve no frio.

Para o abacaxi
Descasque o abacaxi e retire os olhos. Corte-o em fatias. Disponha-o em uma travessa. Unte levemente com óleo 1 colher de sopa que você utilizará para pegar o melaço. Faça um zigue-zague com ele sobre as fatias de abacaxi. Rale finamente a casca do limão verde e salpique o abacaxi.

Sirva com o creme.

● **Conselho do chef**
O melaço é particularmente grudento: indispensável untar com óleo os utensílios utilizados. Você também pode usar uma bisnaga ou um frasco com bico dosador para colocar a quantidade certa.

● **Bom saber**
Essas duas preparações são inspiradas em pratos do espanhol Ferran Adrià servidos a seus funcionários.

→ Referência técnica
Preparar abacaxi, p. 137

Ingredientes
1 abacaxi maduro
1 colher (sopa) de melaço de cana
1 limão orgânico

Creme
300 g de iogurte grego de leite (ovelha, vaca ou cabra)
100 g de chocolate branco

Utensílio
Zester

Peras ao vinho branco e louro ★

Para 4 pessoas
Tempo de preparo: 15 minutos
Tempo de cozimento: 30 minutos
Tempo de repouso: 3 horas + 3 horas

Preaqueça o forno a 150 °C (t. 5).

Coloque para ferver em uma panela de ferro fundido esmaltada pequena o vinho, o xarope de agave ou de arroz, o louro, o bastão de alcaçuz cortado em dois, a canela e o gengibre.

Enquanto isso, descasque as peras. Mergulhe-as no xarope fervente, apertando-as bem, cubra e espere a fervura recomeçar.

Apague o fogo e coloque a panela no forno por 30 minutos.

Retire a panela do forno e deixe-a esfriar fora do fogo sem abri-la: ela esfriará lentamente e terminará de cozinhar as peras.

Deixe 3 horas no refrigerador antes de servir com fromage blanc, iogurte natural...

● **Conselho do chef**
Você pode variar as especiarias de acordo com sua vontade. A associação cardamomo-gengibre, incrementada ao fogo com pistilos de açafrão, já se mostrou bem-sucedida!

Ingredientes
400 ml de vinho branco doce
60 g de xarope de agave ou xarope de arroz
1 folha de louro
1 pedaço de bastão de alcaçuz de 4 cm de comprimento
1 bastão de canela
1 rodela de gengibre fresco descascado
4 peras para cozinhar

Utensílio
Panela de ferro fundido esmaltada

Ingredientes

Merengue
4 claras de ovos grandes
100 g de açúcar em pó (açúcar de confeiteiro sem adição de amido)
70 g de açúcar de confeiteiro
2 colheres (café) de amido de milho
2 colheres (café) de vinagre de álcool ou suco de limão
1 pitada de sal

Cobertura
300 ml de polpa de maracujá
125 g de açúcar
3 ovos
1 colher (sopa) de amido de milho
1 maracujá
1 romã

Utensílio
Batedeira

Pavlova acidulada de maracujá e romã ★★

Para 6 pessoas
Tempo de preparo: 30 minutos
Tempo de cozimento: 1h15

Para o merengue
Preaqueça o forno a 120 °C (t. 3/4).
Bata as claras de ovos com o sal. Quando estiverem em neve, mas leves, coloque o açúcar em pó sem parar de bater até que fiquem brilhantes e densas. Adicione o açúcar de confeiteiro e incorpore-o com uma espátula mole. Misture em uma tigela o amido de milho e o vinagre e incorpore as claras em neve.
Forre uma assadeira com papel vegetal. Despeje por cima o merengue e modele-o na forma que quiser: disco ou retângulo. Fure levemente o centro para erguer as bordas. Leve ao forno por 1h30 e deixe esfriar no forno. Reserve em local seco até a utilização.

Para a cobertura
Misture em uma panela a polpa do maracujá, o açúcar, os ovos batidos e o amido de milho. Cozinhe em fogo brando, misturando sem parar, até que o creme engrosse. Reserve e cubra com filme plástico para evitar a formação de crosta. Deixe esfriar à temperatura ambiente.
Descasque a romã e reserve as sementes. Corte o maracujá fresco e retire as sementes com uma colher.
Espalhe o creme frio sobre o merengue. Salpique com as sementes de romã e a polpa de maracujá. Sirva imediatamente.

● **Conselho do chef**
Você pode preparar todos os elementos na véspera e montar a pavlova no último minuto para que ela mantenha a textura.

● **Bom saber**
A mistura de amido conserva a textura macia do interior da pavlova. Se você gosta dela mais seca e mais crocante, não coloque o amido.

↪ **Referência técnica**
Preparar romã, p. 134

Flognarde de damascos secos ★

Para 4 a 6 pessoas
Tempo de preparo: 30 minutos
Tempo de cozimento: 45 minutos
Tempo de repouso: 1 hora

Coloque 200 mℓ de água para ferver. Despeje-a sobre os damascos secos e deixe-os hidratar por 1 hora.

Preaqueça o forno a 180 °C (t. 6).

Amorne o leite. Unte generosamente uma fôrma com manteiga e um pouco de farinha. Reserve a manteiga restante no refrigerador. Disponha os damascos escorridos na fôrma.

Misture em uma tigela a farinha, o açúcar e o sal. Faça um montinho e quebre os ovos um a um. Misture grosseiramente e adicione aos poucos o leite e o rum, sem deixar de misturar, até obter uma massa líquida. Derrame-a delicadamente sobre os damascos. Salpique com bolinhas de manteiga fria.
Leve ao forno por 30 minutos: a flognarde vai crescer, inchar e dourar. Sirva morna ou fria, salpicada ou não com açúcar.

● Conselho do chef
As frutas secas orgânicas não conservam a cor, mas não contêm conservantes. Não desconfie, portanto, da cor marrom um pouco sem brilho: prove-as e você verá a diferença!

● Bom saber
Originária da Corrèze e de Auvergne, a flognarde está no meio do caminho entre o clafoutis e o flan. Preparada também com ameixas ou frutas frescas, como a maçã ou os damascos frescos, derrete na boca ainda mais se for degustada morna.

➻ Referência técnica
Hidratar frutas secas, p. 143

Ingredientes
200 g damasco seco
250 mℓ de leite integral
40 g de manteiga sem sal + um pouco para a fôrma
125 g (+ 1 colher de sopa) de farinha de trigo
40 g de açúcar demerara + um pouco para servir
1 pitada de sal
4 ovos orgânicos
1 colher (sopa) de rum

Utensílio
Fôrma alta de 22 cm de diâmetro

As receitas

Frutas

Ingredientes

300 g de frutas vermelhas (framboesa, mirtilo, cassis, groselha...) de sua escolha, frescas ou congeladas, conforme a estação

3 ovos orgânicos grandes
170 g de farinha
30 g de açúcar demerara + 30 g para polvilhar
1 colher (café) de bicarbonato de sódio
250 mℓ de leite integral (de vaca ou de soja)
1 pitada de sal
40 g de manteiga sem sal

Chantili de coco
1 caixa de 400 mℓ de leite de coco
½ fava de baunilha

Utensílio
Batedeira

Referência técnica
Preparar chantili de coco, p. 127

Kaiserschmarrn de frutas vermelhas e chantili de coco ★

Para 4 pessoas
Tempo de preparo: 20 minutos
Tempo de cozimento: 10 minutos
Tempo no refrigerador: 3 horas

Para o chantili de coco
Coloque a caixa de leite de coco por ao menos 3 horas no refrigerador. Abra-a com uma colher, retire a camada superior de creme denso. Misture o creme de coco obtido em uma tigela pequena com as sementes raspadas da vagem da baunilha e reserve no refrigerador.

Para o Kaiserschmarrn
Se necessário, descongele as frutas vermelhas. Escorra-as, se preciso. Se utilizar frutas frescas, enxágue-as, seque-as e retire-as do cacho, se for preciso. Separe as claras das gemas de ovos.
Misture a farinha com o açúcar demerara e o bicarbonato. Adicione o leite e as gemas de ovos e misture com um fouet.
Bata as claras em neve com uma pitada de sal. Adicione-as delicadamente à massa com as frutas vermelhas.
Derreta a manteiga em fogo médio em uma frigideira grande. Despeje delicadamente a massa e cozinhe por 7 a 8 minutos, até que o crepe esteja cozido embaixo. Com uma espátula, corte grosseiramente o crepe em tiras e recoloque-as na frigideira. Doure por 2 a 3 minutos.

Para finalizar
Bata o creme de coco em chantili com uma batedeira em velocidade média. Salpique o açúcar demerara restante por cima do Kaiserschmarrn e sirva imediatamente com o chantili.

● Conselho do chef
Com o leite de coco, você pode ter um chantili sem lactose especialmente saboroso. Tome cuidado para retirar somente a parte cremosa e deixar de lado a nata do leite. Você pode utilizá-la em um smoothie ou em uma marinada.

● Bom saber
O nome dessa especialidade austríaca poderia ser traduzido por "miscelânea do imperador". De fato, dizem que Francisco José I e sua esposa Elisabeth (a famosa Sissi), durante um passeio, teriam surpreendido uma simples estalajadeira ao se convidarem para fazer uma refeição. Muito impressionada, ela não conseguiu preparar sua sobremesa improvisada com o que tinha à mão e a serviu diretamente na frigideira, sem conseguir desenformá-la. Um verdadeiro sucesso, que o rei adorou! Originalmente acompanhada por uvas-passas e compota de ameixa ou de maçã, essa sobremesa combina com todos os tipos de frutas.

Tapioca de coco, framboesas e verbena ★

Para 4 pessoas
Tempo de preparo: 15 minutos
Tempo de cozimento: 10 minutos
Tempo no refrigerador: 4 horas

Para o coulis
Reserve 12 framboesas. Cozinhe 5 minutos em uma panela as framboesas restantes com o xarope de agave.

Para a tapioca
Ferva o leite de coco, o leite de sua escolha, o xarope e a verbena. Polvilhe a tapioca e cozinhe em fogo brando, misturando regularmente, até que a tapioca fique transparente e a mistura engrosse, ou seja, de 5 a 10 minutos, conforme as marcas utilizadas. Retire a verbena.

Para finalizar
Distribua o coulis de framboesas no fundo de 4 recipientes de sua escolha (tigela, copo, ramequim...). Coloque por cima a tapioca. Deixe esfriar. Cubra com filme plástico e coloque no refrigerador por ao menos 4 horas.

Decore com as framboesas reservadas no momento de servir.

● **Conselho do chef**
Você pode substituir a compota de framboesas pela de manga ou por cerejas sem caroço, preparadas da mesma forma, ou simplesmente por uma salada de frutas servida por cima. Todas as frutas tropicais são acompanhamentos particularmente bons para a tapioca.

● **Bom saber**
Esta receita pode ser conservada por até 2 dias no refrigerador.

Ingredientes
400 mℓ de leite de coco
180 mℓ de leite (vaca, soja, arroz)
30 g de xarope de agave ou de arroz
2 ramos de verbena fresca ou 2 colheres (sopa) de folhas de verbena seca
50 g de tapioca

Coulis
250 g de framboesa fresca
2 colheres (sopa) de xarope de agave

Ingredientes
400 g de ruibarbo
100 g de groselha
1 pedaço de gengibre fresco de 2 cm de comprimento
130 g de açúcar
4 gemas de ovo
50 ml de vodca
300 ml de creme de leite fresco para bater chantili

Utensílios
6 ramequins individuais
Batedeira

Parfait gelado de ruibarbo, groselha e gengibre ★

Para 6 pessoas
Tempo de preparo: 30 minutos
Tempo de cozimento: 15 minutos
Tempo no refrigerador: 1 noite

Limpe o ruibarbo e corte-o em pedaços, retirando seus fios. Enxágue, seque e tire as groselhas do cacho. Descasque o gengibre e rale-o.

Misture o ruibarbo, 70 g de açúcar e o gengibre. Deixe descansar por 1 hora, tempo para que o ruibarbo solte água e que um xarope se forme.

Leve tudo para ferver e deixe cozinhar por 15 minutos, tempo que o ruibarbo leva para desmanchar. Fora do fogo, adicione ¾ das groselhas, deixe esfriar e reserve.

Bata as gemas de ovos com o açúcar restante e o álcool em uma tigela resistente ao calor. Coloque-a em banho-maria, em uma panela com água fervente, e cozinhe por 3 a 4 minutos, sem parar de bater, até que a mistura vire musse e triplique de volume. O fouet deve deixar marcas nítidas na musse. Incorpore a compota de ruibarbo fria e misture.

Bata o creme de leite fresco em uma batedeira em velocidade média até que dobre de volume e esteja mais escuro. Adicione-o delicadamente na mistura de ruibarbo.

Despeje a mistura em fôrmas individuais e deixe-as ao menos 6 horas no congelador. Para desenformar, mergulhe rapidamente o fundo das fôrmas na água quente. Decore com as groselhas restantes e sirva imediatamente.

● **Conselho do chef**
Você pode substituir a groselha pela fruta vermelha ou preta que escolher (framboesa, cassis...), cujo sabor vai bem com a acidez do ruibarbo. Estes parfaits podem ser conservados por 6 semanas no congelador.

● **Bom saber**
O álcool utilizado aqui permite que o parfait fique mole, evitando a formação de pedaços. O gosto da vodca é mais que discreto, tendo em vista que o aquecimento do preparo elimina boa parte do álcool.
Você pode substituí-lo pelo álcool que preferir, até mesmo por suco de frutas, para uma versão sem álcool.

➤ **Referências técnicas**
Preparar ruibarbo, p. 138
Descascar gengibre, p. 29

Índice de técnicas

A

À inglesa, 41, 77
A vapor, 41
Abacaxi, 137
Abrir coco seco, 129
Abrir coco-verde, 130
Abrir massa, 66
Acelgas, 15
Ágar-ágar, 101
Água de coco seco, 128
Alcachofra, 14
Algas, 97, 99, 100
Alho, 29
Alho-poró, 24
Amêndoas, 117, 121, 122
Arroz à crioula, 50
Arroz em panela de arroz, 59
Arroz estufado, 51
Arroz para sushi, 55
Aspargos, 36, 47
Assar legumes e outros vegetais, 46
Assar massa de torta sem recheio, 76

B

"Bife" de couve-flor, 19
Batata, 27, 28
Batatas fritas, 27
Bater sopa em liquidificador, 32
Bechamel de pasta de amêndoas, 121
Bechamel vegetariano, 90
Berinjela, 37
Bouquet garni, 30

C

Caldo de algas (dashi), 97
Caldo de cogumelos, 96
Caldo de vegetais, 31
Caramelizar oleaginosas, 131
Caviar de berinjela, 37
Cebola, 39
Cercefis, 25
Chantili de coco, 127
Chips de couve kale, 33

Cítricos, 140-141
Coalhada fresca, 110
Coco-verde, 130
Cogumelos, 98, 99
Cortar cebola em cubos pequenos
(corte ciseler), 39
Couve-flor, 19-20
Cozimento para alguns legumes e vegetais, 42
Cozinhar à inglesa (branquear), 41
Cozinhar a vapor, 41
Cozinhar aspargos, 47
Cozinhar em caldo branco (blanc), 43
Cozinhar em crosta de sal, 44
Cozinhar leguminosas, 82
Cozinhar pimentões, 45
Cozinhar quinoa, 75
Cozinhar tempeh, 93
Cozinhar trigo-sarraceno, 76
Creme de leite vegetal sem cozimento, 120
Crosta de sal, 44
Cucurbitácea, 17
Cuscuz de couve-flor, 20

D

Descascar cítricos, 140
Descascar frutas "macias", 139
Descascar gengibre, 29
Dessalgar algas, 97

E

Em caldo branco (blanc), 43
Empanar à inglesa, 77
Erva-doce, 16
Ervas finas, 38
Espremer romã, 135

F

Fatiador de alimentos, 40
Feijão-mungo, 81
Forrar fôrma de torta, 67
Fromage blanc, 112
Frutas secas, 143

G

Gel de sementes de linhaça, 124
Geleia, 143
Gelificar com ágar-ágar, 101
Gengibre, 29
Germinação de leguminosas, 80
Germinação dos cereais, 73
Gersal, 119
Ghee, 113
Grelhar tofu, 92

H

Hidratar algas secas, 99
Hidratar cogumelos secos, 99
Hidratar frutas secas, 143
Hidratar macarrão de feijão-mungo, 81
Hidratar proteínas de soja, 91
Homus, 81

K

Kale, 33

L

Leguminosas, 80-83
Leite de amêndoas, 122
Leite de arroz, 58
Leite de soja, 86

M

Macarrão de feijão-mungo, 81
Maionese de tofu (veganese), 89
Maionese, 109
Maki, 56
Manga, 136
Manteiga clarificada e ghee, 113
Massa de torta à base de azeite de oliva ou
óleo, 64
Massa de torta, 76
Massa fermentada, 63
Massa seca para tortas doces, 65
Milho verde fresco, 18
Modelar raviólis chineses, 70
Molho tarator, 125

O

Oleaginosas, 117-131
Omelete, 107
Ovo cocotte, 106
Ovo duro, 104
Ovo no prato, 105
Ovo poché, 108
Ovos mexidos, 106

P

Paneer, 110
Parmesão vegetal, 124
Pasta de azeitonas, 125
Pastas de oleaginosas, 118
Pastinaca, 21
Picles, 35
Pimentão, 22, 45
Pimentas, 23
Polenta dura, 72
Polenta, 71, 72
Praliné, 126
Prensar tofu, 88
Preparar aspargos, 36
Princípios de cozimento para alguns legumes
e vegetais, 42
Proteínas de soja, 91
Purê de batatas, 28

Q

Quinoa, 75

R

Raviólis chineses, 70
Refogar cogumelos, 98
Retirar a pele de amêndoas, 117
Retirar gomos de cítrico, 141
Risoto, 52
Romã, 134-135
Ruibarbo, 138

S

Sal de aipo, 34
Sarraceno, 74-76
Seitan, 69
Sementes de linhaça, 124
Soja, 86-92

T

Tempeh, 93
Tofu, 86-92
Torta, 66, 67, 76
Tostar alga nori, 100
Trigo-sarraceno, 74

U

Utilizar extrator de suco, 32
Utilizar folha de arroz , 54

V

Veganese, 89

Índice de receitas

A

Abacaxi com melaço e limão, creme de iogurte e chocolate branco, 396
Ajo blanco, 372
Almôndegas de soja à japonesa, salada de wakame e pepino, 344
Arroz salteado com shiitakes, pak choi e castanhas-de-caju, 242
Arroz vermelho orgânico de camargue salteado à moda tailandesa, legumes e tofu, 233
Avgolemono com abobrinhas e limão-siciliano (sopa grega de arroz, limão e abobrinha), 234

B

Banh chuoi hap nuoc dua – bolo vietnamita de banana e leite de coco, 249
Bean pie, 308
Berinjelas com freekeh e uvas frescas, 254
Biryani, 245
Blinis de trigo sarraceno e aveia, 273
Bolinhos de amaranto e creme de abacate, 277
Bolinhos de papoula (mohn torte), 387
Bolo de cenoura com centeio e avelã, 227
Bolo de chocolate, beterraba e laranja, 229
Bolo de laranja e pistache com tofu macio, 328
Bolo de painço com couve-de-bruxelas, abóbora manteiga e noz-pecã, 285
Bouillabaisse caolha, 363

C

Cepes crus, pasta de berinjela e café, 333
Chakchouka, 359
Chazuke de espaguete do mar e enoki, 334
Chili sem carne com dois feijões, 307
Chow mein de tofu lactofermentado, 324
Cobbler de milho com pêssego e groselha, 288
Colcannon, 216
Couve-flor assada, tahine vermelho e limão confitado, 371
Creme de abóbora, tempura de sálvia, 211
Crespeou provençal, 353
Croquetes de alga dulse e salada de aspargos crus, 343
Curry de grão-de-bico com couve-flor, batata-doce e leite de coco, 219
Cuscuz berbere com legumes no vapor e manteiga de hortelã, 262

D

Dal d'urad, raïta de manga e romã, 303
Dan bing (pequenos crepes de ovos e cebolinhas à chinesa), 356
Dosa masala, 297
Duvet de coco com toranja e creme de abacate, 391

E

Espetinhos de seitan grelhado, molho dengaku, 266

F

Faláfel e tabule, 304
Feijão-fradinho com verduras e pão de milho, 298
Flognarde de damascos secos, 400
Focaccia com acelgas e queijo de cabra, 257
Foul medames, 300

G

Gado-gado com tempeh, 323
Green, 293

K

Kadai de cogumelos, 340
Kaiserschmarrn de frutas vermelhas e chantili de coco, 403

L

Lasanha, 220
Limonada de cevada com cítricos, 289
Lo han chai, 327

M

Mac'n'cheese com couve-flor, 265
Makis veganos e sopa de missô, 336
Massa ao pesto genovês (trenette al pesto genovese), 258
Melhor de nossos legumes com tofu com ervas, O, 313
Minestrone, 215
Minimorangas recheadas com arroz negro, alho-poró e cranberries, 237

Mjaddara, 301
Molho dengaku, 266
Mouhalabieh, 248
Muffins de ervilha, espinafre e grãos germinados, 224
Muhammara e chips de pita, 379

N

Nhoque à romana, 261

P

Pad thaï, 246
Paella com aspargos e favas-brancas, 241
Palaak paneer, 360
Panisses com pesto de sementes de cânhamo e abóbora, 376
Pão perdu, trigo, batata, 253
Parfait gelado de ruibarbo, groselha e gengibre, 407
Pavlova acidulada de maracujá e romã, 399
Pequenos flans de baunilha e pêssego, 348
Peras ao vinho branco e louro, 397
Polenta com cogumelos girolles, damasco e alecrim, 339
Popovers de queijo fresco com ervas, 367
Portobello burgers e chips de kale, 347
Pudding de chia e smoothie verde, 383

Q

Quadrados de ameixas e flocos de aveia, 286
Quibe de abóbora com cebolas roxas e nozes, 268

R

Raízes assadas, molho de missô e xarope de bordo, 226
Ravióli chinês com tofu e cogumelos pretos, 316
Repolho roxo salteado com tofu defumado e castanhas, 319
Risoto de cevada com cogumelo-de-paris, 282
Risoto primavera, 238
Rolinhos primavera com tempeh, 315

S

Sablés crocantes de gergelim, 386
Saganaki e salada grega, 355
Salada Caesar, 212
Salada de sarraceno germinado com beterrabas e cítricos, 278
Salada de tomates com frutas vermelhas e vinagre balsâmico, 394
Salsichas de Glamorgan (Glamorgan sausages), 267
Salteado de espinafres e cogumelos chanterelles com tofu, 320
Sobás de brócolis e agrião, 281
Solaris, 209
Sopa das três irmãs com abóbora, milho e feijões-vermelhos, 294
Sopa de missô, 336
Sopa de quinoa, 274
Sopa iraniana de iogurte e ervas (ashe mast), 354

T

Tapioca de coco, framboesas e verbena, 404
Tartare de algas, 335
Tian de ratatouille com trigo einkorn, 223
Torta de amêndoas, pasta de azeitona e legumes, 375
Torta de mendiants e xarope de bordo, 384
Torta escocesa de cebola e maçã, 393
Tortilla de erva-doce, 364
Trancam indonésio, 380

Índice de receitas sem glúten

A

Abacaxi com melaço e limão, creme de iogurte e chocolate branco, 396
Almôndegas de soja à japonesa, salada de wakame e pepino, 344
Arroz vermelho orgânico de camargue salteado à moda tailandesa, legumes e tofu, 233

B

Banh chuoi hap nuoc dua – bolo vietnamita de banana e leite de coco, 249
Biryani, 245
Bolinhos de amaranto e creme de abacate, 277
Bolinhos de papoula (mohn torte), 387
Bolo de chocolate, beterraba e laranja, 229
Bolo de painço com couve-de-bruxelas, abóbora manteiga e noz-pecã, 285

C

Cepes crus, pasta de berinjela e café, 333
Chakchouka, 359
Chazuke de espaguete do mar e enoki, 334
Chili sem carne com dois feijões, 307
Colcannon, 216
Couve-flor assada, tahine vermelho e limão confitado, 371
Crespeou provençal, 353
Curry de grão-de-bico com couve-flor, batata-doce e leite de coco, 219

D

Dal d'urad, raïta de manga e romã, 303
Dan bing (pequenos crepes de ovos e cebolinhas à chinesa), 356

G

Gado-gado com tempeh, 323
Green, 293

M

Makis veganos e sopa de missô, 336
Melhor de nossos legumes com tofu com ervas, O, 313
Minimorangas recheadas com arroz negro, alho-poró e cranberries, 237
Mjaddara, 301
Mouhalabieh, 248

P

Pad thaï, 246
Paella com aspargos e favas-brancas, 241
Panisses com pesto de sementes de cânhamo e abóbora, 376
Parfait gelado de ruibarbo, groselha e gengibre, 407
Pavlova acidulada de maracujá e romã, 399
Pequenos flans de baunilha e pêssego, 348
Peras ao vinho branco e louro, 397
Polenta com cogumelos girolles, damasco e alecrim, 339
Portobello burgers e chips de kale, 347
Pudding de chia e smoothie verde, 383

R

Raízes assadas, molho de missô e xarope de bordo, 226
Repolho roxo salteado com tofu defumado e castanhas, 319
Risoto primavera, 238
Rolinhos primavera com tempeh, 315

S

Salada de sarraceno germinado com beterrabas e cítricos, 278
Salada de tomates com frutas vermelhas e vinagre balsâmico, 394
Salteado de espinafres e cogumelos chanterelles com tofu, 320
Solaris, 209
Sopa das três irmãs com abóbora, milho e feijões-vermelhos, 294
Sopa de quinoa, 274
Sopa iraniana de iogurte e ervas (ashe mast), 354

T

Tapioca de coco, framboesas e verbena, 404
Tortilla de erva-doce, 364
Trancam indonésio, 380

Índice de receitas vegetarianas estritas 🌱

A

Ajo blanco, 372
Arroz salteado com shiitakes, pak choï e castanhas-de-caju, 242
Arroz vermelho orgânico de camargue salteado à moda tailandesa, legumes e tofu, 233

B

Banh chuoi hap nuoc dua – bolo vietnamita de banana e leite de coco, 249

C

Cepes crus, pasta de berinjela e café, 333
Chazuke de espaguete do mar e enoki, 334
Chow mein de tofu lactofermentado, 324
Couve-flor assada, tahine vermelho e limão confitado, 371

E

Espetinhos de seitan grelhado, molho dengaku, 266

F

Faláfel e tabule, 304

L

Limonada de cevada com cítricos, 289
Lo han chai, 327

M

Makis veganos e sopa de missô, 336
Minimorangas recheadas com arroz negro, alho-poró e cranberries, 237
Muhammara e chips de pita, 379

P

Paella com aspargos e favas-brancas, 241
Panisses com pesto de sementes de cânhamo e abóbora, 376
Pequenos flans de baunilha e pêssego, 348
Peras ao vinho branco e louro, 397
Portobello burgers e chips de kale, 347
Pudding de chia e smoothie verde, 383

R

Raízes assadas, molho de missô e xarope de bordo, 226
Ravióli chinês com tofu e cogumelos pretos, 316
Repolho roxo salteado com tofu defumado e castanhas, 319
Risoto de cevada com cogumelo-de-paris, 282

S

Salada de sarraceno germinado com beterrabas e cítricos, 278
Salada de tomates com frutas vermelhas e vinagre balsâmico, 394
Salteado de espinafres e cogumelos chanterelles com tofu, 320
Sobás de brócolis e agrião, 281
Solaris, 209
Sopa das três irmãs com abóbora, milho e feijões-vermelhos, 294
Sopa de quinoa, 274

T

Tartare de algas, 335
Tian de ratatouille com trigo einkorn, 223
Trancam indonésio, 380

Bibliografia

Culinária

BITTMAN, Mark. *How to cook everything vegetarian*. Bath: Double B, 2007.

BRISSAUD, Sophie. *La table végétale: 100 recettes sans frontières*. Paris: Minerva, 2006.

BRITTON, Sarah. *My new roots*. Danvers: Clarkson Potter, 2015.

CARDINALE, Bruno. *Le livre du cuisinier*. Ballan-Miré: Jacques Lanore, 2014.

CASALI, Lisa. *Cuisiner mieux en jetant moins*. Paris: Larousse, 2013.*

CATZ, Clémence. *Les savoirs-faire de la cuisine végétarienne*. Paris: La Plage, 2013.

CHAPLIN, Amy. *At home in the whole food kitchen*. Boulder: Roost Books, 2014.

CLEA. *Veggie*. Paris: La Plage, 2011.

COHEN, Amanda & DUNLAVEY, Ryan. *Dirt candy*. Danvers: Clarkson Potter, 2012.

DUCASSE, Alain. *Nature simple, sain et bon*. Paris: Alain Ducasse Édition, 2009.*

DUFF, Gail. *Gail Duff's vegetarian cookbook*. Londres: Pan Books, 1978.

FERRANDI. *Le grand cours de cuisine de l'école française de gastronomie Ferrandi*. S/l.: Hachette Cuisine, 2014.*

KATSEN, Mollie. *The Moosewood Cookbook*. Danvers: Ten Speed Press, 2000.

KAYSER, Eric. *Mes recettes: céréales, graines et fruits secs*. Paris: Flammarion, 2008.*

MADISON, Deborah. *The new vegetarian cooking for everyone*. Danvers: Ten Speed Press, 2014.

MONTAGNARD, Jean. *Grande cuisine végétarienne*. Paris: La Martinière, 2013.

OTTOLENGHI, Yottam. *Plenty*. S/l.: Rogers, 2013.

REID-GAILLARD, Carol. *La vie d'un potager du jardin à la table*. Bordeaux: Éditions Sud Ouest, 2012.*

SALOMON, Laurence. *Fondre de plaisir*. Paris: Grancher, 2006.*

_____. *Plenty More*. Londres: Ebury Press, 2014.

Cozinhas do mundo

ACCADEMIA ITALIANA DELLA CUCINA. *Recueil de la cuisine régionale italienne*. Paris: Minerva, 2006.*

ANDO, Elizabeth. *Kansha: celebrating japan's vegan and vegetarian traditions*. Danvers: Ten Speed Press, 2010.

BALLERO, Mireille. *Les meilleures recettes végétariennes du monde entier*. Paris: Le Livre de Poche, 1978.

BUTCHER, Sally. *Salmagundi*. Londres: Pavilion, 2014.*

DUCASSE, Alain. *Méditerranées, cuisine de l'essentiel*. S/l.: Hachette, 1997.*

HAGE, Salma. *La cuisine libanaise*. Paris: Phaidon, 2013.*

KANATAWI, Chahnaz. *Un croissant fertile*. Paris: Sindbad/Actes Sud, 2009.*

KING, Si & MYERS, Dave. *Currys du monde*. S/l.: Hachette, 2014.*

KAZUKO, Emi & FUKUOKA, Yasuko. *La cuisine japonaise*. Paris: Manise, 2002.*

MANGOLINI, Mia. *Encyclopédie de la gastronomie italienne*. Paris: Flammarion, 2013.*

MARDAM-BEY, Farouk. *La cuisine de Ziryâb*. Paris: Sindbad/Actes Sud, 1998.*

PARADIN, Beena. *Inde intime et gourmande*. Paris: La Martinière, 2009.*

_____. *Pure & simple: nouvelle cuisine végétarienne indienne*. Paris: Agnès Viénot, 2010.

RODEN, Claudia. *Le livre de la cuisine juive*. Paris: Flammarion, 2012.*

SINGLETON HACHISU, Nancy. *Japon, la cuisine à la ferme*. Arles: Philippe Picquier, 2013.*

WICKRAMASINGHE, Priya & RAJAH, Carol Selva. *Inde, saveurs du bout du monde*. Neuilly-sur-Seine: Michel Lafon, 2005.*

Culinária vegana

BERG, Christophe. *Le grand livre de la cuisine crue*. Paris: La Plage, 2014.

COSCARELLI, Chloé. *Chloe's vegan dessert*. Nova York: Atria, 2013.

LAFORÊT, Marie. *Fromages vegan*. Paris: La Plage, 2014.

_____. *Vegan*. Paris: La Plage, 2014.

STEEN, Céline & NEWMAN, Joni Marie. *Petit précis pour cuisiner sans produits d'origine animale*. Paris: Marabout, 2013.

História, filosofia e nutrição

DE LASSUS, Alexandre. *Être végétarien*. Paris: Chêne, 2014.

DESAULNIERS, Louise & LAMBERT-LAGACÉ, Louise. *Le végétarisme à temps partiel*. Montreal: Les Éditions de l'Homme, 2001.

GIBAULT, Georges. *Histoire des légumes*. Chartres: Menu Fretin, 2015.

LARUE, Renan. *Le végétarisme et ses ennemis*. Paris: PUF, 2015.

LEPELTIER, Thomas. *La révolution végétarienne*. Auxerre: Accent Aigu, 2013.

MERY, André. *Les végétariens. raisons et sentiments*. Paris: La Plage, 1998.

PAGE, Karen. *The vegetarian flavor bible*. Boston: Little, Brown and Company, 2014.

PLUMEY, Laurence. *Le grand livre de l'alimentation*. Paris: Eyrolles, 2014.

PLUTARQUE. *Manger la chair, traité sur les animaux*. Paris: Rivages Poche, 2002.

PORPHYRE. *De l'abstinence*. Paris: Les Belles Lettres, 2011.

SAFRAN FOER, Jonathan. *Faut-il manger les animaux?* Paris: Points, 2012.

STUART, Tristram. *The bloodless revolution: a cultural history of vegetarianism from 1600 to modern times*. S/l.: Norton, 2007.

SUZINEAU, René. *Le végétarisme*. Paris: Seghers, 1977.

VOLTAIRE. *Petites pensées végétariennes*. Paris: Mille et Une Nuits, 2014.

Sobre os produtos

BISTOLFI, Robert & MARDAM-BEY, Farouk. *Traité du pois chiche*. Paris: Sindbad/Actes Sud, 1998.*

BOYCE, Kim. *Les douze farines*. Paris: La Plage, 2012.

BRISSAUD, Sophie & LHOMME, Valérie. *Mille et une huiles, histoires d'huile*. Paris: Solar, 2003.*

BRUNNER, Anne. *Algues, saveurs marines à cuisiner*. Paris: La Plage, 2010.

_____. *Céréales d'aujourd'hui*. Paris: La Plage, 2010.

_____. *Laits et yaourts végétaux faits maison*. Paris: La Plage, 2008.

CALMON, Marie; ONISHI, Kyoto; PICARD, Olivier. *Les algues au naturel*. Paris: Alternatives, 2013.*

COLLECTION CUISINER MIEUX, *Céréales pâtes et légumes secs*. S/l.: Time Life, 1980.*

COLLECTION CUISINER MIEUX. *Les conserves*. S/l.: Time Life, 1980.*

COLLECTION CUISINER MIEUX. *Les fruits*. S/l.: Time Life, 1983.*

COLLECTION CUISINER MIEUX. *Les légumes*. S/l.: Time Life, 1979.*

COLLECTION CUISINER MIEUX. *Les œufs et les fromages*. S/l.: Time Life, 1980.*

COLLECTION CUISINER MIEUX. *Les pains*. S/l.: Time Life, 1980.*

COLLECTION CUISINER MIEUX. *Potages et soupes*. S/l.: Time Life, 1979.*

COUDERC, Bruno *et al. Savez-vous goûter... les legumes secs?* Rennes: Presses de l'EHESP.*

CUPILLARD, Valérie. *Graines germées*. Paris: La Plage, 2014.

FERBER, Christine. *Leçons de confiture*. Paris: Chêne, 2009.

LA BONNE CUISINE SANTÉ. *Préparer autrement la cuisine végétarienne*. S/l.: Time Life, 1990.

MADISON, Déborah. *This can't be tofu!*. Nova York: Broadway Books, 2000.

MARCON, Régis. *Champignons*. Paris: La Martinière, 2013.*

MIKANOWSKI, Lindsay; MIKANOWSKI, Patrick; THIÉBAULT, Joël. *Légumes de Joël!*. Paris: Flammarion, 2005.*

PIERINI, Alessandra. *Polenta, petit précis de gastronomie italienne*. Paris: Éditions du Pétrin, 2014.*

PITRAT, Michel & FOURY, Claude. *Histoires de légumes*. Versalhes: Quae, 2015.

RABAA, Claudine & THORENS, Thierry. *Le riz dans tous ses états, encyclopédie culinaire*. Paris: Actes Sud, 2002.*

THORENS, Thierry. *Étonnants légumes*. Paris: Actes Sud, 2001.*

TRELOAR, Brigid. *Sushi végétarien*. Paris: La Plage, 2014.

VASSALO, Jody. *Mille et une graines*. Paris: Marabout, 2006.*

VERGÉ, Roger. *Les fruits de mon moulin*. Paris: Flammarion, 1997.*

_____. *Les légumes de mon moulin*. Paris: Flammarion, 1997.*

WELLS, Patricia. *Merveilleux légumes*. Paris: Le Livre de Poche, 2007.*

* Segundo a editora original deste livro, obras que não são estritamente vegetarianas. (N. E.)

Agradecimentos da autora

• A Ryma Bouzid, pela confiança e pela fidelidade.
• A Clélia Ozier-Lafontaine, pelo acompanhamento atento e pelo entusiasmo comunicativo.
• A Catherine Roig, a quem devo tanto que um livro inteiro não bastaria para lhe agradecer.
• A Laurence Auger, da La Plage, por ter aberto meus olhos sobre a cozinha vegetariana.
• A Beena Paradin, pela escuta, pelos conselhos e pelo garam masala.
• A Claire Chapoutot, Joëlle Dubois, Déborah Dupont, Emilie Fléchaire, Marie Grave, Linda Louis, Camille Oger, Anne-Laure Pham, Céline Pham, Elisabeth Scotto e Estelle Tracy, que me trouxeram sua expertise e seu apoio.
• A Patrick Cadour, pelas algas e pelo bom humor.
• Aos chefs que me deram a honra e o prazer de figurar nesta obra.
• A Philippe, Virgile e Rodrigue, pelo amor, pela paciência e pelo apoio infinito, porque sem eles nada teria sentido.
• Pelas fotografias e pela produção, obrigada a Nathalie Carnet, fotógrafa do mantra "Simples e delicado"; a Alexandre Cernec e Anaïs Gensellen, zelosos assistentes; a Catherine Mounier e a Maison Jars (www.jars-ceramistes.com), pela louça tão inspiradora.

Créditos das fotografias

Todas as fotografias desta obra foram realizadas por Nathalie Carnet, exceto:
p. 8 e quarta capa: Pascal Lattes
pp. 208-209: Giovanni Panarotto
pp. 232-233: Camille Moirenc
pp. 252-253: Thai Toutain
pp. 292-293: Eduardo Torres
p. 312: Roméo Balancourt
p. 313: Bernhard Winkelmann
p. 332: Stefan Laude
p. 333: Francis Hammond
pp. 352-353: Martin Bruno
p. 370: Nicolas Buisson
p. 371: Amandine Chaignot
pp. 390-391: Lasserre Paris